El Plan De Ingresos Pasivos:

4 en 1:

Cómo Crear Ingresos Pasivos y Ganar Dinero en Línea con Comercio Electrónico usando Shopify, Amazon FBA, Marketing de Afiliación, Arbitraje Minorista y eBay

Por

Income Mastery

Libro 1: Guía Para Generar Ingresos Pasivos

Cree Ingresos Pasivos Con El Comercio Electrónico Usando Shopify, Amazon FBA, Marketing de Afiliación, Arbitraje Minorista, Ebay y Redes Sociales

---

Libro 2: Guía Para Generar Ingresos Pasivos Versión Drop Shipping

Cree Ingresos Pasivos Con El Comercio Electrónico Usando Shopify, Amazon FBA, Marketing de Afiliación, Arbitraje Minorista, Ebay y Redes Sociales

Libro3: Guía Para Generar Ingresos Pasivos Versión Marketing de Afiliados

Cree Ingresos Pasivos Con El Comercio Electrónico Usando Shopify, Amazon FBA, Marketing De Afiliación, Arbitraje Minorista, Ebay Y Redes Sociales

---

Libro 4: Guía Para Generar Ingresos Pasivos Versión Marketing en Redes Sociales

Cree Ingresos Pasivos Con El Comercio Electrónico Usando Shopify, Amazon FBA, Marketing De Afiliación, Arbitraje Minorista, Ebay Y Redes Sociales

© Copyright 2019 por Income Mastery - Todos los derechos reservados.

Este documento está orientado a proporcionar información exacta y confiable con respecto al tema y el tema cubierto. La publicación se vende con la idea de que el editor no está obligado a prestar servicios contables, permitidos oficialmente o de otra manera calificados. Si el asesoramiento es necesario, legal o profesional, se debe ordenar a un individuo practicado en la profesión.

De una Declaración de Principios que fue aceptada y aprobada igualmente por un Comité de la Asociación Americana de Abogados y un Comité de Editores y Asociaciones.

De ninguna manera es legal reproducir, duplicar o transmitir ninguna parte de este documento en forma electrónica o impresa. La grabación de esta publicación está estrictamente prohibida y no se permite el almacenamiento de este documento a menos que tenga un permiso por escrito del editor. Todos los derechos reservados.

La información proporcionada en este documento se declara veraz y coherente, ya que cualquier responsabilidad, en términos de falta de atención o de otro tipo, por el uso o abuso de cualquier política, proceso o dirección contenida en este documento es responsabilidad solitaria y absoluta del lector receptor. Bajo ninguna circunstancia se tendrá responsabilidad legal o culpa alguna contra el editor por cualquier reparación, daño o pérdida monetaria debido a la información aquí contenida, ya sea directa o indirectamente.

Los autores respectivos son dueños de todos los derechos de autor que no posee el editor.

La información aquí contenida se ofrece únicamente con fines informativos, y es universal como tal. La presentación de la información es sin contrato ni ningún tipo de garantía.

Las marcas comerciales que se utilizan no tienen ningún consentimiento, y la publicación de la marca comercial no tiene permiso ni respaldo del propietario de la marca comercial. Todas las marcas comerciales y marcas de este libro son solo para fines de aclaración y son propiedad de los propios propietarios, no están afiliados a este documento.

Tablas de Contenidos

Libro 1: Guía Para Generar Ingresos Pasivos 11

Introducción 12

¿Qué es el Ingreso Pasivo? 14

Los 50 Principales Negocios En Línea a Considerar 22

Conclusión 178

Libro 2: Guía Para Generar Ingresos Pasivos Versión Drop Shipping 179

Introducción 180

Capítulo 1: ¿Qué es Dropshipping? 182

Capítulo 2: Pros del modelo de Dropshipping 186

Capítulo 3: Contras del modelo Dropshipping 192

Capítulo 4: Comenzando su Propio Negocio de Dropshipping 202

Capítulo 5: Comprensión de la Cadena de Suministro y el Proceso de Cumplimiento 210

Capítulo 6: Evalúe sus Canales de Ventas 217

Capítulo 7: Investigación de un Nicho y Selección de Productos 225

Capítulo 8: Búsqueda de Proveedores y Fabricantes 242

Capítulo 9: Manejo de Inventario y Proveedores Múltiples 256

Capítulo 10: Manejo de Seguridad y Cuestiones de Fraude 265

Capítulo 11: Evitar los Contracargos 271

Capítulo 12: Manejo de Devoluciones de Productos y Problemas de Envío 277

Capítulo 13: Errores Comunes de Dropshipping 287

Capítulo 14: Hacer Crecer su Negocio de Dropshipping 299

Capítulo 15: Consejos y Trucos para el Éxito 313

Capítulo 16: Promoción de su Negocio de Dropshipping 326

Conclusión 344

Libro3: Guía Para Generar Ingresos Pasivos Versión Marketing de Afiliados 345

Introducción 346

Capítulo 1: ¿Qué es el Marketing de Afiliación? 348

Capítulo 2: ¿Qué es el Marketing de Afiliación de Ticket Bajo y Ticket Alto? 358

Capítulo 3: ¿Qué Necesita para el Marketing de Afiliación? 365

Capítulo 4: ¿Cuáles son los Principales Programas de Marketing de Afiliación? 372

Capítulo 5: Qué Considerar al elegir un Programa de Marketing de Afiliación ... 384

Capítulo 6: Cómo Crear Contenido para Marketing de Afiliación 391

Capítulo 7: Cómo Utilizar las Plataformas de Redes Sociales para el Marketing de Afiliados 408

Capítulo 8: ¿Cuáles son las Trampas Comunes del Marketing de Afiliación?. 417

Capítulo 9: Cómo Elegir su Nicho 432

Capítulo 10: Cómo Construir su Lista de Correo Electrónico 440

Capítulo 11: ¿Qué Estrategias de Marketing de Afiliación Puede Emplear? 459

Capítulo 12: Cómo Tener Éxito en el Marketing de Afiliación 470

Capítulo 13: Cómo Aumentar su Tráfico Web 490

Conclusión 507

Respuestas de las Pruebas 508

Libro 4: Guía Para Generar Ingresos Pasivos Versión Marketing en Redes Sociales ... 528

Introducción 529

Capítulo 1: Razones principales para usar las redes sociales al crear un negocio en línea 531

Capítulo 2: Estableciéndose como un Influencer 538

Capítulo 3: Iniciar un negocio en línea usando las redes sociales 549

Capítulo 4: Monetizando a tu Audiencia 569

Capítulo 5: Utilizando Facebook para Marketing 593

Capítulo 6: Uso de Anuncios de Facebook 603

Capítulo 7: Utilizando Instagram para marketing 627

Capítulo 8: Utilizando Twitter para Marketing 636

Capítulo 9: Utilizando YouTube para marketing 645

Capítulo 10: Utilizando Snapchat para Marketing 657

Capítulo 11: Utilizando Pinterest para Marketing 665

Capítulo 12: Consejos y Trucos para tener Éxito en el Marketing en Redes Sociales 674

Conclusión 692

Libro 1: Guía Para Generar Ingresos Pasivos

Cree Ingresos Pasivos Con El Comercio Electrónico Usando Shopify, Amazon FBA, Marketing de Afiliación, Arbitraje Minorista, Ebay y Redes Sociales

Por

Income Mastery

Introducción

Ganarse la vida requiere tiempo, esfuerzo y mucho trabajo. Pero el problema con la mayoría de los trabajos es que una vez que se retira, ya no está ganando dinero. Esa no es forma de salir adelante, especialmente si desea tomarse un tiempo libre de vez en cuando. Sin embargo, cada vez más personas se están dando cuenta de que es posible ganar dinero mientras duermen, con el poder de los ingresos pasivos.

Internet ha creado una gran cantidad de oportunidades para que usted desarrolle su propio motor de Ingresos Pasivos, un sistema en el que utiliza diferentes servicios y herramientas en línea para generar riqueza lentamente a todas horas del día. Internet nunca duerme y con miles de millones de personas que visitan sitios web todos los días, nunca ha habido un mejor momento para desarrollar su propio flujo de ingresos pasivos.

El objetivo de este libro es ayudarlo a usted, el lector, a elegir algunas ideas de ingresos pasivos para trabajar. Tenemos 50 métodos probados en la actualidad para generar dinero en línea para que los revise. No tiene que hacer todo en esta lista, pero si eligió tres o cuatro y trabajó diligentemente para configurarlos, ¡puede ganar dinero en poco tiempo!

¿Qué es el Ingreso Pasivo?

El ingreso pasivo se puede definir simplemente como ganar dinero sin contribuir activamente con ningún trabajo. Si bien la mayoría de los trabajos generan ingresos activos, donde las horas trabajadas = las horas pagadas, el ingreso pasivo depende en su lugar de crear productos interesantes o atractivos y luego establecer un método para que los clientes encuentren dicho producto con un mínimo esfuerzo activo de su parte. Al construir un sistema sólido que atraiga a las personas del exterior y las convierta para comprar cualquier producto o servicio que ofrezca, todo lo que necesita hacer es mantener lo que ha construido, lo que requiere un esfuerzo mínimo y un compromiso de tiempo.

Sin embargo, es importante tener en cuenta que construir un sistema de motor pasivo requiere mucho trabajo antes de que esté listo para funcionar. Este no es un esquema rápido para hacerse rico, donde accidentalmente configura un sitio web y luego ve cómo se acumulan los dólares. En su lugar, se necesita disciplina, trabajo duro y la voluntad de intentar una y otra vez hasta que finalmente descubra qué funciona mejor para usted. El ingreso pasivo es como disparar un cohete al espacio. Al principio, debes poner la mayor cantidad de combustible posible en el cohete, porque despegar requiere mucho esfuerzo. Sin embargo, una vez que el cohete atraviesa la atmósfera y está en gravedad cero, empujar el cohete requiere considerablemente menos energía. Su trabajo, tiempo y dedicación para construir un motor de ingresos pasivos determinarán el éxito final de su proyecto.

Generando Ingresos Pasivos

Si desea generar ingresos pasivos, primero deberá invertir tiempo, dinero o energía en un proyecto. Dependiendo de los resultados que esté buscando, es posible que deba invertir grandes cantidades de los tres. Si bien puede ser fácil pensar que puede enriquecerse en línea sin mucha inversión, la verdad es que la mayoría de los grandes ganadores invirtieron una cantidad significativa de tiempo o dinero en su trabajo.

El ingreso pasivo es un reflejo de lo que ha invertido. Si no está dispuesto a invertir los recursos adecuadamente, no verá ganancias. Simplemente no hay forma de evitarlo. La buena noticia es que, si bien algunos tipos de sistemas de ingresos pasivos requieren mucho dinero, otros, como los campos creativos, pueden hacerse relativamente baratos.

Para aquellos que tienen un presupuesto reducido, deben estar dispuestos a compensar su falta de fondos en el esfuerzo. Cuanto más trabaje en un proyecto, más horas dedicará, más posibilidades tendrá de éxito. No hay garantía de que tenga éxito por primera vez, especialmente si está trabajando en un campo creativo que a menudo requiere algún tipo de presupuesto para publicidad. Sin embargo, el trabajo asiduo puede ser de gran ayuda para lograr sus objetivos de ingreso pasivo.

Crear una Meta de Ingresos

Mientras se prepara para embarcarse en su viaje de ingresos pasivos, es importante determinar cuáles son sus objetivos. ¿Desea complementar sus ingresos laborales, agregando unos cientos al mes a su sueldo? ¿O desea seguir la ruta completa y concentrarse en reemplazar su cheque de pago completo con ingresos pasivos? Ninguno de los objetivos es imposible, pero el primero debe ser relativamente simple, pero la segunda opción debería tratarse como un segundo trabajo en términos de preparación y ejecución.

Tus objetivos deben ser moderados con la realidad. Lo más probable es que no ganes miles de dólares en los primeros meses de embarcarte en estos proyectos. Eso no quiere decir que no se puedan hacer miles, pero si su expectativa es demasiado alta, puede verse tentado a renunciar cuando no ve los resultados que desea.

En su lugar, intente crear una meta simple y alcanzable que pueda alcanzar en unos pocos meses. Luego, una vez que haya alcanzado ese objetivo, puede evaluar sus métodos, el tiempo que tomó y luego crear expectativas realistas para su próximo objetivo.

Crea un plan de negocios

Una vez que haya determinado qué tipo de ingresos desea obtener, deberá crear un plan de negocios integral que incluya los métodos elegidos para generar ingresos pasivos. Este plan debe incluir un marco de tiempo, múltiples etapas para el desarrollo y lo que espera cuando usted lo ejecute.

Parte del plan de negocios es educarse en el campo elegido. Existen virtualmente fuentes ilimitadas de conocimiento en línea, tanto pagas como gratuitas, que pueden enseñarle en gran medida las ventajas y desventajas del sistema de ingresos pasivos que desea desarrollar. No pierdas tu tiempo cometiendo errores que cometen los principiantes. En cambio, tómese el mayor tiempo posible para educarse sobre los temas, tanto que pueda enseñar a otras personas sobre cómo funciona.

Prepárate para Adaptarte

Una cosa a tener en cuenta también, cuando se trata de modelos de ingresos en línea, es que Internet es un entorno que cambia rápidamente. Las políticas legales, la popularidad y las tendencias pueden cambiar en cualquier momento. Debe trabajar para mantenerse lo más actualizado posible sobre el tipo de sistema de ingreso pasivo que está utilizando.

Adopte la Mentalidad de Éxito

El éxito no es un estado final. No es un lugar final al que llegue, quítese los zapatos y luego diga "¡ahhh, finalmente estoy allí!" Debido a que la vida está en un estado constante de flujo, nunca se sabe cuánto tiempo permanecerá un proyecto o un motor de ingresos pasivos rentable. Lo que fue popular hoy puede terminar siendo odiado salvajemente mañana. Simplemente no sabemos cómo es el futuro.

Por lo tanto, es importante darse cuenta de que el éxito no es un destino, sino una mentalidad. Es una mentalidad que requiere la voluntad de aprender, la voluntad de soportar las dificultades y la voluntad de intentar y volver a intentarlo. El fracaso será lo más constante que enfrentarás. Simplemente no hay forma de evitarlo. Va a tener inversiones que no devuelven nada, proyectos que se desmoronan y desastres inesperados que se interponen en el camino.

El éxito solo es posible cuando superas esos fracasos, cuando superas las decepciones y vuelves a ponerte de pie. La mentalidad de éxito requiere que te des cuenta de que el fracaso es una garantía en el mundo empresarial. Pero la buena noticia es que el fracaso no es tan malo como parece.

Si consideramos el éxito y el fracaso como estados finales, podemos desanimarnos rápidamente cuando aterrizamos en la categoría de fracaso. Nos cansamos y podemos convencernos de que ya que hemos "fallado" no podemos "tener éxito". Y luego, caemos en la trampa de la mentalidad de fracaso, la idea de que algo va mal o mal es lo peor posible. La verdad es que nada de lo que haga como empresario saldrá bien la primera vez.

La mentalidad de éxito no es más que la capacidad de seguir adelante, independientemente de lo que ocurra. Debes intentar, adaptarte y seguir avanzando. Descubrirá que no importa qué esfuerzo persiga, si mantiene la mentalidad de éxito de nunca detenerse, finalmente encontrará una recompensa financiera en sus proyectos. Pero si te aferras a las nociones tradicionales de éxito y fracaso como estados finales, terminarás colapsando bajo el dolor y la tristeza de que las cosas salgan mal. Si el emprendimiento fuera fácil, todos lo estarían haciendo.

Los 50 Principales Negocios En Línea a Considerar

#1: Amazon Kindle Direct Publishing (KDP)

Amazon Kindle permite que cualquiera pueda cargar un libro de su propia creación y luego venderlo en línea. Gracias a esta opción, los editores tradicionales ya no pueden evitar que libros interesantes lleguen al mercado y afecten la vida de los fanáticos.

Si eres un creativo que siempre ha querido convertir tu escritura en algo rentable, entonces vender tu libro en KDP es el camino a seguir. Es increíblemente fácil poner su libro en línea, de hecho, la parte más difícil será la escritura real del libro.

Consejos para el Éxito

Escribir al Mercado

Vender libros no es la tarea más fácil, pero afortunadamente hay formas de generar ventas. Al hacer una investigación de mercado sobre qué libros se venden en este momento, buscar un área con bajas cantidades de competencia y altas cantidades de ventas, puede comenzar a escribir libros con el único fin de venderlos en el mercado. Entonces, en lugar de escribir un libro y luego tratar de encontrar personas para vender, aprenderías lo que es popular y escribirías un libro de ese género. Escribir en el mercado ayuda a generar ventas de forma natural en el lanzamiento, ya que la mayoría de los lectores están buscando en la nueva sección de lanzamiento para encontrar títulos interesantes.

Consigue una Buena Portada

Si bien pueden decir que no se puede juzgar un libro por su portada, lo contrario es cierto cuando se trata de marketing. Una portada genial y llamativa puede ser la diferencia entre la vida y la muerte de un libro. Cuando realice una investigación de mercado, mire los libros de mejor desempeño en el género para el que está escribiendo y obtenga una idea de lo que la gente busca en las portadas. Si hay una inversión importante que hace en su libro, la portada debería ser. Una gran portada puede obtener muchas más ventas.

Escribir una Serie

La mejor manera de aumentar las ventas pasivas de un libro es que forme parte de una serie. De esa manera, cuando un fan termina el primer libro, naturalmente se moverá para comprar el segundo y el tercero, y así sucesivamente. Cuanto más larga sea la serie, más potencial tiene para las ventas en todos los ámbitos.

Preguntas Frecuentes

P: ¿Hay un costo inicial por usar KDP?

R: No, no hay un costo inicial de inicio para usar Kindle Direct Publishing. Todo lo que necesita es una cuenta de Amazon y luego podrá poner su libro en línea de forma gratuita. Sin embargo, puede esperar gastar dinero en cosas como portadas de libros, contratar un editor para su libro y publicitarlo una vez que se haya lanzado.

Mitos sobre KDP

Mito: tienes que ser un escritor de renombre para ganar dinero

Si bien es cierto que aquellos escritores que tienen seguidores establecidos pueden ganar dinero, la verdad es que, siempre y cuando esté dispuesto a hacer una investigación de género y escribir en el mercado, también puede ganar dinero. De acuerdo, no ganarás miles al mes, pero podrías ganar unos cuantos cientos de dólares cómodamente si puedes encontrar la combinación correcta de género y demanda del mercado.

Mito: Una Vez que terminas el Libro, el Trabajo está Hecho

Este es otro mito que la mayoría de los escritores fracasados creen. Escribir el libro puede ser la parte más difícil de publicarlo en línea, pero una vez que haya lanzado el libro, debe dedicar tiempo y energía a la comercialización. Si está creando una serie de libros, debe comercializarla tanto como sea posible, de esa manera puede plantar las semillas para obtener más ventas más adelante. Si está buscando un incendio y olvida el tipo de oportunidad de ingresos pasivos, KDP no es para usted.

#2: Fulfillment por Amazon

Fulfillment por Amazon, o FBA es donde vende productos en línea, pero Amazon se encarga de cosas como el envío y la manipulación. Todo lo que necesita hacer es enviar sus productos a un almacén de cumplimiento de Amazon y ellos se encargarán del resto. Esto le permite vender productos en Amazon, que es la tienda en línea más grande del mundo, y no tener que preocuparse por mantener un inventario en su propia casa.

FBA es una excelente manera de ganar dinero si eres alguien a quien le gusta encontrar productos baratos en el mundo real, tal vez productos que están en liquidación o fuera de temporada, y luego venderlos en línea por más. Una de esas aplicaciones sería la venta de juguetes. Algunos juguetes son más difíciles de encontrar durante las temporadas festivas y al comprarlos durante la temporada baja y colocarlos en Amazon durante la Navidad, podría aumentar sus ventas.

FBA es perfecto para aquellos que disfrutan adquiriendo productos y luego vendiéndolos en línea. Esto funciona mejor como un sistema de ingresos pasivos, ya que Amazon hace la mayor parte del trabajo. Su trabajo es encontrar los artículos, enviarlos y luego crear las descripciones en línea. Después de eso, solo se trata de clientes que buscan encontrar sus productos y comprarlos.

Consejos para el Éxito

Crear una etiqueta privada

Si está buscando establecer negocios repetidos de los clientes, puede considerar crear lo que se conoce como etiqueta privada. Una etiqueta privada es esencialmente una marca que usted crea, colocando su etiqueta en productos genéricos para que los clientes conozcan su marca. Entonces, cuando reciben un pedido, no solo recibirán algunos artículos de una compañía aleatoria, sino de "XYZ Brand". Las etiquetas privadas funcionan muy bien para productos genéricos que no tienen marca propia. Para crear una etiqueta privada, todo lo que necesita hacer es encontrar un artículo genérico que desee vender, encontrar una fuente constante de esos artículos, como un fabricante en Alibaba.com, y luego crear un logotipo y una etiqueta para aplicar a esos productos. Esto creará una identidad de marca para su negocio de FBA y, con suerte, generará ventas repetidas de aquellos que confían en su marca.

Busque Proveedores

El mayor desafío que enfrentará al usar FBA es encontrar un proveedor. Todos tienen un método diferente. Algunos prefieren salir los fines de semana, llegar a las ventas de garaje y pasillos de despacho en busca de productos de calidad que sean baratos pero que puedan venderse con fines de lucro. Otros prefieren encontrar algunos productos únicos y negociar con el proveedor. Encontrar un proveedor que le venda barato y a granel ayudará a evitar fallas en el inventario, lo que a su vez se traduce en más ventas. Por lo tanto, si ha encontrado un buen producto de nicho que se está vendiendo, puede considerar encontrar un proveedor que pueda proporcionarle pedidos de manera constante.

Escribe Buenas Descripciones

Parte de la venta significa que necesitarás lanzar el producto. Sin embargo, cuando se trata de Amazon, la mayoría de las veces los clientes han aterrizado en su producto porque están buscando comprar algo relevante. Una descripción buena y precisa del producto, que proporcione especificaciones claras sobre lo que el cliente está obteniendo ayudará a moverlos para convertirlos. Las afirmaciones falsas, las exageraciones o las descripciones vagas podrían terminar con la necesidad de emitir reembolsos, ¡y eso perjudicaría sus resultados!

Preguntas Frecuentes

P: ¿Cuál es el costo de Fulfillment por Amazon?

R: Hay dos costos asociados principalmente con FBA. El primero es el envío. Una vez que haya adquirido los productos que desea vender en Amazon, deberá enviarlos al Centro de cumplimiento. Estos costos de envío salen de su propio bolsillo y pueden variar según la cantidad que envíe y el tamaño de los paquetes.

El segundo costo son las tarifas que cobra Amazon por usar su servicio. Dado que Amazon maneja todos los problemas de envío, manejo, devoluciones y otros servicios de atención al cliente, le cobrarán una tarifa por venta del producto. Esta tarifa se basa en una escala, teniendo en cuenta el tamaño de los artículos que está vendiendo. La segunda tarifa es por espacio en el estante. Mientras sus productos se encuentran en los almacenes de la FBA, deberá pagar una tarifa mensual por la cantidad de espacio de inventario que está ocupando.

Afortunadamente, estas tarifas no son terriblemente grandes y, siempre que sea pragmático con su planificación, no debería afectar demasiado sus resultados.

P: ¿Puedo vender cualquier cosa con FBA?

R: No. Amazon es diferente a eBay, ya que tienen estrictos estándares de control de calidad. Si Amazon va a vender productos, incluso productos que no son de su propiedad, quieren asegurarse de que se cumplan sus estándares de calidad. Esto significa que ciertos productos y tipos de productos tienen prohibido su venta. Dado que sus estándares cambian de vez en cuando, sería mejor consultar primero con la página de inicio de FBA para ver qué productos puede vender utilizando su servicio.

Mitos sobre Fulfillment por Amazon

Mito: Esto es como eBay

Cuando eBay llegó a la popularidad por primera vez, casi todos comenzaron a mirar toda su basura vieja como una forma de ganar dinero. Algunos incluso pudieron ganarse la vida, encontrando artículos antiguos que se vendían bien y poniéndolos a subasta, solo para ver cómo las personas se superaban con avidez. Sin embargo, FBA no se trata de ventas individuales. Más bien, FBA se trata de vender constantemente un gran volumen de productos a los clientes. Si tiene una pelota de béisbol firmada, use eBay, pero si tiene la ambición de administrar su propia tienda en línea y vender volúmenes, use FBA.

Mito: La Saturación del Mercado Significa que no Debería Perder mi Tiempo

Seamos realistas, incluso mientras estás leyendo esto, Amazon está creciendo más y más. Son una gran empresa y con FBA, hay bastante competencia, todos compiten por vender sus productos. Esta saturación del mercado puede preocuparle de que se pierda en una multitud de otros productos, incapaz de vender nada porque una sola búsqueda arroja más de 9,000 resultados.

Sin embargo, ganar dinero con FBA simplemente requiere que encuentre un nicho de mercado. Amazon no es un centro comercial, sino que es un motor de búsqueda. Las personas usan Amazon para encontrar los productos que desean. Su trabajo debe ser primero descubrir qué mercado desatendido existe en Amazon y luego capitalizarlo. Encontrar el nicho de mercado prácticamente garantiza las ventas. Por supuesto, encontrar un nicho requiere mucho tiempo e investigación, pero una vez que encuentre esa área perfecta para comercializar, obtendrá muchas más ventas. No intentes competir con la competencia, en lugar de eso, aléjate y encuentra un área que no esté bien servida.

#3: Comience un Blog

Un blog es una excelente manera de generar ingresos pasivos porque los blogs generan tráfico web. Nada es más valioso que llamar la atención, especialmente en esta era moderna en línea, donde hay un millón de otras cosas que intentan captar la atención de un usuario. Al crear un blog, podrá dirigir a las personas hacia los diversos productos que está vendiendo, vender espacios publicitarios o incluso el mercado de afiliados. Todo lo que necesitas es un buen tema, un buen asunto y mucho contenido excelente.

Consejos para el Éxito

Bloguea sobre lo que amas

Si va a tener un blog exitoso, tendrá que elegir temas que realmente le apasionen. Claro, ciertos tipos de blogs pueden parecer exitosos desde el exterior, pero a menudo la única razón por la que tienen éxito es porque el escritor es un apasionado del tema. Así que escribe sobre lo que amas, sea cual sea el tema. Claro, al final querrás generar ingresos de tu arduo trabajo, pero también deberías amar lo que escribes.

Las personas buscan autenticidad cuando se trata de bloguear y pueden saber rápidamente cuándo el escritor no es sincero. Si estás blogueando solo para ganar dinero, eso se pasará rápidamente y no tendrás mucha audiencia. Por lo tanto, aunque desee utilizar su blog como vehículo para generar ingresos pasivos, debe estar dispuesto a dedicar el tiempo y el esfuerzo necesarios para ganar la confianza y la admiración de su audiencia.

Centrarse en Buen Contenido

Por encima de todo, un buen blog necesita buen contenido. Antes de comenzar a trabajar en la monetización, necesitará un público dedicado y leal a usted. La única forma de obtener esa audiencia es creando contenido que sea interesante, atractivo y entretenido. No importa en qué campo haya elegido escribir, querrá asegurarse de que cada publicación que realice sea de buena calidad.

Blogue Todos los Días

Cuando recién comienzas, la mayor debilidad que tendrás es la falta de contenido. Cuando alguien ingresa a su sitio web, tendrá la oportunidad de explorar y ver qué le interesa. Si solo tienes dos o tres publicaciones, lo más probable es que no se queden ni te sigan. Esto se puede remediar eligiendo crear nuevas publicaciones de blog todos los días. Al principio, esta será una tarea agotadora, pero hasta que tenga un volumen de trabajo considerable, solo tendrá que dedicar horas.

Una vez que tenga suficientes publicaciones en las que le tomaría a una persona más de una hora leerlas, puede comenzar a reducir el gas y centrarse en crear un programa de blogs saludable que funcione para usted. Algunos publican una o dos veces por semana, otros eligen un número determinado de días, como lunes / miércoles / viernes para actualizar. De todos modos, cuanto más consistente sea con sus lanzamientos, más tráfico estable generará durante las semanas.

Encuentra una Red de Blogs

La creación de redes es extremadamente importante cuando se trata de bloguear. Tener amigos que puedan dirigir su propio tráfico a su sitio web lo ayudará, especialmente cuando recién comienza. Las redes de blogs no son difíciles de encontrar, solo necesita pasar tiempo buscando redes que estén en su grupo demográfico objetivo. Luego, comuníquese con las personas a cargo y vea qué se necesitaría para unirse a su red. Algunas redes son abiertas y amigables, otras requieren tener un cierto nivel de popularidad primero.

Blog Invitado

Otra excelente manera de aumentar el número de personas que visitan su blog es invitar a otro blogger a escribir en su blog. Esto llevará a los espectadores de ese blogger y los transferirá a su blog por un corto tiempo. Con suerte, una parte de esos espectadores comenzará a mirar su propio contenido y comenzará a seguirlo. Del mismo modo, también puede ofrecer escribir una publicación de invitado para otro blogger en un campo similar al suyo. Esto ayudará a crear vínculos de retroceso que luego se pueden seguir a su sitio web.

Preguntas Frecuentes

P: ¿Cómo hacen dinero los blogs? ¿No son blogs gratis?

R: Un blog en sí mismo llama la atención de los espectadores. Esta atención puede traducirse en marketing gratuito y dirigido para otros productos que tenga. Por ejemplo, si tiene una serie de libros y bloguea con frecuencia, las personas que leen su blog se verán constantemente obligadas a comprar sus libros. Este es un marketing fuerte y dirigido que puede seguir convirtiéndose, mucho después de que haya dejado de comercializar activamente un producto.

Otro método sería simplemente vender espacio publicitario en el blog. Con un número suficiente de espectadores y los anuncios adecuados que se lanzan a los espectadores, puede generar ingresos simplemente haciendo clic en los banners. Otras formas de ganar dinero a través de blogs incluyen:

- Ser pagado por las empresas para crear "publicaciones patrocinadas"
- Tener un sistema de donación, como Patreon, para convertir a los seguidores en partidarios financieros.
- Uso de enlaces de afiliados cuando se habla de productos.

P: ¿Importa el tema de mi blog?

R: Depende. Si bien los sistemas de administración de contenido de blogs como WordPress permiten una gran variedad de temas, es posible que se pregunte cuánto importa un tema de blog. A decir verdad, mientras el esquema de colores del tema no sea ofensivo, mientras las personas puedan navegar intuitivamente, no debes preocuparte demasiado por el tema. Después de todo, las personas visitan su blog con la esperanza de obtener información valiosa sobre cualquier tema que cubra. No se preocupe por deslumbrarlos con su diseño web. La mayoría de las personas se conformarán con un tema de blog oscuro con contenido revelador que un tema costoso con solo dos publicaciones de blog.

Mitos sobre los Blogs

Mito: Ya Nadie Lee Blogs

Si bien es cierto que el contenido visual ha crecido bastante gracias a YouTube, la idea de que ya nadie lea blogs es evidentemente falsa. ¡De hecho, lo opuesto es verdad! A medida que más y más personas confían en las fuentes de información en línea, eso significa que también pasan más tiempo leyendo publicaciones de blog. De hecho, según Hubspot, ¡las compañías que publican más de 16 publicaciones de blog por mes obtienen casi 3.5 veces más tráfico que las compañías que solo publican algunas publicaciones de blog! Esos números indican claramente que, en todo caso, la gente todavía está extremadamente interesada en leer publicaciones de blog.

Mito: Tienes que Ser un Escritor Brillante para Bloguear

Si no eres un escritor natural, es posible que te sientas excepcionalmente incómodo cuando se trata de crear contenido por tu cuenta. Sin embargo, las personas de hoy en día no buscan prosa hermosa, florida o frases largas y elegantes. Buscan información, algo de valor. Siempre que pueda escribir oraciones completas y mantener los errores tipográficos al mínimo, las personas a menudo se centrarán más en lo que el contenido tiene para ofrecer que en su habilidad técnica de escritura. Así que no te sientas incómodo cuando comiences a escribir, mejorarás con el tiempo. Mientras pueda transmitir sus ideas, no debería tener problemas con los blogs.

#4 Voltear nombres de dominio

Si hay un recurso por ahí que es bastante limitado en estos días, serían los nombres de dominio. Todas las empresas deben tener un dominio, sin embargo, los dominios son comprados y vendidos por registrantes de dominio como GoDaddy. Una forma curiosa de generar ingresos pasivos sería participar en el cambio de dominio. Esto es un poco como prospección. Simplemente compra un nombre de dominio cuando es barato y luego se sienta en él hasta que alguien que tiene bastante dinero aparece y le ofrece comprarlo. ¡Entonces, haces la venta y disfrutas de las ganancias!

El cambio de dominio es un negocio arriesgado, pero los gastos generales son extremadamente bajos. La mayoría de los dominios cuestan solo alrededor de diez o quince dólares, lo que significa que por unos pocos cientos de dólares, podría tener una amplia variedad de dominios que podrían venderse por mucho más que eso.

Consejos para el Éxito

Investiga Dominios que Venden

Antes de depositar dinero en los dominios, debe dedicar tiempo a investigar para poder desarrollar la capacidad necesaria para identificar qué dominio podría generarle dinero. Por supuesto, al final no hay forma de saber exactamente qué nombres de dominio se venderán bien, pero al investigar sobre comportamientos pasados, puede intentar predecir cuál será el futuro.

Comprar Dominios Baratos

No malgastes tu dinero en dominios que son demasiado caros. No hay razón para subir más de lo que es la tasa de mercado actual para un dominio estándar. Claro, podría pensar que dejar unos pocos miles en un solo dominio podría generar sus resultados más adelante, pero al mismo tiempo, no tiene garantía de que alguien quiera comprar esos dominios más adelante. Así que ahorre dinero y concéntrese en el volumen en lugar de uno o dos nombres de dominio de gran valor.

Comprar Dominios Caducados

Al usar una búsqueda de registro de dominio, puede encontrar qué dominios han expirado recientemente y luego recuperarlos. Esta práctica puede ser bastante lucrativa, especialmente si la persona o empresa que dejó el dominio caducado lo quiere de vuelta.

Preguntas Frecuentes

P: ¿El cambio de dominio es legal?

R: Absolutamente. El hecho de que una persona o empresa tenga derechos de autor o marca registrada de una marca o frase específica no le da derecho al nombre de dominio en línea. Está perfectamente dentro de sus derechos para comprar cualquier nombre de dominio en el mercado y si alguien lo quiere, tendrá que pagarle por el derecho a usarlo.

P: ¿Es el cambio de dominio algo garantizado?

R: No. No hay forma de saber que el dominio del que agarres valdrá la pena en el futuro. Claro, puede tener suerte y obtener un nombre de dominio que una empresa querrá más adelante, pero esto es más parecido a especular sobre el futuro. Aún así, en términos de inversión, puede ser tremendamente rentable en comparación con la mayoría de los otros tipos de inversiones.

Mitos sobre el Cambio de Dominio

Mito: El Cambio de Dominio no es Ético

Esto es falso. Todos tienen el mismo acceso a los dominios, creados por orden de llegada. Esto no es diferente a la compra de bienes inmuebles, solo para que una compañía le haga una oferta para comprarle la tierra porque es necesaria para su crecimiento y desarrollo no culparías a alguien de comprar un buen terreno y luego darle la vuelta, ni deberías culpar a nadie por comprar un dominio y venderlo para obtener ganancias más adelante.

#5: Venda en Línea Usando Shopify

Si tiene productos o servicios que le gustaría vender desde su propio sitio web, puede considerar configurar un sitio de Shopify. Shopify es un proveedor de alojamiento web diseñado específicamente para el comercio electrónico, con complementos y sistemas útiles que le permitirán aprovechar al máximo su espacio web. ¡Lo mejor de todo es que Shopify maneja la mayor parte del trabajo pesado por usted, le permite rastrear el tráfico, evaluar las ventas, crear cupones e incluso automatizar aspectos del proceso de envío de etiquetas!

Consejos para tener Éxito

Agregar Complementos de Revisión lo antes posible

Una vez que tenga su sitio web Shopify en funcionamiento, querrá tener un plugin de revisión configurado lo más rápido posible. Esto permitirá a los clientes dejar buenas críticas para sus productos, lo que a su vez influirá en otras personas para que realicen compras. Las reseñas son una de las partes más esenciales de vender un producto en línea. Lo primero que mira un cliente potencial al evaluar su producto son las revisiones, para ver si lo que está vendiendo es un buen producto. Si no tiene revisiones disponibles de un vistazo, como con un sistema de clasificación por estrellas, negará al cliente la capacidad de evaluar adecuadamente su producto, lo que puede causar dudas en ellos. ¡Y la vacilación puede llevarlos lejos de hacer la compra allí mismo!

Tener un buen SEO

En La optimización de motores de búsqueda, o SEO, es lo que hará o romperá su sitio Shopify. El SEO es esencialmente cuando usas palabras clave que las personas buscan con frecuencia en línea. Al utilizar las palabras clave correctas en su sitio web, puede aumentar las posibilidades de que su sitio aparezca cuando la gente busca en motores como Google.

El SEO es extremadamente importante para generar tráfico orgánico. Si bien el marketing dirigido es muy útil, a menudo es bastante costoso y toma un poco de tiempo dominarlo. El SEO, por otro lado, puede ser barato una vez que invierte en las herramientas adecuadas que le permiten aprender qué palabras clave se buscan con mayor frecuencia. Luego, al colocar palabras clave relevantes en su sitio Shopify, podrá obtener una presencia en los motores de búsqueda. Esto significa que cuando las personas comienzan a buscar esas palabras clave en línea, su sitio web terminará como uno de los resultados. Cuanto más relevante sea su producto para su búsqueda, más alto aparecerá en el ranking de resultados de búsqueda.

Si va a tener éxito con el uso de Shopify para crear ingresos pasivos, entonces aprender a utilizar SEO es una necesidad absoluta. Afortunadamente, hay muchos recursos gratuitos en línea que enseñan cómo usar SEO para aprovechar al máximo su negocio.

Crear Buenas Imágenes

Vender en línea es un arte visual. Las buenas pantallas de productos y las imágenes atractivas pueden hacer maravillas para atraer a los visitantes a realizar la compra final. Del mismo modo, el mal diseño visual puede hacer que las personas hagan clic fuera de su sitio, perdiendo el potencial de venta.

Si desea tener un sitio exitoso de Shopify, necesitará invertir algo de tiempo y dinero para tener tanto un buen diseño visual para la tienda como un buen diseño visual para las imágenes de los productos. Afortunadamente, Shopify tiene muchos temas para elegir, estos temas están bien hechos y se encargan del trabajo pesado del diseño web. Sin embargo, para las imágenes de productos, lo más probable es que necesite invertir en un buen fotógrafo para obtener las imágenes adecuadas que realmente puedan hacer que los productos destaquen.

Instale las Aplicaciones Correctas

Shopify tiene la capacidad de agregar aplicaciones a su tienda. Hay aplicaciones pagas y gratuitas. Estos permiten formas aún más grandes de personalización para su tienda, mejorando la experiencia del cliente e incluso generando más clientes potenciales después de que se haya completado una venta. No hay escasez en la cantidad de aplicaciones que existen en Shopify, por lo que una vez que tenga su sitio web en funcionamiento, pase un tiempo hurgando en la tienda de aplicaciones y agregando todo lo que pueda para mejorar la calidad de su tienda.

Preguntas Frecuentes

P: ¿Cuánto cuesta Shopify?

R: Shopify ofrece varios niveles diferentes de servicio, donde ofrecen una tarifa plana mensual para usar su plataforma, así como un recargo por cada compra realizada con una tarjeta de crédito. Estos niveles diferentes ofrecen características diferentes, pero el nivel más bajo es bastante barato, si se considera que está obteniendo un excelente proveedor de alojamiento web y un montón de características que le permiten concentrarse únicamente en realizar ventas.

Mitos sobre Shopify

Mito: Shopify es solo otro sistema de administración de contenido, como WordPress.

Si bien puede ser fácil ver Shopify como un simple proveedor de alojamiento web, la verdad es que ofrecen todas las herramientas que necesita para ejecutar su tienda. Por una única tarifa fija al mes, tendrá todo lo necesario para vender productos. Con Shopify ocupándose de casi todo, podrá liberarse para dedicar tiempo a concentrarse en lo que realmente importa: desarrollar un plan de marketing. No necesitará perder demasiado tiempo creando un sitio web desde cero y colocando en cada sistema, como con WordPress. Shopify ya tiene todo lo que necesitas.

#6 Emplear un asistente virtual

Una de las partes más difíciles de generar ingresos pasivos es el hecho de que muchos de estos proyectos requieren un cierto nivel de mantenimiento. Muy pocas de estas ideas pueden crearse y luego descartarse en línea. Requieren tiempo y esfuerzo si desea utilizar los proyectos para ganar dinero. Sin embargo, es posible que no tenga el tiempo necesario para mantener estos motores, o tal vez desee encontrar una manera de limitar aún más su participación, de modo que realmente esté haciendo ingresos pasivos.

Un asistente virtual es una de las mejores ayudas en su búsqueda para desarrollar un motor de ingresos pasivos. Con la ayuda de un asistente virtual, podrá externalizar las tareas más engorrosas de proyectos específicos, como manejar la presencia en las redes sociales de su empresa o ocuparse de problemas de inventario.

Por supuesto, esta es una desventaja importante con un asistente virtual, y ese es el hecho de que cuestan dinero para contratar. A menudo tendrá que pagar una tarifa por hora para emplear sus servicios, sin embargo, el dinero que podrán ahorrarle a largo plazo, al manejar los problemas de servicio al cliente, administrar sus redes sociales o investigar, ciertamente puede valer la pena. .

Consejos para tener Éxito

Utilice Freelancers

En la economía digital actual, los freelancers (trabajadores independientes) se han vuelto extremadamente valiosos para llenar las brechas de habilidades. Si desea ejecutar un blog para su negocio, pero no tiene las habilidades de escritura o el tiempo, simplemente puede contratar a un escritor independiente para que le haga algunos artículos de blog. Del mismo modo, si desea tener un buen diseño web, pero no tiene el conjunto de habilidades, un contrato en línea puede marcar una verdadera diferencia.

Tener Metas Claras Establecidas

Su dinero es valioso y cuando usa un asistente virtual querrá ahorrar la mayor cantidad de dinero posible reduciendo la cantidad de tiempo que trabajan. La mejor manera de ahorrar este tiempo es tener objetivos claros establecidos para ellos, para que sepan exactamente lo que quiere. Esto les permitirá realizar sus negocios de manera efectiva y rápida.

Preguntas Frecuentes sobre Asistentes Virtuales

P: ¿Cómo encuentro un asistente virtual?

R: La mejor manera de encontrar un AV es usar un sitio web independiente, como Upwork, donde puede crear contratos y encontrar freelancers, o usar una empresa de Asistente Virtual. Las empresas tienden a ser más caras, sin embargo, a menudo obtienes un asistente de mayor calidad.

P: ¿Puedo confiar en un asistente virtual con datos importantes?

R: La confianza es una parte muy importante de la relación laboral con los Asistentes virtuales, sin embargo, esa confianza no llega rápidamente. En lugar de simplemente contratar a alguien de la nada y darle todas sus contraseñas, primero debe trabajar para establecer una relación de trabajo. Además de eso, al utilizar una empresa o una plataforma que proporcione calificaciones de freelancers, debería poder contratar AV con un historial establecido.

Mitos sobre Asistentes Virtuales

Mito: Los Asistentes Virtuales son Demasiado Caros

Si bien pueden parecer costosos al principio, debe hacer un análisis de costo-beneficio antes de poder determinar si son demasiado caros. Si no tiene mucho tiempo para trabajar en aspectos específicos de su negocio, puede terminar sufriendo financieramente. En lugar de limitar sus ventas para tratar de ahorrar dinero, puede expandir sus oportunidades de negocio inmensamente contratando a un asistente virtual para que se encargue de las áreas que requieren mucho tiempo o más allá de su rango de habilidades. Encontrará que al final, un buen AV puede generar mucho más de lo que le está pagando.

#7: Entrar en el Marketing de Afiliación

El marketing de afiliación es una forma tremenda de monetizar un sitio web que tiene una fuente constante de tráfico. Las compañías de marketing afiliadas ofrecen "recompensas" a cambio de las conversiones proporcionadas por sus enlaces. Por ejemplo, si usted fuera parte de un programa de marketing de afiliación para una empresa de ollas a presión y tiene un enlace a una olla a presión en su sitio web, recibirá una compensación si se realiza una compra con ese enlace.

De todas las diferentes formas de configurar un motor de ingresos pasivos, el marketing de afiliación es uno de los métodos más probados y verdaderos. Si eres disciplinado y trabajas duro para crear un buen sistema de marketing de afiliación, podrías generar bastantes ingresos.

Consejos para tener Éxito

Centrarse en un Buen Nicho

Si desea ganar dinero a través del marketing de afiliación, deberá atraer al cliente ideal a su sitio web. Esto significa que deberá identificar un buen nicho y luego atenerse a él. Algunas personas cometen el error de tratar de atraer a muchas áreas a la vez, pero esto solo diluye a su audiencia. Es mejor apegarse a un nicho central para atraer el tráfico que seguirá sus enlaces de afiliados que tener un mayor número de personas que simplemente no se convertirán.

Encuentre la Red de Afiliados Adecuada

Necesitará una red de afiliados si recién está comenzando con el marketing de afiliación. Una red es el intermediario que maneja los acuerdos entre la empresa afiliada real que está pagando la recompensa y el vendedor que anunciará en su nombre. Una buena red de afiliados le dará opciones sobre el producto que comercializará y le ayudará con la mecánica real de recibir el pago. No siempre necesita trabajar con una red para ser un vendedor afiliado, algunas compañías o editores ofrecen sus propios programas, como los afiliados de Amazon. Sin embargo, una red de afiliados puede hacer una gran diferencia en alguien que recién comienza.

Sea Transparente

Una de las partes más importantes del marketing de afiliación es ser sincero al compartir enlaces de afiliación. Dar solo un pequeño descargo de responsabilidad en la parte inferior de sus artículos mencionando que los enlaces que está compartiendo son enlaces de afiliados y recibirá una compensación por cualquier compra realizada ayudará a establecer la confianza con quienes visitan su sitio web y cumplir con ciertas leyes de comunicación que se han vuelto más estrictos sobre el marketing sigiloso.

Preguntas Frecuentes sobre el Marketing de Afiliación

P: ¿Hay alguna tarifa asociada con el marketing de afiliación?

R: En general, no, no hay. El marketing de afiliación es un servicio de marketing que se brinda a los editores y a las empresas que buscan promocionar sus empresas. Ellos son los que deberían pagarte. Si encuentra una red o programa que requiere una tarifa, o algún tipo de contribución financiera para comenzar, debe evitar esa red. Ese tipo de programas son estafas o innecesarios para comenzar con el marketing de afiliación.

P: ¿Está muerto el marketing de afiliación?

R: Ocasionalmente, las personas pueden mirar el marketing de afiliación, que es una de las formas más antiguas de hacer dinero en línea y concluir que la práctica está desactualizada. Esto no podría estar más lejos de la verdad. El hecho es que las personas están ganando más dinero que nunca con el marketing de afiliación. El amplio alcance de Internet combinado con la transformación del panorama del marketing ha hecho que cosas como el marketing de referencia y los avales sean mucho más potentes. El marketing de afiliación no está muerto y mucha gente está ganando dinero.

Mitos sobre el Marketing de Afiliación

Mito: no necesito preocuparme por los productos que estoy lanzando.

El marketing de afiliación se basa en la idea de confianza. Cuando hay personas que visitan su sitio web y siguen sus blogs, confían en usted. Confían en que no los conducirá mal con los productos que recomienda. Si presenta productos que no le importan, que no ha verificado o que no puede garantizar que sean realmente buenos, podría confundir a su base de seguidores. Claro, puede ganar algo de dinero a corto plazo, pero con el tiempo esta estrategia causará resentimiento y puede perder la oportunidad de ganar aún más dinero a largo plazo.

Mito: el Alto Tráfico Equivale a Mayores Ganancias de Afiliados

El tráfico web es extremadamente valioso. Si tiene un sitio web que atrae a diez mil personas al mes, puede estar emocionado de ver que esas diez mil personas se convierten directamente en clientes, aumentando sus cheques de pago de afiliados. Sin embargo, la verdad es que si bien el tráfico es bueno, no garantiza conversiones directas. Debes concentrarte en encontrar buenos productos que sean atractivos para la mayoría de tu audiencia, mientras moderas tus expectativas. Por lo general, solo un pequeño porcentaje de cualquier grupo se convertirá realmente. Esto no significa que sus esfuerzos de marketing de afiliación estén fallando, simplemente significa que hacer que la gente compre cosas en línea puede ser difícil. El marketing de afiliación es una excelente manera de generar ingresos pasivos y el alto tráfico definitivamente puede aumentar las posibilidades de ganar dinero, pero no espere que toda su audiencia se convierta.

#8 Iniciar Dropshipping

Dropshipping es donde vendes productos sin tener que manejarlos físicamente.

Gracias al acceso a los grandes fabricantes en línea, utilizando Internet para encontrarlos, puede crear una tienda, vender productos y luego enviar los pedidos a los fabricantes para su cumplimiento. Esto le permite vender productos sin tener que invertir el capital principal que generalmente se requiere para administrar un negocio.

Dropshipping es uno de los modelos de negocios en línea más exitosos que existen y, gracias a sitios web como Shopify, que permiten una fácil integración, ¡puedes construir rápidamente tus propios sitios web de dropship vendiendo productos de nicho que te generarán dinero mientras duermes!

Consejos para el Éxito

Encuentra un Gran Proveedor

Como no tiene un inventario real, necesitará encontrar un proveedor que esté dispuesto a trabajar con usted para completar los pedidos. Este será uno de los mayores desafíos del dropshipping, ya que requiere tiempo, energía y mucha investigación. Sin embargo, una vez que pueda encontrar un gran proveedor, uno que esté dispuesto a cumplir con los pedidos de productos. Por lo general, esto requiere una conexión personal con el proveedor, para que sepan que usted dirige legítimamente un negocio. Es posible que algunos proveedores ni siquiera estén interesados en trabajar con una empresa que solo realiza pequeños pedidos, así que prepárese para pasar la mayor parte de su tiempo buscando aquellos que estén dispuestos a trabajar con empresas más pequeñas.

Centrarse en Ofrecer Productos Baratos

Si bien el dropshipping puede ser lucrativo, los márgenes tienden a ser más pequeños, especialmente ahora que muchas personas están comenzando a practicar en línea. Una excelente manera de adelantarse a la competencia es ofrecer productos más baratos. La mayoría de las veces, las personas pagan por las marcas y pueden obtener la misma calidad de producto de un minorista genérico. Al aprovechar esto, podría crear un flujo más fuerte de clientes al ofrecer precios más bajos. Sin embargo, asegúrese de seguir ofreciendo calidad con lo que está vendiendo. No desea que las personas se sientan frustradas con su modelo de negocio y cambien a otro competidor.

Intenta Obtener una Distribución Exclusiva

No hay nada que ayude a aumentar sus márgenes de ganancia que tener un acuerdo de distribución exclusivo con un proveedor. Por supuesto, para productos extremadamente conocidos será muy costoso negociarlo; sin embargo, si apunta a proveedores más pequeños que tienen productos especializados, podría conseguir un exclusivo. Esto limitará la competencia y le proporcionará una mayor tasa de ventas, ya que las personas interesadas en los productos tendrán que pasar por su tienda para obtener lo que desean.

Preguntas Frecuentes sobre Dropshipping

P: ¿Tengo que pagarle a un proveedor?

R: ¡No! La mayoría de los mayoristas están buscando vías para vender sus productos y recibir un pago cuando les venden los productos. Ganan su dinero a través de este sistema. Sin embargo, hay algunos sitios web sospechosos que intentarán cobrarle por el privilegio de vender sus productos. Estos sitios web no son en realidad proveedores, sino que tienen contactos con los propios proveedores. Te cobran y luego se dan la vuelta y simplemente envían tus pedidos al proveedor real. En otras palabras, son el intermediario de un intermediario. Nunca pague el privilegio de utilizar un proveedor.

Mitos sobre Dropshipping

Mito: Una vez que se ha creado un sitio web y se ha encontrado un proveedor, las ventas llegarán.

Por desgracia, este no es el caso. Recuerde, si puede hacer dropshipping, entonces casi cualquier otra persona puede hacerlo. Si bien la tarea de encontrar un proveedor, crear un buen sitio web de ventas es vital, deberá dedicar una parte decente de su tiempo a comercializar lo que está vendiendo. Esto requerirá todo tipo de diferentes técnicas de marketing dirigido, como el marketing de Facebook. La buena noticia es que la mayor parte del marketing puede ser automatizado o manejado por un asistente virtual, lo que significa que una vez que haya hecho el trabajo pesado de encontrar un proveedor, estará en el camino para navegar sin problemas.

#9 Crear y Vender Cursos en Línea

Si tiene experiencia en un campo específico, ¡puede convertir esa experiencia en dinero! ¿Cómo? Simplemente creando y vendiendo cursos en línea que instruyen a las personas sobre su experiencia. ¡Con una pequeña inversión de tiempo y dinero, puede crear una serie de cursos que se puede vender a miles de personas en línea!

Consejos para tener Éxito

Busca tu Pasión

La experiencia generalmente surge de la pasión. Si puede encontrar lo que le apasiona, no tendrá muchos problemas para compartir esa pasión con otros a través de un curso en línea.

Construye un Plan de Lección

Un buen plan de lección lleva al alumno a través de los conceptos básicos, llevándolo a los temas intermedios y, finalmente, a las materias avanzadas. Debe dedicar tiempo a desarrollar el curso para que el alumno avance a un ritmo constante en los tres niveles. No los sobrecargue con demasiada información al principio, de lo contrario, pueden sentirse abrumados.

Se Entretenido

Nada es peor que tomar un curso en línea que parece que la persona que está narrando está legalmente muerta. Incluso si no eres un gran animador, trata de ser animado, habla con entusiasmo y emoción. Evite las formas de entregas monótonas e inexpresivas, ya que esto puede matar rápidamente la propia emoción de un alumno por tomar sus clases.

Crear una Serie

Los cursos en línea deben venderse en lotes, con múltiples cursos como parte de una serie principal. Cada curso debe estar lleno de información relevante y valiosa, pero debe dividirlo en múltiples para que pueda vender a los clientes un paquete de ofertas. Y, si un cliente ve un curso único que le interesa, no tendrá que pagar el costo total del paquete para obtener acceso a él.

Preguntas Frecuentes

P: No soy un artista, pero tengo una buena idea de curso, ¿debería seguirla?

R: Si no eres un buen artista, eres tímido con la cámara o tienes problemas para leer guiones, puedes considerar contratar a alguien para que te enseñe a hacer los videos. Deben estar versados en el tema y ser capaces de salirse del guión, pero también deben estar dispuestos a atenerse a lo que usted quiere que enseñen. Si no tiene los fondos disponibles para ese proyecto, considere practicar hasta que se sienta lo suficientemente cómodo como para grabar los videos usted mismo.

Mitos sobre la Creación de Cursos En Línea

Mito: tengo que ser un camarógrafo experto para hacer un buen curso

La gente no está descargando cursos para videos bonitos o tomas largas y amplias de paisajes. Están descargando cursos porque hay algo que quieren aprender. Si bien generalmente debes hacer un esfuerzo para asegurarte de que tus videos tengan una calidad decente y sean visibles, no te preocupes por ponerte elegante. La gente solo quiere la información que tienes para ellos.

#10 Desarrolla una Aplicación

Las aplicaciones son una excelente manera de generar ingresos pasivos, especialmente si puede desarrollar una aplicación que satisfaga las necesidades del mercado. Sin embargo, la desventaja de crear aplicaciones es que toman bastante tiempo y pueden ser costosas, especialmente si está trabajando en hacer algo que requiera diseño gráfico. Aún así, una vez que una aplicación está en una tienda de aplicaciones, continuará generando ingresos mientras siga siendo relevante.

Consejos para tener Éxito

Ser único

Las tiendas de aplicaciones a menudo están llenas de un puñado de aplicaciones realmente exitosas y luego docenas, si no cientos de clones e imitaciones baratas. Si bien hay algo que decir sobre tratar de precipitarse en un mercado con una aplicación que es similar a la que es popular, la mayoría de estos esfuerzos son débiles y flojos. Peor aún, algunas aplicaciones incluso intentan crear la imagen de que son secuelas de otras aplicaciones más exitosas.

Si desea que su aplicación tenga éxito, necesitará que se mantenga por sí sola. Trabaje para crear una aplicación que tenga su propia identidad, una aplicación que resuelva un problema que no se está enfocando en el mercado actual de aplicaciones. Puede ser más fácil simplemente copiar otra idea que se haya hecho, pero a menos que pueda hacerlo mejor, ¿cuál es el punto? ¿Por qué alguien jugaría un clon de Tetris mal hecho cuando ya hay una aplicación oficial de Tetris?

Por supuesto, esto no significa que no pueda mejorar otros modelos de aplicaciones. Es posible que vea que ciertos tipos de aplicaciones siguen una sola fórmula y esa fórmula es ineficiente. Crear el suyo propio y lanzarlo, hacerlo mejor que el original puede ser una excelente manera de obtener una popularidad rápida. Aun así, esto requiere un compromiso para hacer algo diferente al simple status quo.

Crea Incentivos para Compartir

El marketing de boca en boca es extremadamente valioso cuando se trata de aplicaciones. Una nueva aplicación necesita llegar a los primeros gráficos de descarga lo más rápido posible. Cuanto más rápido se grafica una aplicación, más ventas puede hacer. Una de las mejores maneras de garantizar que su aplicación se comparta de cliente a cliente es crear un incentivo para que los usuarios compartan. Este incentivo puede ser tan simple como un código de referencia que brinda un beneficio tanto al usuario como a la nueva persona.

Sé Amable en Tus Microtransacciones

Crear una aplicación que tenga microtransacciones es uno de los modelos de negocio más estándar que es aceptado por la mayoría de los usuarios. No hay nada inherentemente malo en tener microtransacciones en su aplicación, sin embargo, debe tener cuidado de no abusar del cliente. Puede encontrar que es fácil y tentador crear un poderoso muro de pago que evite que los clientes usen los mejores servicios, o en el caso de los juegos, tengan acceso a los mejores personajes. Sin embargo, esto puede crear una imagen negativa entre los fanáticos y pueden tomar las revisiones para protestar por sus sistemas de microtransacción. Sea generoso al dar contenido y use microtransacciones como una forma de mejorar la vida de los clientes, mientras mantiene las cosas justas en todos los ámbitos.

#11: Ofrecer consultoría en línea

Si está buscando una manera de ganar una gran cantidad de dinero en un corto período de tiempo, es posible que desee considerar la consultoría en línea. Si bien la consulta es una forma de generar ingresos activos, podría usar ese dinero para luego financiar otras áreas.

Consejos para tener Éxito

Crea una Identidad de Consultoría

Todos tienen experiencia en algo, por lo que necesitará un poco más que solo conocimiento para tener éxito como consultor. Deberá trabajar para crear una identidad de marca, de modo que las personas que visiten su sitio web tengan una idea clara de la experiencia que puede ofrecerles. Una marca nítida, un buen sitio web y un testimonio ayudarán a darles a los clientes potenciales la idea de que pueden brindarles un asesoramiento invaluable.

Ten un Buen Expediente

Un buen expediente es una necesidad si va a motivar a los clientes a buscar ayuda. Este expediente debe ser 100% honesto acerca de sus logros, lo que significa que deberá lograrlo en su campo antes de poder consultar. El expediente debe incluir el trabajo profesional que ha realizado, testimonios relevantes de antiguos clientes (si tiene alguno), así como enlaces a los créditos profesionales que ha ayudado. Esto ayudará a que su cliente comprenda que usted es legítimo en su campo. Es difícil encontrar la confianza, especialmente en línea, por lo que al trabajar en su expediente asegurese de que todo esté por encima del tablero, puede trabajar para ganar la confianza de los espectadores.

Ofrecer una Consulta Gratis

Una consulta gratuita, tal vez una hora libre de conversación puede hacer maravillas en la adquisición de clientes. En primer lugar, le permite interactuar con el cliente potencial y ver cuáles son sus necesidades. Puede aprender lo que están buscando y, a su vez, ayudarlos a orientarlos en la dirección correcta. Lo mejor de todo es que podrá determinar si este cliente es lo suficientemente serio como para trabajar con él. Muchos consultores tienen que tratar con clientes que suben, tienen grandes expectativas y solo $ 100 para trabajar. Con consultas gratuitas, puede ahorrarse un gran dolor de cabeza.

Ofrecer una recompensa por referidos

Una vez que haya reunido su negocio de consultas, deberá traer clientes. Una buena manera de hacerlo sería tener un programa de referencia, en el que ofrezca una recompensa financiera a quienes lo refieran. Entonces, si tiene algunos amigos que están activos en negocios relevantes, puede ofrecerles pagar unos cuantos dólares a cambio de las personas que envían. Este programa de recomendación ayudará a poner en marcha su negocio y, lo que es más importante, ayudará a convertir a los clientes convertidos en reclutas para usted, ya que también podrá ofrecerles el bono de recomendación.

#12: Entrar en Subastas En Línea

Si bien vender a través de Amazon puede ser rentable, ¡no olvide que los sitios de subastas en línea siguen siendo una cosa! La gente todavía usa eBay y otros sitios web como Auctionzip para encontrar objetos de valor que pueden ser difíciles de encontrar. Si le gusta recolectar artículos más raros y venderlos para obtener ganancias, entonces debería considerar usar un sitio de subastas para vender sus productos. Después de todo, aunque Amazon es una potencia, tienen fuertes restricciones sobre lo que se puede vender. eBay, por otro lado, es de igual a igual, lo que significa que las personas saben que están tratando directamente con usted, no con una gran corporación.

Consejos para tener Éxito

Aprende a Identificar Artículos Valiosos

Las personas que visitan sitios de subastas en línea están buscando una de dos cosas. Están buscando un artículo que pueden comprar por debajo del valor de mercado, debido al desgaste o al envejecimiento, o están buscando artículos que son difíciles de encontrar en el mercado en línea normal. Si desea vender en el mercado secundario, deberá aprender a identificar qué artículos son valiosos en el nicho al que se dirige. Por ejemplo, si decide que quiere comenzar a vender tarjetas de béisbol en eBay, deberá dedicar tiempo a investigar para qué se venden las tarjetas. Lo que es más importante, también deberá determinar el precio que la mayoría de la gente está dispuesta a dar para obtener el producto. Esto significa que si la investigación de mercado indica que una tarjeta de béisbol se venderá por un total de $ 50, pero los clientes solo están dispuestos a pagar $ 30 por ella, entonces debe comenzar la oferta a $ 30. Es mejor tener una venta que tener algo en el estante para siempre.

Ofrecer Envío Competitivo

La mayoría de las personas se detienen por los precios de envío. Es un fenómeno extraño, pero a las personas no les gusta perder algo más de lo que disfrutan ganar algo. La idea de pagar dinero en el envío a menudo se percibe como una pérdida y puede desalentar las ventas. Sin embargo, si trabaja para proporcionar envío gratuito y simplemente transfiere el costo del envío al costo del producto, la gente estará dispuesta a pagar más por el producto. Si no puede hacerlo, tal vez el costo de envío podría causar que el precio del producto pierda su ventaja competitiva, intente hacer todo lo posible para reducir el costo de su envío. No desea que los clientes abandonen un acuerdo simplemente porque no les gustan las tarifas de envío que está cobrando.

Tenga Buenas Fotos

Puede que no seas un fotógrafo profesional, pero gracias a la forma en que se fabrican los teléfonos ahora, no tienes que serlo. No hay excusa para tener fotos mal iluminadas y de mala calidad, especialmente si está tratando de vender sus productos. Las imágenes muestran cómo sus clientes tomarán la decisión de comprar su producto, por lo que cuanto más tenga, mejor. Además de eso, cuanto más fácil sea para los clientes potenciales ver todos los lados y aspectos de su producto, más podrán determinar si vale la pena comprar la condición del producto.

Preguntas Frecuentes

P: ¿Qué es mejor, subastar o Amazon?

R: Esta es una pregunta antigua. Realmente, depende de cómo quieras vender. Si desea un único precio, uno que no se mueva hacia arriba o hacia abajo, utilice Amazon. Sin embargo, si desea vender un artículo que tiene el potencial de aumentar el costo, entonces un sitio de subastas en línea es el camino a seguir. A veces puede ocurrir una guerra de ofertas entre dos compradores y eso será maravilloso para usted, ya que aumenta los precios.

Mitos Sobre las Subastas En Línea

Mito: Ya Hay Demasiada Competencia para usar Sitios de Subastas En Línea

Si bien es cierto que más personas que nunca están utilizando sitios de subastas, no se olvide, las subastas se refieren al producto, no a la competencia. Si vende cosas raras y valiosas, antigüedades y objetos de colección, es probable que no tenga una gran cantidad de competencia. Si bien es cierto que cualquiera puede configurar una subasta en línea, no todos tienen acceso a los mismos productos que usted. Esto crea una forma de escasez que lo protege de la gran cantidad de competencia que existe. Mientras esté vendiendo en un campo un tanto único, dirigido a un nicho de mercado, debería ser capaz de abrirse camino vendiendo cosas en sitios de subastas.

#13: Invierta en Criptomoneda

Las criptomonedas, como bitcoin, han aparecido en los titulares últimamente, con el aumento en la inversión de las personas, lo que ha provocado que el precio de Bitcoin se dispare hacia arriba. Algunas personas que eran inversores ocasionales hace unos años incluso se encontraron haciendo cientos de miles de dólares cuando los precios se dispararon.

Invertir en criptomonedas no es lo más fácil de navegar y es arriesgado, pero si está buscando una alternativa a la inversión tradicional, la criptomoneda es el camino a seguir.

Consejos para tener Éxito

No Persiga Monedas Exitosas

Si bien Bitcoin es el mayor ejemplo de éxito, hay muchas otras criptomonedas por ahí. De hecho, también se crean regularmente nuevas criptomonedas. Lo que no desea hacer es perseguir una moneda una vez que comience a burbujear. Por ejemplo, Bitcoin llegó a los titulares cuando comenzó a alcanzar su máximo histórico de $ 20,000 por moneda. Y, como todas las burbujas, cayó significativamente en los siguientes meses después de ese máximo. ¿Por qué? Debido a que había muchos inversores interesados en obtener sus ganancias, entre una docena de razones por las cuales los inversores buscaron vender la moneda.

Si ve que una moneda despega con fuerza, podría considerar arrojarle su dinero, con la esperanza de montar la ola hacia la victoria. Sin embargo, esto generalmente hace poco más que darle a un inversor ya exitoso un punto de salida. En lugar de tratar de saltar a los ganadores, sería mejor concentrarse en invertir en las monedas más pequeñas, o esperar a que estalle la burbuja y luego comprar cuando la moneda que desea sea más barata.

Eres un comerciante, No un entusiasta

La criptomoneda no tiene valor físico en el mundo. Es puramente una moneda digital, creada a través de un sistema que crea escasez que, a su vez, la hace limitada. Si bien muchos dicen que la criptografía está condenada al fracaso porque no tiene respaldo en el mundo real, ese no es realmente el punto de negociación. El comercio se realiza para que pueda obtener ganancias, no porque sea un fanático de un tipo de moneda.

Esto significa que debe tener preparada una estrategia de salida. Cuando compre en la criptomoneda, tenga un precio aceptable que esté apuntando, así como la pérdida mínima que aceptará antes de vender. No solo invierta en criptografía y espere lo mejor. Esto puede conducir al desastre. En cambio, asegúrese de tener una estrategia de salida clara. No asuma que una moneda en espiral mejorará y ciertamente no asuma que un aumento repentino en el valor mantendrá su impulso alcista. Como todas las operaciones, debe comprar cuando es bajo y vender cuando es alto. Determine qué nivel de beneficio desea y luego manténgalo.

Esté Preparado para Perder lo que Invierte

Esta es una dura verdad, pero la criptografía es una bestia difícil de manejar. Con la falta de regulación y supervisión, combinada con los extraños caprichos de Internet, las criptomonedas pueden funcionar muy bien o muy mal. Algunas podrían nunca despegar y otras podrían terminar haciéndote rico. Pero nunca debe invertir dinero del que no esté listo para despedirse. Nunca invierta con el dinero que necesitará algún día y ciertamente no use sus ahorros de toda la vida en el proyecto. En cambio, tome dinero que esté 100% dispuesto a no volver a ver nunca más y úselo como inversión. Esto ayudará a calmar tus emociones cuando se trata de operar, lo que te ayudará a pensar con claridad.

Preguntas Frecuentes

P: ¿Cuántas Criptomonedas Hay?

R: ¡Demasiados! Dado que cualquiera puede desarrollar un sistema de criptomonedas, se crean nuevas monedas todo el tiempo. Algunas de estas monedas se hacen como bromas por los bromistas en línea, pero otras se usan como parte de un esfuerzo serio. Debe exhibir discernimiento al evaluar una nueva criptomoneda para invertir, para determinar si habrá algún interés en esa moneda en el mercado en general o si esta moneda se creó como parte de una moda pasajera.

Mitos sobre la Inversión en Criptomonedas

Mito: dado que Crypto no tiene valor en el mundo real

Este es un mito común perpetrado por quienes provienen del mundo financiero tradicional. Si bien es cierto que no puede tener un Bitcoin en la mano, hay algunos proveedores que aceptan Bitcoin como opción de pago. Y a medida que pasan los años, poco a poco, algunos proveedores comienzan a aceptar que hay un valor financiero detrás de las criptomonedas y las aceptan como pago por bienes o servicios.

Mito: Los Hackers pueden Robar Fácilmente mi Criptomoneda

Este es otro mito que a menudo se difunde por los medios. Siempre estás leyendo noticias sobre cómo un pirata informático logró robar Bitcoins por valor de unos pocos millones de dólares. Sin embargo, con la forma en que está diseñada la criptomoneda, la única forma en que alguien puede acceder a su dinero es si tienen el código único real para esas monedas específicas. Y como usted, y usted solo, posee ese código único, no puede ser pirateado directamente a menos que comparta ese código con otra persona. La mayoría de las veces, estos casos de "piratería" son realmente situaciones en las que los inversores en criptomonedas utilizaron un banco fraudulento que les ofreció mantener criptomonedas. Luego, cuando el banco tuvo acceso a suficientes de estos códigos, simplemente transfirieron las monedas a sí mismos y escaparon con el dinero. Esto es tanto pirateo como alguien que toma prestada su tarjeta de débito y luego compra un bote en línea. Por lo tanto, siempre que esté discerniendo con quién comparte su código, sin alguien, sus inversiones estarán seguras.

#14: Entrar en el Comercio de Productos Básicos

Si bien la criptomoneda es un salvaje, salvaje oeste de una situación de inversión, no es la única forma de obtener ingresos pasivos a través de la inversión. Un método significativamente más estable sería involucrarse en el comercio de productos básicos. Gracias al acceso en línea, puede convertirse en un comerciante de productos básicos en la comodidad de su hogar, comprando y vendiendo productos comerciales con el clic de un botón.

Consejos para tener Éxito

Ser Seriamente Educado

El comercio de productos básicos no es una tarea pequeña. Es un negocio serio que ha estado ocurriendo durante miles de años. Si desea ganar dinero mediante el comercio, deberá tomar su educación sobre el asunto muy en serio. Dedique tiempo a estudiar, tome algunos cursos en línea y prepárese tanto como sea posible para este esfuerzo. Después de pasar el tiempo adecuado, debes estar listo para comenzar de verdad, pero no saltes a medias. Trate su educación en el asunto como la parte más importante de ganar dinero.

Preguntas Frecuentes

P: ¿Qué tan riesgoso es el comercio de productos básicos?

R: Todas las formas de inversión contienen riesgos, eso es seguro. Sin embargo, una ventaja que tiene el comercio de productos básicos sobre otras formas de comercio, como el mercado de valores, es que los productos básicos son materias primas y materiales reales para los que existe demanda. Esto significa que, si bien los precios pueden subir y bajar, dependiendo de los eventos del mundo real, siempre habrá una demanda básica de estos productos, lo que limita lo mal que pueden caer. Entonces, si bien siempre hay algún nivel de riesgo asociado con cualquier negociación, el comercio de productos básicos es menos riesgoso que otros.

P: ¿Cuánto Necesito para Comenzar?

R: El comercio de productos básicos tiene un punto de entrada más alto en términos de precio. En general, la mayoría de los corredores requieren una cantidad decente de dinero para comenzar, generalmente entre $ 5,000 y $ 10,000. Sin embargo, estas sumas de dinero más grandes le permiten crear un flujo constante de ingresos con el comercio. Cualquier cosa más baja generalmente hace que sea más difícil obtener una ganancia decente.

Mitos sobre el Comercio de Productos Básicos

Mito: tienes que almacenar los productos

Si bien es cierto que está comprando productos en línea, en realidad solo está comprando futuros, lo que significa que no es realmente responsable del almacenamiento de dichos productos. Entonces, si ha comprado futuros en trigo, no tendrá que aceptar un gran envío de trigo, normalmente porque cierra el contrato antes de que se envíe el aviso de entrega del producto. Solo las grandes empresas guardan y almacenan productos básicos, el pequeño inversor no tiene que hacerlo.

#15: Crear contenido de video para YouTube

Gracias al sistema de monetización de YouTube, cuantas más personas miran un video, más dinero llega para el creador de ese video. Si eres alguien que tiene una racha creativa y quiere generar ingresos pasivos, ¡crear videos en YouTube puede ser una excelente opción!

Consejos para tener Éxito

Sé Diferente

Dado que cualquiera puede crear un canal de YouTube, significa que siempre habrá una gran ola de personas que tengan ideas similares. Algunos YouTubers incluso pueden modelar sus propias personalidades o estilos de contenido después de ver otros YouTubers más exitosos. Sin embargo, el problema con este estilo de pensamiento es que la mayoría de estos YouTubers de la liga juvenil no son muy buenos y, como tal, crean un grupo gigantesco de contenido mediocre para que los espectadores puedan avanzar.

En lugar de tratar de seguir a la multitud, diferenciate. Intenta descubrir qué estilo único quieres presentar al mundo y luego desarrolla eso. No es bueno perder el tiempo y la energía en ser exactamente igual a los demás. En cambio, debes dar todo de tí para mantenerte aparte. Esto debería darte el beneficio de ayudar a otras personas a ver que no eres una imitación de aquellos que ya tienen éxito, y aumenta las posibilidades de que te sigan.

Hacer Muchos Videos

Las actualizaciones frecuentes de video son importantes para los espectadores de YouTube. Algunos YouTubers logran crear videos cada dos días, y algunos están lo suficientemente locos como para lanzar videos diarios. Al principio, eso podría ser demasiado para ti, pero aún así deberías dedicarte a crear una gran cantidad de contenido que se pueda lanzar a lo largo de las semanas. Apuntar a por lo menos un video a la semana es un buen punto de partida, pero debe crear algunos videos en bloque, para tener espacio y poder hacer algunos videos más sin que haya fallas en la programación de carga.

Preguntas Frecuentes

P: ¿Hay algún costo para hacer videos de YouTube?

R: Para subir videos a YouTube, en absoluto. Es un servicio gratuito que cualquiera puede usar. Sin embargo, generalmente hay costos que se destinan a las producciones y esos costos pueden variar, dependiendo de la calidad que se busca. Sin embargo, si está buscando hacer una serie simple e informativa de videos, probablemente pueda llevarla a cabo de forma gratuita.

Mitos sobre Ganar Dinero en YouTube

Mito: ¡Solo necesito esperar a que se descubra un video y luego estaré nadando en efectivo!

El mito del descubrimiento es uno de los mitos más generalizados en el mundo creativo. Si bien es cierto que existe la posibilidad de que algo se vuelva viral y genere un número significativo de espectadores y, como tal, los ingresos de los anuncios, esas posibilidades son increíblemente bajas. No debes crear una estrategia basada en la idea de que un video tuyo despegue repentinamente. En cambio, concéntrese en aprender los fundamentos del buen diseño de video y mantenga un estricto cronograma de lanzamiento para construir una escalera que conduzca al éxito.

#16: Conviértete en un Influencer de las redes sociales

Si te gusta usar sitios web de redes sociales como Facebook o Instagram, entonces puedes trabajar para desarrollar una voz como influencer. Los influencers tienen el poder de influir en la forma en que sus seguidores toman decisiones de compra y, últimamente, las empresas han comenzado a reconocer ese valor. Como tal, hay redes que están dispuestas a conectar a los influencers de las redes sociales con las empresas. ¡Esto puede convertir su pasión y afición por las redes sociales en dólares y centavos!

Consejos para tener Éxito

Sé Autentico

Más que nada, las personas están buscando aquellos en quienes puedan confiar. Al ser honesto, sincero y auténtico con sus seguidores, demostrará que es confiable. Recuerde, la gente generalmente puede sentir cuándo usted es auténtico o no. Si quiere desarrollarse como un influencer, debe ganarse la confianza y la única forma de hacerlo es ser honesto acerca de sus posiciones, sus relaciones comerciales y sus sentimientos actuales.

Sé Activo

Convertirse en un influyente de las redes sociales no es un asunto casual. No puedes publicar una o dos veces por semana y esperar que sea suficiente. En cambio, necesita comer, vivir y respirar las redes sociales. Publique todo lo que pueda, interactúe con las personas, haga preguntas y comente sobre otras publicaciones. En orden de palabras, sea lo más activo posible. Esta es realmente la mejor manera de generar seguidores de manera constante y al mismo tiempo estar profundamente comprometido con aquellos que están interesados en usted.

Preguntas Frecuentes

P: ¿Hay algún método para convertirse en un Influencer?

R: ¡Sí! Hay muchos enfoques diferentes que puede tomar para convertirse en un influencer, sin embargo, todos están unidos por un hilo común: la dedicación. El camino para convertirse en un influenciador de las redes sociales no es fácil y no es para el participante casual. Por lo tanto, si bien puede desarrollar y seguir métodos específicos ofrecidos por otras guías en línea, es importante recordar que no hay una bala mágica. Convertirse en un influencer requiere principalmente tiempo y trabajo duro.

Mitos sobre los Influencers de las Redes Sociales

Mito: Pagar por Seguidores puede Ayudarme a Crecer

Si bien puede parecer atractivo, la idea de que todo lo que tiene que hacer es abrir su billetera y llegarán un grupo de seguidores, la verdad es mucho menos atractiva. Cuando paga por seguidores, al contratar a una compañía en línea que promete que obtendrá "X" cantidad de seguidores por "X" cantidad de dólares, lo más probable es que esté violando los términos de servicios de la plataforma de redes sociales. Además, estos seguidores son solo bots, cuentas falsas que en realidad no interactuarán contigo. Claro, pueden aumentar sus números temporalmente, pero su cuenta podría ser marcada y se eliminarán después de un tiempo, dejándolo sin nada.

#17: Gane Regalías de las Fotografías

Las empresas y las personas a menudo necesitan excelentes fotografías para sus proyectos. En lugar de gastar el dinero en contratar a sus propios fotógrafos y pasar por la molestia de obtener una buena toma, preferirían simplemente pagar para comprar una fotografía en línea, a través de compañías que ofrecen imágenes por un precio.

Si eres fotógrafo, con un buen ojo y un gran sentido del estilo, puedes convertir tu pasatiempo en dinero enviando tus fotos a galerías de arte. Allí, los clientes pueden explorar sus imágenes y ofrecer comprarlas, pagándole una regalía por su uso.

Consejos para tener Éxito

Use un Sitio de Venta de Fotografías

Hay muchos sitios web en línea que ofrecen fotos de archivo para la licencia. Si recién está comenzando, puede simplemente vender a través de ellos, contactándolos y mostrándoles un buen portafolio. Si todo va bien, podrá poner sus propias fotos en línea y obtener una regalía cuando las compre.

Crea tu Propio Sitio de Ventas

Si no desea compartir las ganancias, o siente que su portafolio es lo suficientemente fuerte como para garantizar la venta de imágenes de su existencia por su cuenta, entonces debe crear un sitio web y ofrecer las imágenes que desea vender. Esto requerirá más energía y tiempo de comercialización, pero, por otro lado, aumentará sus márgenes de ganancias y construirá relaciones específicas con los clientes. Esto puede traducirse en más ventas más adelante.

Preguntas Frecuentes

P: ¿Pierdo mis derechos de autor cuando vendo fotos de archivo?

R: ¡No! La mayoría de las obras de arte se otorgan bajo licencia a una empresa, ya sea por un período de tiempo específico o por un producto específico. Por lo tanto, no tiene que preocuparse por perder los derechos de autor de su foto. Y a veces, hay opciones para que una empresa compre los derechos de la imagen en sí, y pueda usarla sin regalías. Sin embargo, esta opción puede ser muy costosa para la empresa, lo que significa que ¡ganarás aún más dinero!

Mitos sobre la Venta de Fotos de Archivo

Mito: No hay Forma de Hacerse Notar en el Mundo del Arte Superpoblado de Hoy

Si bien puede ser fácil sentirse de esta manera, especialmente cuando se considera la gran cantidad de servicios premium que venden las reservas de arte, el hecho es que, gracias a la conectividad en línea, es muy posible que se note. Con la llegada de los sitios de redes sociales como Instagram, que le permiten publicar imágenes de su trabajo, puede encontrar fácilmente clientes dispuestos que tengan una conexión directa con usted. Si le preocupa la visibilidad, simplemente necesita concentrarse en ser creativo para compartir sus productos con el mundo.

#18 Invierta en fideicomisos de inversión inmobiliaria

Los Fideicomisos de Inversión Inmobiliaria, o REIT para abreviar, son tipos de inversiones inmobiliarias que se cotizan públicamente en las principales bolsas de valores. Esto significa que si usted es del tipo que está interesado en invertir en bienes raíces, pero quiere cubrir el nivel de riesgo requerido, podría optar por invertir en un REIT, que funciona de manera similar a las carteras de acciones. Por supuesto, en lugar de invertir en una empresa, está invirtiendo en propiedades inmobiliarias.

Consejos para tener Éxito

Invierta en un REIT ETF

Dado que los REIT funcionan de manera similar a otros tipos de acciones, eso significa que puede mitigar aún más los riesgos invirtiendo en fondos cotizados en bolsa (o ETF). Estos ETF son colecciones de diferentes carteras REIT que ofrecen rendimientos anuales. Esta es una manera excelente y segura de invertir en bienes raíces sin asumir ninguno de los riesgos involucrados con la compra directa de tierras.

Presta Atención a las Condiciones del Mercado.

Si bien los REIT son menos riesgosos que comprar bienes raíces directamente, esto no significa que no conlleven ningún riesgo. Los valores de las propiedades dependen mucho de factores económicos y condiciones del mercado. Esto significa que un REIT puede aumentar o disminuir su valor en función de lo que está sucediendo actualmente en la economía de mercado. Preste atención a las condiciones del mercado cuando decida en qué tipo de REIT desea invertir. Si cree que nos dirigimos hacia una recesión, es posible que desee evitar comprar REIT basados en ubicaciones minoristas.

Preguntas Frecuentes

P: ¿Cómo gano dinero con un REIT?

R: Los REIT están legalmente obligados a pagar el 90% de sus ganancias como dividendo a sus accionistas. Dado que la propiedad inmobiliaria genera ingresos a través del alquiler, esto significa que el dinero debe dividirse entre aquellos que poseen acciones en el REIT. La mayoría de las veces, el 100% de los dividendos se pagan. Estos dividendos están exentos de impuestos, lo que se traduce en pagos de dividendos más altos también.

Mitos sobre los Fideicomisos de Inversión Inmobiliaria

Mito: Invertir en REIT es lo Mismo que Invertir en Bienes Raíces

Esto es incorrecto. La inversión inmobiliaria requiere un conjunto completamente diferente de habilidades y capacidades de evaluación que invertir en REIT. ¿Por qué es esto? Porque los bienes raíces son un producto físico que usted poseerá, mientras que un REIT es simplemente otro tipo de inversión que puede agregar a su portafolio. Esto significa que invertir en REIT es más similar a negociar acciones o invertir en ETF que comprar bienes inmuebles.

#19: Convertirse en un socio silencioso de un negocio

Si tiene una gran cantidad de capital y desea ponerlo a trabajar, sin hacer mucho trabajo usted mismo, entonces puede considerar simplemente convertirse en un socio silencioso para un negocio. Un compañero silencioso es solo eso, ¡silencioso! No tienen ningún aporte en el lado comercial de las cosas, en lugar permiten que el capital que proporcionan trabaje para ellos.

Consejos para tener Éxito

Cree en la Empresa

Convertirse en un socio silencioso es arriesgado en el sentido de que si el negocio falla, perderá toda su inversión. Con eso en mente, debe tener un alto nivel de fe no solo en la empresa sino también en las personas que la dirigen. Debe poder confiar en que sin sus instrucciones o supervisión, podrán operar la empresa de una manera que generará ganancias. Esto no es fácil y, sin duda, su búsqueda será larga. Sin embargo, cuando finalmente encuentre una empresa y un propietario de un negocio en el que crea, ¡sin duda valdrá la pena!

Únase a una red de inversores ángeles

Un ángel inversionista es alguien que simplemente está dispuesto a proporcionar capital a un negocio o idea sin requerir una conexión personal. Si desea convertirse en un ángel inversionista, puede unirse a redes donde individuos y empresas brindan argumentos, con la esperanza de poder recaudar fondos para sus negocios. Esto puede permitirle tener una salida perfecta para convertirse en un socio silencioso, ya que todo lo que necesita hacer es proporcionar los fondos y dejar que se pongan a trabajar.

Preguntas Frecuentes

P: ¿Cómo gano dinero siendo un socio silencioso?

R: Cuando proporciona capital a la empresa, obtiene capital, que aumentará de valor según el éxito del negocio. Por lo tanto, si proporciona capital a una pequeña empresa que termina creciendo, tiene derecho a una parte de las ganancias que obtienen. Además, siempre puede vender su parte de la compañía, que luego se venderá por mucho más de lo que ha invertido.

P: ¿Cómo encuentro empresas para asociarme?

R: La forma más fácil es mirar fuera de línea, a familiares y amigos para ver si alguien está trabajando actualmente en una empresa comercial. Si eso no funciona, es posible que desee considerar invertir en línea a través de redes de ángeles, aunque trabajar con extraños puede ser más riesgoso y no hay garantías de que obtendrá un retorno de su inversión, por lo que tendrá que confiar plenamente en ellos antes de que comiences.

Mitos sobre Ser un Socio Silencioso

Mito: Tienes que Ser Rico para Invertir

A decir verdad, no todas las empresas necesitan cientos de miles de dólares. Algunas pequeñas empresas, especialmente las nuevas empresas inteligentes pueden necesitar solo unos pocos miles para comenzar. No tiene que ser increíblemente rico para invertir, solo necesita encontrar un negocio que obtenga un valor extremo de su propio nivel de riqueza.

#20: Alquile su Espacio con Airbnb

ISi tiene una propiedad que no está utilizando o una habitación libre que no está haciendo mucho en este momento, puede alquilar su espacio con Airbnb. Airbnb esencialmente permite a las personas convertir sus propias propiedades en pequeños hoteles, conectando a los vacacionistas con los propietarios. Esta es una excelente manera de generar ingresos pasivos y convertir los bienes no utilizados en dinero.

Consejos para tener Éxito

Verifique las Reglas Primero

Si bien Airbnb puede ser bastante lucrativo, especialmente si tiene una propiedad única o espaciosa, debe asegurarse de verificar las leyes de su contrato de arrendamiento y las leyes locales. Algunas áreas residenciales no están divididas en zonas para uso comercial y al usar Airbnb, podría estar en riesgo de una demanda de su arrendador o incluso de la ciudad. No desperdicies todas tus ganancias alquilando ilegalmente con Airbnb. En su lugar, trabaje para asegurarse de que todo lo que está haciendo esté al nivel.

Crea una Buena Experiencia al Invitado

Realmente no necesitas hacer mucho cuando se trata de ser un buen anfitrión de Airbnb. Para crear una buena experiencia para los huéspedes, solo debe asegurarse de que las habitaciones estén limpias, las reglas de la propiedad estén claramente establecidas y que ciertas cosas como artículos de tocador estén abastecidos. Algunos anfitriones incluso llegan a crear canastas de regalos para saludar a sus invitados cuando llegan. Mientras más duro trabaje para brindarles una excelente experiencia al huésped, mayores serán las posibilidades de que obtenga una buena crítica. Y recuerde, cuando se trata de reservas en línea, las reseñas son algunas de las cosas más importantes que puede tener. ¡Las buenas críticas equivalen a más reservas! ¡Y más reservas equivalen a más dinero en su bolsillo!

Preguntas Frecuentes

P: ¿Qué sucede si un huésped causa daños a mi propiedad?

R: Quizás una de las mayores preocupaciones acerca de permitir que extraños ingresen a su propiedad durante un fin de semana es el temor de que algo se dañe. Afortunadamente, Airbnb ofrece algo conocido como la Garantía de host. Si los daños son superiores al depósito de seguridad, cubrirán daños por un valor de hasta un millón de dólares. Sin embargo, esta garantía tiene ciertos límites, por lo que debe consultar con su política oficial para tener una mejor idea de lo que está cubierto.

Mitos sobre Airbnb

Mito: ¡Los Invitados serán Destructivos para Mi Propiedad!

Si bien hay casos en que los huéspedes son irrespetuosos con la propiedad, el hecho es que el 99 por ciento de las personas que usan Airbnb se comportan perfectamente. Esto se debe a dos razones, la primera es que la mayoría de las personas no quieren causar problemas a los demás. Si se deja solo, se comportarán razonablemente y no causarán ningún daño. La segunda razón es que la mayoría de los invitados no quieren perder su depósito de seguridad ni sus privilegios de usar Airbnb. Un huésped malo puede terminar en la lista negra del sitio web, lo que significa que ya no podrá ir a lugares únicos y agradables para sus vacaciones. Simplemente se quedarán atrapados visitando hoteles regulares y aburridos.

#21: Entra en Inversiones Lending Club

Si tiene un montón de dinero en su cuenta bancaria y realmente no va a ninguna parte, puede considerar invertir en el Club de Préstamos. Lending Club ofrece a los inversores la capacidad de invertir su dinero en diferentes préstamos, que serán prestados y luego reembolsados por el prestatario durante un período de unos pocos años. Esta es una excelente manera de obtener mayores ganancias que simplemente dejar que su dinero se quede en una cuenta de ahorro de bajo rendimiento.

Por supuesto, como con todas las inversiones, los préstamos conllevan riesgos. Las tasas de devolución se basan en el riesgo del prestatario. Por lo tanto, puede obtener rendimientos de alto rendimiento prestando dinero a personas de alto riesgo. O puede mantener el riesgo más bajo y obtener rendimientos más bajos. Realmente depende de usted cuánto está dispuesto a arriesgar para obtener devoluciones.

Consejos para Tener Éxito

Comienza Lento

Los préstamos con sitios web como Lending Club pueden ser emocionantes y es posible extenderse demasiado si invierte demasiado dinero a la vez. En lugar de ir a todo vapor, intente comenzar lentamente, invirtiendo solo una pequeña suma a la vez, para tener una idea de cómo funciona el sistema. Esto lo ayudará a determinar si desea continuar invirtiendo con sitios de préstamos entre pares o no.

Construye una cartera

El Lending Club en sí le permite dividir sus inversiones en "notas" más pequeñas, estas notas se combinan con otras inversiones que conforman el préstamo completo. Esto le permite mitigar aún más el riesgo, invirtiendo solo una pequeña cantidad de dinero en préstamos de alto riesgo, si así lo desea. Por supuesto, cuantas más notas tenga, mayores serán sus ganancias.

Con eso en mente, puede trabajar para crear una cartera de muchas notas diferentes, lo que le permitirá generar los rendimientos ideales que está buscando. Si busca retornos agresivos y altos, puede invertir principalmente en pagarés de alto rendimiento. Si desea un enfoque más moderado, que busca equilibrar el riesgo y el rendimiento, puede crear una combinación de notas de alto y bajo rendimiento para equilibrarse entre sí.

Preguntas Frecuentes

P: ¿Cuánto necesito para comenzar con The Lending Club?

R: Para abrir una cuenta con Lending Club, necesitará un depósito mínimo de $ 1,000.

Después de eso, puede invertir en billetes tan pequeños como $ 25, que conformarán su cartera.

P: ¿Los préstamos entre pares son para todos?

R: Si tiene aversión al riesgo, odia la idea de perder dinero y solo quiere ir a lo seguro, entonces debe evitar las compañías de préstamos de igual a igual como Lending Club. Sin embargo, si se siente cómodo con la idea de perder una inversión, ¡los préstamos entre pares pueden ser otra gran herramienta en su caja de herramientas!

#22: Recompensas de reembolso en efectivo con tarjeta de crédito

Imagine que cada vez que gasta dinero, también gana dinero. Eso sería genial, ¿no? Bueno, gracias al poder de las recompensas en efectivo de las tarjetas de crédito, ¡es posible ganar dinero mientras se gasta! Todo lo que necesita hacer es inscribirse en un programa de tarjeta de crédito que ofrece una opción de reembolso. Dependiendo de su puntaje de crédito, puede calificar para todo tipo de diferentes tipos de recompensas, que van desde obtener un porcentaje fijo cuando gasta, ¡hasta obtener millas aéreas!

Consejos para tener Éxito

Transición de su gasto a tarjetas de reembolso

La mejor manera de aprovechar al máximo las tarjetas de devolución de efectivo sería la transición de todos los gastos posibles a sus tarjetas de crédito. Esto le permite obtener un reembolso en efectivo de todos sus gastos mensuales, sus facturas, etc. Sin embargo, hay algunas advertencias aquí. Lo más importante es que se asegure de pagar la factura de su tarjeta de crédito en su totalidad a tiempo, siempre. Las compañías de tarjetas de crédito usan estas recompensas como motivaciones para usar sus servicios, pero recuerde que ganan dinero generando intereses. Al pagar la tarjeta en su totalidad todos los meses, se asegura de que no tendrá que pagar ningún interés. Además de eso, ¡obtienes el bono de dinero gratis que ingresa!

Preguntas Frecuentes

P: ¿Cómo Puedo Obtener una Buena Tarjeta de Recompensa?

R: La mejor manera de obtener una tarjeta de crédito con un sistema de recompensas es darse una vuelta y buscar las que mejor se adapten a su estilo de vida. Algunos ofrecen reembolsos solo con gasolina, mientras que otros ofrecen tarifas planas. La parte más importante de estas tarjetas de recompensa es que los niveles superiores se ofrecen a aquellos que tienen un crédito excepcional, por lo que es posible que no siempre califique para lo mejor de lo mejor.

Mitos sobre las Recompensas de Tarjetas de Crédito

Mito: Solicitar Tarjetas Daña tu Puntaje de Crédito

Este es uno de los mitos más comunes que existen. Si bien ciertos tipos de solicitudes aparecen en su puntaje de crédito, las solicitudes de tarjeta de crédito se conocen como hits "suaves", lo que significa que no perjudican su puntaje de crédito a menos que solicite nuevas tarjetas sin parar. Si ese es el caso, muy bien podría terminar dañando su puntaje de crédito.

Mito: Las Tarjetas de Crédito son una Mala Idea en General

Algunos asesores financieros le dirán que evite las tarjetas de crédito sin importar qué. Incluso con la idea de tener un programa de recompensas, pueden decir que las tarjetas de crédito finalmente atrapan a las personas y generan intereses. Esto puede ser cierto, dependiendo de tu personalidad. Si usted es alguien que puede vivir dentro de sus posibilidades y siempre podrá pagar el total de su tarjeta de crédito cada mes, entonces no debería tener que preocuparse por quedar atrapado en una trampa de deuda. Sin embargo, si usted es alguien que realiza pagos atrasados y tiene dificultades para mantenerse al tanto de las cosas financieramente, entonces debe evitar las tarjetas de crédito. La tentación de gastar dinero ahora y pagarlo más tarde puede ser demasiado grande. La deuda, como todas las cosas financieras, debe tratarse con respeto.

#23 Establecer un Sitio Web de Comparación

Si está interesado en el marketing de afiliación y está buscando ideas sobre cómo hacer un buen sitio web de afiliación, puede considerar establecer un sitio web de comparación. Un sitio web de comparación es fácil de hacer y puede ser excepcionalmente rentable porque está diseñado específicamente para los consumidores que buscan realizar compras.

Un sitio web de comparación simplemente compara productos que son similares. Una buena profundiza, revisa ambos productos a fondo y proporciona un análisis punto por punto de precios, valores y características. Y lo más importante, proporciona enlaces de afiliado para que cuando el visitante haya tomado la decisión de compra, simplemente haga clic en su enlace y compre el producto, proporcionándole una comisión.

Consejos para tener Éxito

Encuentra Productos de Nicho

Recuerde que Internet es un gran lugar y las personas constantemente buscan comentarios y comparaciones de productos similares. Intente encontrar una sección de productos que no sea atendida por los sitios web de comparación. Si puede encontrar varios tipos de los mismos productos que no tienen una gran cantidad de sitios de comparación, puede acceder a ese mercado y recopilar todo ese tráfico dulce con la ayuda de buenas prácticas de SEO.

Sea lo más Preciso Posible en la Investigación

Si desea que las personas vuelvan a su sitio web, una y otra vez, tendrá que demostrar que es confiable. Esto requiere que esté dispuesto a ser lo más preciso posible en su investigación, gastando el tiempo y la energía estudiando los diversos productos que está cubriendo. Aprenda todo lo que pueda, y si es realmente dedicado, tal vez incluso considere comprar los productos usted mismo para poder crear videos de demostración. Cuanto más exhaustiva sea su investigación, menos tiempo tendrán sus espectadores para buscar más información en otro lugar.

Preguntas Frecuentes

P: ¿Por qué las personas simplemente no buscarían comparaciones en la página de inicio del producto?

R: Es la misma razón por la que la mayoría de nosotros no confiamos en los vendedores de autos: al final del día, harán cualquier cosa para hacer una venta. El sitio web de un producto no le dirá las deficiencias del producto ni admitirá su culpa. Ciertamente no mostrarán su inferioridad a otros productos. Visitar un sitio de comparación de productos se trata de aprender la verdad real. ¿Son válidas las reclamaciones de la empresa? ¿Hay mejores productos por ahí? ¿Hay productos más baratos por ahí? Estas son preguntas serias que los consumidores hacen al tomar decisiones de compra. La mayoría de las empresas no responderán estas preguntas honestamente.

P: ¿Cómo se Gana Dinero con un Sitio de Comparación?

R: Ganas dinero a través de enlaces de afiliados. Al guiar a los consumidores a tomar la decisión de compra correcta o al crear conocimiento de otros productos de la competencia, podrá obtener clics que se traducirán en comisiones.

Mitos sobre la Construcción de un Sitio Web de Comparación

Mito: Las Personas no se Molestan con Mucha Investigación de Productos

Esto es evidentemente falso. Las personas tienden a querer retener su dinero, solo separándose de él cuando tienen una razón importante para hacerlo. Afortunadamente, a menudo buscan razones para gastar el dinero que tanto les costó ganar. La investigación es una de las cosas que les ayuda a superar los obstáculos naturales de gastar dinero. Si un cliente puede determinar que tendrá una buena experiencia y que sus vidas mejorarán después de comprar el producto, lo harán. Y así, la mayoría de las personas pasan su tiempo investigando productos para determinar si van a obtener el mejor valor por su dólar. Al tener la capacidad de dirigirlos entre productos similares, ¡está aumentando sus opciones y aumentando la posibilidad de obtener una recompensa de referencia por su compra!

#24: Desarrollar un programa de software.

Si tiene el tiempo y el conjunto de habilidades, es posible que desee considerar desarrollar un programa de software, algo que satisfaga una grave necesidad del mercado. No siempre tiene que ser un proyecto grande y serio, a veces los mejores tipos de programas son pequeños pero satisfacen una necesidad de nicho.

Consejos para tener Éxito

Resuelve tu Propio Problema

Si desea crear un buen programa de software, deberá resolver algún tipo de problema para el usuario. El mejor lugar para encontrar ese problema es mirar tu propia vida. ¿Qué problemas enfrenta que podrían resolverse mediante la creación de un programa de software? Una vez que pueda determinar qué problema desea resolver, puede crear el programa.

Construye Emoción Temprano

Una vez que tenga una buena idea y haya comenzado a trabajar en su programa, debe comenzar a trabajar en la creación de publicidad lo antes posible. Comparta fotos de lo que está haciendo en las redes sociales, configure un sitio web con una cuenta regresiva. Hable sobre esto en Reddit y otras plataformas. En resumen, haga todo lo que pueda para obtener la mayor publicidad posible, de modo que cuando finalmente lance el programa, las personas estarán entusiasmadas de comprar lo que ha hecho.

Preguntas Frecuentes

P: ¿Debo contratar un equipo para desarrollar una idea que tengo?

R: No hay una respuesta fácil a esta pregunta. Muchas veces, las personas tienen grandes ideas en papel, pero la ejecución puede ser demasiado difícil de llevar a cabo. Si tiene el presupuesto, el tiempo y la visión para dirigir un tiempo creativo para desarrollar un programa de software, debe asegurarse de estar realmente listo para pasar una gran cantidad de tiempo administrando el proyecto.

Mitos sobre el Desarrollo de Software

Mito: Agregar más Desarrolladores significa un Tiempo de Desarrollo más Rápido

Desarrollar software no es lo mismo que construir una casa. Agregar más desarrolladores a la pila agrega más complejidad, que a su vez debe administrarse adecuadamente. Si bien tener múltiples desarrolladores puede ser beneficioso de varias maneras, no piense que puede aumentar automáticamente el tiempo de respuesta al contratar tres manos más en el mazo.

#25: Alquiler / Arrendamiento de equipos caros

Si posee un equipo que no es barato de comprar, pero que no tiene mucho uso en este momento, puede ganar algo de dinero alquilándolo. Y en lugar de tener que lidiar con hacer este tipo de arreglos usted mismo y publicar anuncios en línea para que la gente los vea, puede usar uno de los muchos tipos diferentes de compañías de alquiler que lo ayudarán a alquilar diferentes cosas.

Consejos para tener Éxito

Alquile su Equipo de Cámara

ISi tiene acceso a equipos de cámara, entonces debe saber que una buena configuración no es barata. En lugar de dejar que sus cámaras se sienten acumulando polvo cuando está fotografiando, ¿por qué no obtener ganancias alquilando su equipo? Existen sitios web, como Kitsplit, que le permiten alquilar sus cámaras y asegurarlas para asegurarse de que su inversión no se dañe.

Preguntas Frecuentes

P: ¿Qué más puedo prestar?

R: No hay escasez de sitios web que le permitan prestar su equipo a otros. Puede prestar espacios de estacionamiento, botes e incluso herramientas eléctricas. Al visitar lugares como RentNotBuy o Loanables puede tener una idea de qué más puede alquilar.

#26: Compra un Negocio En Línea Establecido

Si tiene el dinero para gastar, pero no de hacer todo el trabajo de encontrar un nicho, construir un sitio web, establecer una marca y luego trabajar para atraer tráfico, puede considerar comprar un sitio en línea establecido. Hacerlo es bastante fácil. Todo lo que necesita hacer es visitar un sitio web que enumera los negocios en línea para la venta y navegar hasta encontrar el que desea. Luego, solo hace una oferta y, si todo va bien, tendrá el sitio web, el diseño y toda la marca que se ha establecido.

Consejos para tener Éxito

Determina lo que Quieres

¿Estás buscando una tienda de inicio? ¿Uno que no ha ganado dinero pero está completamente construido y listo para funcionar? ¿O está buscando un negocio establecido que ya esté haciendo dinero? En el caso de un principiante, le resultará bastante barato adquirirlo, pero deberá gastar bastante tiempo y dinero en marketing para que la gente visite su producto.

Comprar una empresa establecida que tenga un flujo de ingresos mensual suele ser la mejor opción, pero será mucho más costoso. Tendrá que pagar el precio de venta, que generalmente es varias veces su ingreso mensual.

Investigue la Razón de la Venta:

Algunas personas crean empresas simplemente porque están interesadas en vender el producto final. Crean un sitio web bien diseñado, encuentran el nicho correcto y luego lo unen con un arco para vender. Si ese es el caso, entonces no debería tener que preocuparse por las ventas potenciales de la empresa. Sin embargo, es posible que ciertas empresas en línea se vendan porque simplemente no están haciendo el dinero que solían hacerlo. El propietario está experimentando pérdidas o simplemente ya no tiene la pasión de mantener el negocio en funcionamiento. De cualquier manera, tendrá que lidiar con las consecuencias de una marca debilitada.

Por supuesto, la mayoría de los sitios web de intercambio de buena reputación ayudarán a lidiar con el proceso de investigación. Los sitios web como Exchange Marketplace de Shopify permiten compras seguras y efectivas, con un mayor grado de transparencia.

Preguntas Frecuentes

P: ¿Cuáles son los Costos de Comprar un Negocio En Línea?

R: El costo varía mucho, pero generalmente está determinado por los ingresos generales que aporta el sitio web. Los sitios web de altos ingresos se venden por muy alto. Los sitios web con ingresos bajos o nulos se venderán a bajo precio.

Mitos sobre la Compra de Negocios En Línea

Mito: Si Compro un Negocio En Línea con un Flujo de Ingresos Alto, ¡No Tendré que Hacer Ningún Trabajo!

Una empresa tiene altos ingresos por múltiples razones: tienen un buen producto, tienen clientes habituales, la gente cree en la marca, etc. Sin embargo, el hecho de que un negocio en línea esté haciendo mucho dinero en la actualidad no garantiza que lo hará siempre así. Las empresas requieren mantenimiento. Afortunadamente, con el uso de asistentes virtuales y redes sociales automatizadas, debería poder mantener al mínimo la cantidad de tiempo que pasa trabajando en la empresa. Pero no asuma que en el momento en que compre una compañía de altos ingresos, permanecerá así para siempre.

#27: Vender Negocios En Línea

Como mencionamos en la sección anterior, hay muchos lugares diferentes donde puede comprar y vender negocios en línea. Sin embargo, algunas personas se han ganado la vida creando negocios de Shopify y otros sitios web y luego volteándolos para obtener ganancias. A veces el beneficio es pequeño, otras veces el beneficio puede ser grande, realmente depende del nicho y de las tendencias futuras.

Crear negocios en línea para vender es un poco como una especulación, estás viendo lo que se avecina en el futuro en formas de popularidad futura y luego adivinando qué será atractivo como negocio. Si llegas al nicho correcto, podrías voltear tu negocio por mucho más de lo que te costó hacerlo. Si te equivocas, estarás atascado con un sitio web que no irá a ningún lado.

Consejos para tener Éxito

Presta Atención a las Tendencias.

Los gustos de los consumidores cambian con los años. Sin embargo, podemos ver vislumbres del futuro al prestar mucha atención a lo que actualmente es tendencia en la cultura popular. Siguiendo de cerca las tendencias, puede hacer predicciones sobre que crecerá en popularidad en el futuro. Esto se traduce en la capacidad de crear sitios web y negocios en línea que anticipan los cambios del mercado en el futuro.

Tener una Marca Fuerte

Una buena marca puede ser tan valiosa como el negocio mismo. En la economía en línea de hoy, la mayoría de las personas buscan marcas que puedan alinearse con ellas, marcas que hablen de su forma de expresión individual. En términos de marketing, la marca es realmente solo una combinación de colores, logotipo y visión que se empaquetan y se presentan a los clientes. Cuanto más atractiva sea la marca que desarrolle, más motivado estará un comprador potencial para comprarle su sitio web.

Preguntas Frecuentes

P: ¿Cuánto Cuesta Vender Sitios Web Comerciales?

R: Los costos son bajos, pero tendrá que invertir una cierta cantidad de dinero en la construcción del sitio web en sí. Esto significa que tendrá que pagar por cosas como diseño gráfico, creación de logotipos, tarifas de alojamiento y nombres de dominio. Sin embargo, después de que se hayan contabilizado esos costos, solo tendrá que pagar las tarifas de listado para poner su sitio web en un intercambio.

Mitos sobre la Venta de Negocios En Línea

Mito: ¡Solo Necesito hacer un Sitio Web Atractivo y se Venderá por Mucho!

Si bien el diseño visual es un aspecto importante de la venta de un negocio en línea, es solo un componente. Deberá tener otros factores que harán que su negocio se vea lo suficientemente atractivo para los compradores potenciales. Factores tales como: ingresos, fuerte identidad de marca, base de fans establecida, alto tráfico de sitios web, buen desarrollo de productos y precios competitivos contribuirán juntos para ayudar a motivar a un emprendedor a comprar su producto.

#28: Entrar en Franquicias Comerciales

Si ha desarrollado un modelo de negocio exitoso para una compañía que dirige, puede considerar convertirlo en un modelo de franquicia. Las franquicias son una excelente manera de desarrollar ingresos pasivos, ya que le permiten licenciar las ideas, el empaque de la marca y las técnicas de su negocio a otras personas. Más importante aún, se requerirá que esas personas le paguen una tarifa de franquicia para abrir su propia franquicia y, además de eso, también deberán pagar una regalía en función de sus ingresos. Entonces, si tiene un tipo de negocio el cual está funcionando bien, ciertamente puede aumentar su generación de ingresos pasivos al comenzar un modelo de franquicia.

Consejos para tener Éxito

Construye un Plan

Crear una franquicia es extremadamente complicado y tomará mucho tiempo. La parte más importante de comenzar es organizar todo y hacer un plan adecuado. Debe trabajar para crear una idea clara de cómo obtendrá franquiciados, cuáles serán sus roles, qué les proporcionará en términos de asistencia y capacitación y, lo que es más importante, cuáles serán sus honorarios. Una vez que haya reunido todo eso, debería poder continuar en el camino de comenzar una franquicia.

Contratar Asesoramiento Legal

Será necesario un abogado para crear la documentación que le permitirá iniciar su sistema de franquicia. Deberá tener todo resuelto para que cuando un franquiciado acepte adquirir su marca y pagarle una tarifa, todo esté por encima. Lo último que desea es que su franquicia presente una demanda desagradable porque no reunió correctamente los documentos y ahora es responsable de los errores de un franquiciado.

Mantenga una Correa Ajustada en su Marca

Una de las cosas más importantes sobre las franquicias es que, si bien los propietarios y operadores son diferentes del creador, la marca sigue siendo la misma. Esto significa que, haga lo que haga un franquiciado, los clientes lo asociarán con cualquier otra franquicia. Es por eso que deberá mantener una correa estrecha en su marca y asegurarse de que sus franquiciados sean personas de alta calidad que sigan las reglas y representen bien a su marca. Lo último que desea es que alguien use los uniformes de su marca y maneje mal sus productos, lo que a su vez crea una imagen negativa para todas las demás franquicias. Una franquicia es una excelente manera de ganar dinero, pero solo si todos pueden representar a la marca correctamente.

Esto también significa limitar la variación dentro de su franquicia. En general, la gente espera lo mismo de una franquicia a otra. Es por eso que, sin importar qué McDonald's visite, sabrá que puede comprar hamburguesas y no espagueti. Si un franquiciado comienza a cambiar la forma en que venden sus productos, haciendo adiciones o vendiendo cosas que no son parte del empaque de su marca, puede correr el riesgo de disparidad entre las tiendas. Esto puede llevar a la decepción, si, por ejemplo, un cliente fue a la Tienda A y recibió un producto que solo se vendió en esa tienda. Luego van a la Tienda B en otra ciudad y descubren que los productos solo estaban disponibles en la Tienda A. Esto puede causar confusión y, a su vez, debilitar la paridad de su marca.

Preguntas Frecuentes

P: ¿Cuánto cuesta comenzar a franquiciar?

R: Depende del tamaño de su negocio, pero en general, puede esperar gastar unos miles en crear material de capacitación, paquetes de marca y reuniones con posibles franquiciados. Además de eso, también puede esperar gastar bastante en honorarios legales por todo el papeleo. Estos pueden extenderse hasta las decenas de miles. Por lo tanto, es seguro decir que la franquicia es solo para un emprendedor muy serio que quiere tomar su concepto ya exitoso y ganar dinero con él.

Mitos sobre La Franquicia

Mito: Vender una Franquicia puede Limitar mis Propias Ganancias. ¿Por qué no simplemente Abrir Otra Tienda?

Es fácil pensar que abrir una segunda tienda será mejor que franquiciar su idea de negocio, pero abrir otra tienda requiere una gran cantidad de trabajo. Además, también requiere una inversión sustancial de capital para comprar los edificios, contratar a los empleados, capacitar a los gerentes, etc. Sí, puede recuperar toda esa inversión, pero está asumiendo un riesgo. Sin embargo, con el modelo de franquicia, está transfiriendo el riesgo a otras personas. Tendrán que hacer la mayor parte del trabajo preliminar y ser los que gasten el dinero que tanto les costó ganar en la ubicación y la capacitación, todo mientras obtienen una tarifa y un porcentaje de sus ganancias.

Además, con un sistema de franquicias, podrá asegurarse de que su marca opere en ciudades donde no vive. Claro, es posible que pueda abrir una segunda o tercera ubicación en una ciudad vecina, pero ¿qué hay de la mitad del país? Con los franquiciados que abren tiendas en su nombre, aún puede tener su marca esparcida por todo el país, pero ellos son los que manejan las operaciones diarias, no usted.

#29: Entrar en el Arbitraje Minorista con eBay

El arbitraje minorista es la práctica simple de encontrar productos que están en demanda en eBay y luego encontrar formas de acceder a esos productos por debajo del valor de mercado. En otras palabras, está comprando barato y vendiendo caro. El truco para el arbitraje minorista es aprender cómo hacer una investigación de mercado, para encontrar exactamente qué productos tienen una gran demanda. Entonces se trata de obtener esos productos y luego voltearlos para obtener una ganancia rápida. Esto es diferente a simplemente vender en eBay, porque se dirige activamente a las necesidades del mercado, no solo a vender los productos que recolecta.

Consejos para tener Éxito

Utiliza un Buen Software

Si va a buscar productos que están en demanda en línea, entonces tiene dos opciones. Puede hacer la investigación a mano, que es un proceso minucioso y mísero, o puede utilizar un software diseñado para proporcionarle la información más actualizada sobre lo que se vende en eBay. Software como Terapeak le permite investigar rápidamente qué áreas principales están en el mercado de eBay, cómo son los precios y cómo optimizar sus listados. Esto lo ayudará a concentrarse en el próximo paso vital en el arbitraje minorista: la venta.

Muévete Rápido

Una vez que haya descubierto qué categorías de productos se están vendiendo bien y pueda determinar qué quiere vender, deberá moverse rápidamente. Aquellos que puedan obtener el producto a pedido y venderlo lo suficientemente rápido serán los que cosechen las recompensas. Si te tomas tu tiempo, podrías terminar muy tarde en la fiesta.

Preguntas Frecuentes

P: ¿Cuál es el Costo del Arbitraje Minorista?

R: El arbitraje minorista es una de las opciones más baratas cuando se trata de ideas de ingresos en línea. Los únicos precios que tiene que pagar son las tarifas de eBay y el costo de adquirir bienes. Esto significa que puede escalar su negocio tan bajo como desee. Entonces, si no tiene mucho dinero para trabajar, puede comenzar de a poco y luego subir, tomar sus inversiones y reinvertirlo en sus ventas.

Mitos sobre el Arbitraje Minorista

Mito: Los Productos de Abastecimiento se han Vuelto Muy Difíciles de Hacer a Bajo Costo

Parte de la sabiduría convencional sostiene que encontrar productos baratos se ha vuelto cada vez más difícil, gracias a la influencia de las personas que se centran en los mismos productos. Sin embargo, esto significa que cuanto más difícil sea encontrar productos, más se venderán en línea. Solo tendrá que pasar más tiempo buscando los productos correctos y pensar en canales menos convencionales, como encontrar mayoristas específicos o pasar sus fines de semana en mercados de pulgas.

#30 Comience un Podcast

Los podcasts son una de las formas de entretenimiento de más rápido crecimiento y, como tal, se está convirtiendo en un modelo de negocios. Con el contenido de audio de formato largo en tal demanda, los podcasts están ganando dinero mediante el alojamiento de anuncios proporcionados por patrocinadores. A su vez, los patrocinadores pagan en función de un cierto número de escuchas que recibe cada podcast. Esto puede convertir un pasatiempo divertido y entretenido en una excelente manera de acumular dólares en línea.

Consejos para tener Éxito

Céntrese en un Buen Formato

Un buen formato puede hacer o deshacer un espectáculo. Algunos formatos, como las entrevistas personales o las largas discusiones sobre temas, son confiables, pero otros, como un grupo de amigos que se sientan a hacer bromas, pueden exagerarse. Si quieres hacer un buen podcast, entonces necesitarás encontrar un formato que mantenga a la gente enganchada e interesada en lo que estás hablando. Investigue un poco para determinar qué formatos de podcasting tienen más éxito y cuáles deben evitarse.

Elige un Tema Único e Interesante

Los podcasts generalistas no funcionan muy bien, a menos que el anfitrión del podcast ya sea alguien famoso. El programa de Bill Burr funciona muy bien, no por los temas que cubre, sino porque la gente disfruta de su personalidad, una personalidad tan conocida por su rutina de comedia stand-up. Entonces, a menos que ya seas famoso, es mejor evitar tener un espectáculo generalista.

En cambio, debe centrarse en elegir un tema específico que conozca bien y que le apasione. No se preocupe demasiado por elegir el tema "correcto" tanto como debería preocuparse por elegir un tema que sea adecuado para usted. Si puede entusiasmarse con la idea, entonces no debería tener problemas para hablar extensamente sobre ella.

También debe asegurarse de no estar cubriendo un tema de podcast que no haya sido cubierto hasta la muerte. Haga una investigación de mercado antes de comenzar su podcast y asegúrese de que su gran idea ya no tenga otros 8,000 podcasts que cubran ese mismo tema.

Invierte en un Buen Micrófono

No tiene que tener un equipo de audio increíble o costoso, pero al menos debe tener un micrófono decente, uno que funcione bien y suene nítido. Afortunadamente, con la tecnología actual, no tendrá que gastar una fortuna en un micrófono decente. Puede encontrar un excelente micrófono, como un Blue Yeti, por menos de $ 100, que creará un excelente audio. No tiene que tener una calidad de audio increíble, de calidad de estudio, pero al menos debe invertir un poco para que su voz suene nítida y clara.

Preguntas Frecuentes

P: ¿Cuántos Oyentes Necesito Antes de Poder Comenzar a Ganar Dinero?

R: Depende del tipo de patrocinio que esté buscando, pero en general, desea llegar al punto en que tenga al menos unos pocos miles de oyentes semanales. Esto ayudará a que su podcast sea más atractivo para los patrocinadores.

Mitos sobre el Podcasting

Mito: Ya a Nadie le Importa el Contenido de Audio

Si bien puede ser fácil mirar el contenido de video como el futuro, el hecho es que hay ciertos momentos en los que simplemente no puedes ver videos o navegar en las redes sociales. A medida que los viajes diarios se hacen más largos, algunas personas recurren a los podcasts como una forma de disfrutar el largo viaje en automóvil. Otros tienden a escuchar programas mientras hacen un trabajo que no requiere pensar mucho. ¡El contenido de audio todavía tiene un lugar importante en nuestra cultura moderna y no desaparecerá pronto!

#31 Crear un Boletín de Últimas Ofertas

Otra gran idea para impulsar su sistema de marketing de afiliación sería crear un boletín informativo que envíe a las personas las últimas ofertas en ciertos tipos de productos. Y, por supuesto, estos boletines tendrían enlaces de afiliados dentro de ellos, asegurando que obtenga una buena comisión cada vez que un lector compre un producto a través de su carta.

Para crear un boletín informativo sobre las últimas ofertas, primero deberá crear una lista de correo electrónico y luego una forma en que las personas puedan encontrarlo. Lo más probable es que desee alojar la lista de correo electrónico de suscripción en su sitio web, para que las personas que visiten su sitio puedan suscribirse al boletín.

Consejos para tener Éxito

Ofrece Ofertas Atractivas

Las ofertas que ofrece deben ser atractivas. Es posible que pueda trabajar con su editor afiliado para obtener acceso a ofertas exclusivas que luego puede enviar a través de estos boletines. Esta sería una excelente manera de motivar a las personas a estar dispuestas a suscribirse a su servicio. Lo más importante, si está ofreciendo ofertas atractivas con ahorros significativos aumentará las posibilidades de generar ventas para usted.

No Bombardee a sus Suscriptores

Cuando las personas se han suscrito a su boletín informativo, confían en que las tratará con amabilidad y respeto. Como señal de respeto, debe abstenerse de bombardearlos con boletines todos los días. En cambio, concéntrese en enviar algunas cartas de alta calidad a la semana, asegurándose de no inundar a sus suscriptores con demasiadas cosas. Demasiados correos electrónicos y podrían terminar dándose de baja frustrados con su boletín. Si ese es el caso, ¡podrían transferir esa frustración a su sitio web también y dejar de visitar!

Preguntas Frecuentes

P: ¿Cuál es la Mejor Manera de Ganar Suscriptores a mi Boletín Informativo?

R: El método más probado y verdadero sería crear un obsequio o una oferta especial a la que solo los suscriptores tengan acceso. Esto generará más suscriptores debido al interés en obtener el obsequio.

Mitos sobre los Boletines Informativos

Mito: La Mayoría de los Boletines van Directamente a la Basura

Si bien esto puede ser cierto en algunos casos, la buena noticia es que con los boletines tenemos acceso a análisis. Con el poder de la analítica, podemos determinar cuántas personas se abren y leen los correos electrónicos que enviamos. Esto nos da la capacidad de ver cuán efectivos son nuestros boletines. Si la mayoría de las personas simplemente las eliminan y no las leen, podemos hacer modificaciones para mejorar nuestro correo electrónico, ya sea cambiando la frecuencia de nuestros correos electrónicos o cambiando la calidad de las ofertas. Descubrirá que, aunque hay personas que simplemente eliminarán los boletines, gracias a los análisis puede monitorear a estas personas y simplemente eliminarlas de su lista.

#32 Crear Temas de WordPress

Si tiene un don para el buen diseño del sitio web, es posible que desee considerar crear y vender Temas premium de WordPress. Las personas siempre buscan temas agradables y llamativos para sus sitios web, navegando a través de los blogs y el Catálogo de temas de WordPress en busca de oportunidades para encontrar los mejores temas.

Consejos para tener Éxito

Encuentra un Mercado

Dado que WordPress es uno de los sistemas de administración de contenido más populares, no necesita buscar mucho para encontrar un lugar para vender su tema. En mercados como Themeforest o Mojo, podrá enumerar su tema y venderlo por el precio que desee.

Tomar Pedidos Personalizados

Algunas personas tienen grandes ideas para el diseño web, pero no tienen idea de cómo crear el sitio web ellos mismos. Debe trabajar para posicionarse de modo que las personas sepan que puede tomar pedidos personalizados para temas de WordPress. Esto le dará un potencial de ingresos mucho mayor que simplemente vender Temas a cualquier persona en línea, ya que el diseño web personalizado a menudo cuesta mucho más.

Preguntas Frecuentes

P: ¿Qué buscan las personas en un tema de WordPress?

R: Si bien hay muchos temas gratuitos para elegir, la mayoría de las personas que compran temas premium buscan un mayor nivel de funcionalidad. Las características avanzadas, arrastrar y soltar y la capacidad de personalizar cosas básicas como pancartas rápidamente son atractivas para los compradores. Si desea que su tema sea diferente del resto, no se concentre solo en hacer que el tema sea hermoso, también trabaje para darle características únicas que otros temas no tienen.

#33: Invierta en Acciones de Dividendos

Una excelente manera de convertir sus ahorros en pagos trimestrales es invirtiendo en acciones de dividendos. Algunas sociedades anónimas que cotizan en bolsa desean ofrecer un incentivo para que los inversores mantengan sus acciones. Este incentivo es generalmente un porcentaje de la ganancia, pagado a todos los accionistas. Estos pagos se conocen como dividendos. La mejor parte es que no tiene que hacer nada especial para obtener estas acciones de reparto de dividendos, todo lo que necesita hacer es comprarlas. ¡Entonces, obtendrás un pago anual basado en las ganancias de esa compañía!

Consejos para tener Éxito

Busque Empresas Probadas

Las empresas más grandes y establecidas con una larga historia deben ser su objetivo principal cuando busque buenas acciones para elegir. Estas empresas no sufrirán demasiada volatilidad y, lo más importante, podrán pagar un dividendo cada año.

Diversificar

Uno de los principios más básicos de la inversión es la diversificación. No importa qué enfoque desee adoptar para obtener dividendos, ya sea agresivo o conservador, debe distribuir sus inversiones en algunas acciones diferentes en diferentes sectores. Esto lo protegerá de cualquier cambio brusco en el mercado o recesiones inesperadas.

Preguntas Frecuentes

P: ¿Cuánto Puedo sacar de las Existencias de Dividendos?

R: Los pagos están determinados por dos cosas, el porcentaje de ganancias que la compañía está dispuesta a compartir y la cantidad de acciones que posee. Si ofrecen un rendimiento del 3% y has invertido 1,000, estás buscando ganar $ 30 al año. Entonces, ese número no es terriblemente emocionante para el ingreso pasivo. Descubrirá que si realmente desea ganar mucho dinero con dividendos, deberá haber invertido bastante para llegar allí. Sin embargo, ese dinero generalmente es mejor estar sentado en un dividendo que en una cuenta bancaria.

Mitos sobre las Acciones de Dividendos

Mito: Las Acciones de Dividendos Funcionan Bien sin Importar Qué

Si bien puede parecer que todos mantendrían su dinero en una acción de dividendos, lo que a su vez mantiene el precio de la acción saludable, el hecho es que las personas son criaturas emocionales. Cuando los mercados comienzan a caer, cuando salen malas noticias o cuando una empresa pierde ganancias, hay una gran cantidad de personas que lo verán como una catástrofe, lo que los impulsará a vender. Esta carrera repentina podría hacer que casi cualquier acción caiga en valor. La buena noticia es que, a menos que la compañía de dividendos busque deshacerse de aún más personas, lo más probable es que continúen ofreciendo el dividendo. Si ese es el caso, es posible que desee simplemente comprar más al precio más bajo. Sin embargo, también es posible que la compañía deje de ofrecer dividendos con la esperanza de reunir más capital para sí mismos. Si ese es el caso, puede esperar ver que el precio de las acciones caiga rápidamente.

#34: Establecer un Sitio de Autoridad

Un sitio de autoridad es solo eso, un sitio web que tiene la autoridad para hablar definitivamente sobre ciertos asuntos. Estos sitios son fuentes confiables de información y las personas acuden a estos sitios sabiendo que pueden confiar en lo que se ha escrito sobre el tema. Por lo general, los sitios de autoridad son similares a los blogs en el sentido de que comparten una cantidad significativa de contenido. Sin embargo, a diferencia de un blog, están muy dirigidos a un solo nicho. El objetivo de un sitio de autoridad es convertirse en una autoridad en un solo nicho. Esto se traduce en un mayor nivel de tráfico concentrado, que luego se monetiza mediante el uso de marketing de afiliación.

Consejos para tener Éxito

Centrarse en Alta Calidad

Los sitios de autoridad son diferentes de los blogs porque se centran en desarrollar no solo material de alta calidad, sino también un diseño web de alta calidad. Simplemente debe tener un sitio web atractivo, rápido, receptivo y elegante. Las personas no deberían tener problemas para buscar temas y no deberían estar su página plagada de cosas molestas, como ventanas emergentes desagradables que los molestan cada pocos segundos. Cuanto mayor sea la calidad de su sitio web, más personas asumirán automáticamente que usted es una autoridad en el tema.

Elige un Nicho

Debes elegir un nicho y luego enfocarte solo en crear contenido en ese nicho. No debe perder su tiempo o energía escribiendo sobre otra cosa. Un sitio de autoridad no es un blog, no es un lugar para apartados personales y largas protestas. Si bien esas cosas están bien para un modelo de blog simple, un sitio de autoridad está hiper enfocado en un solo tema. Esto generará mucho más tráfico de personas de ideas afines que, si su contenido es bueno, eventualmente terminarán visitando su sitio web cada vez que quieran más información sobre el nicho que eligieron.

Preguntas Frecuentes

P: ¿Cuáles son los costos de hacer un sitio de autoridad?

R: Si bien tendrá que incurrir en los costos regulares del nombre de dominio y el alojamiento web, lo más probable es que también quiera gastar algo de dinero en diseño web. Obtener un diseño de sitio web atractivo y extremadamente receptivo no es lo más costoso del mundo, pero cuesta un poco de dinero. Sin embargo, lo que realmente diferencia un sitio de autoridad de un blog es la presentación. Debe estar dispuesto a gastar un poco de dinero extra para que su sitio de autoridad parezca tener autoridad, ¡solo de un vistazo!

Mitos sobre los Sitios de Autoridad

Mito: Los Sitios de Autoridad son Idénticos a los Blogs

Si bien a primera vista, los sitios de autoridad pueden parecer idénticos a los blogs, es importante recordar que un blog tiene múltiples propósitos. Un blog es un lugar para compartir su voz, conectarse con otros, hablar sobre cualquier tema que le interese y, en general, vincular a las personas con cosas que le interesan, como sus propios productos. El tema más importante en un blog es realmente usted, ya que es libre de compartir tanta información sobre su vida personal como desee.

Los sitios de autoridad se centran en un tema, apuntan estrechamente a solo un nicho de mercado y luego se concentran lo más posible en ese contenido. Los sitios de autoridad no vacilan y nunca se alejan de su mercado objetivo. También están hiper-monetizados, centrándose en generar tráfico para que puedan vender sus enlaces de afiliados al tipo correcto de personas. Los dos sitios web pueden parecer similares al principio, pero en realidad son mundos aparte.

#35: Crea un Sitio de Membresía

Los sitios de membresía son similares a los blogs, excepto que requieren una membresía premium para acceder a los artículos premium. Esta es una excelente manera de convertir un blog ya popular en ingresos pasivos, ya que le permite atraer a sus lectores actuales para que paguen por el acceso de membresía a las partes buenas de su blog.

Consejos para tener Éxito

Use un Plugin Premium

Configurar un sitio de membresía no es difícil. Todo lo que necesita hacer es encontrar un plugin de membresía premium en WordPress y tendrá todo lo que necesita para configurar una puerta de enlace que permita que solo las personas con membresías pagas accedan a contenido específico en su blog.

Atrae con Vistas Previas

Algunos plugins le permiten crear páginas de vista previa, donde la parte superior del artículo se puede leer de forma gratuita, pero para acceder al resto del contenido, deberá pagar para ser miembro. ¡Asegúrate de utilizar el mejor y más atractivo contenido para convencer a la gente de que vale la pena gastar por el producto que estás ofreciendo!

Preguntas Frecuentes

P: ¿La Gente se Enojará si uso un Muro de Pago?

R: Depende de cómo lo integres. Si toma contenido que ya era gratuito y lo coloca detrás de un muro de pago, indudablemente enojará a sus fanáticos y lo más probable es que reciba un golpe severo en el tráfico. Sin embargo, si está dispuesto a comunicar estos cambios con anticipación, ofrecer meses gratis para aquellos que ya lo siguen y solo poner nuevos tipos específicos de contenido detrás del muro de pago, debería estar bien.

Mitos sobre los Sitios de Membresía

Mito: Las Personas No Pagarán por el Contenido

Si tiene contenido bueno e interesante, cosas que son atractivas y que resuelven problemas, no tendrá que preocuparse por motivar a las personas a pagar por el contenido. Si hay una necesidad del mercado, habrá personas que estén dispuestas a realizar la compra. Todo lo que necesita es enfocarse en crear anuncios atractivos en su sitio web, para que la gente vea el beneficio del producto y lo compre en consecuencia.

#36 Use una Cuenta de Ahorro de Alto Rendimiento

Las cuentas de ahorro tradicionales son bastante terribles cuando se trata del rendimiento anual. Los porcentajes están estrictamente regulados y ni siquiera pueden proteger su dinero de las tasas anuales de inflación. En lugar de dejar que sus ahorros se queden sentados y cobrar un interés de cinco centavos cada año, debería utilizar una cuenta de ahorros de alto rendimiento.

Consejos para tener Éxito

Use una Cuenta del Mercado Monetario

Las cuentas del mercado monetario son excelentes maneras de ahorrar su dinero mientras disfruta de un rendimiento competitivo que es mucho más alto que su cuenta de ahorros regular. Cuando deposita su dinero en una cuenta del mercado monetario, el banco comenzará a invertir ese dinero, pero solo se enfocará en inversiones seguras. Luego compartirán con usted una tasa de rendimiento más alta ya que están utilizando su dinero para invertir. La buena noticia es que su cuenta todavía está asegurada por la FDIC, por lo que no arriesga nada al darles su dinero.

*** Preguntas Frecuentes***

P: ¿Puedo sacar mi dinero de las cuentas del mercado monetario cuando lo desee?

R: La mayoría de las cuentas del mercado monetario funcionan más lentamente que los bancos regulares cuando se trata de sacarles su dinero. Sin embargo, puede encontrar cuentas del mercado monetario que ofrecen privilegios de emisión de cheques, de modo que no tenga que preocuparse por quedar atrapado de repente en una emergencia y no tener dinero para manejarlo.

Mitos sobre la Cuenta de Ahorro de Alto Rendimiento

Mito: Las Tasas en las Cuentas de Alto Rendimiento aún no son Tan Altas, entonces, ¿Por Qué Molestarse?

Es posible que no esté muy entusiasmado con un rendimiento anual del 2-2.5%, sin embargo, debe darse cuenta de que cuanto mayor sea el rendimiento de su cuenta de ahorros, más podrá proteger su dinero de la inflación. La inflación ocurre anualmente. Una tasa de inflación de apenas un 1,5 por ciento podría hacer que el dinero que se encuentra en una cuenta de ahorro regular pierda valor. No desea que su dinero ganado con esfuerzo pierda valor, por lo que es importante que encuentre formas de protegerlo de niveles mínimos de inflación.

#37: Alquile sus Vehículos

Si tiene un automóvil pero no lo usa mucho, ¡entonces puede considerar alquilarlo! Funciona igual que la mayoría de los otros sistemas de alquiler, simplemente utiliza una aplicación o empresa para facilitar el alquiler. Luego, el cliente realiza la compra, obtiene las llaves y se dedica a sus negocios. Luego, el automóvil es devuelto (gasificado, claro) ¡y le pagan!

Alquila tu Auto con Turo

Turo permite a los usuarios alquilar sus autos a las personas al incluirlos en su sitio web. Luego, los clientes pueden pagar una tarifa, alquilar el vehículo por "X" cantidad de días y tanto a Turo como a usted se les paga. Lo mejor es que Turo paga con depósito directo dentro de los cinco días posteriores al alquiler. ¡Lo mejor de todo es que Turo asegura su vehículo para que no tenga que preocuparse de que un conductor temerario lo destruya!

#38: Alquile su Ropa

¡La ropa es una parte importante de la sociedad, por decir lo menos! Sin embargo, si sus armarios están sobrecargados, llenos de ropa que está en buenas condiciones pero que, sin embargo, no se usan, puede considerar alquilarlos para ganar dinero extra. Si bien puede sonar un poco loco, es posible alquilar ropa usando sitios web especializados que faciliten dicha transacción. Por lo tanto, si tiene un armario lleno de ropa hermosa pero lamentablemente subutilizada, ¡considere alquilarla!

Consejos para tener Éxito

Use Sitios de Préstamo

Los sitios web como Stylelend existen como una forma de listar su ropa en línea. Enviarás tu ropa para su inspección y se agregarán al inventario. Una vez que alguien ha alquilado su artículo de ropa, ¡obtiene un porcentaje de las ganancias de alquiler!

Preguntas Frecuentes

P: ¿Existe realmente una demanda del mercado para alquilar ropa?

R: Tan sorprendente como en realidad es, ¡sí lo hay! El costo de alquilar ropa versus comprar es significativamente más barato. La mayoría de las personas quieren mantener sus armarios frescos y flexibles. La idea de simplemente alquilar ropa para usar por un corto tiempo y luego devolverla, solo para alquilar más ropa puede ser atractiva para aquellos que tienen un sentido de la moda que cambia rápidamente. Y, con la economía en línea de hoy, las personas pueden obtener exactamente lo que están buscando.

#39: Alquile sus bicicletas

Si vives en un área donde a la gente le encanta andar en bicicleta, entonces podrías considerar alquilar tus propias bicicletas para que las personas las usen. ¡Es una excelente manera de ganar algo de dinero!

Consejos para tener Éxito

Usa una Aplicación de Compartir Bicicletas

Hay muchas aplicaciones que ayudan a conectar a las personas que buscan alquilar una bicicleta con los propietarios que están dispuestos a separarse de su bicicleta por un día. Al incluir su bicicleta u otro equipo deportivo en estos sitios web, podrá recaudar dinero, ¡solo por permitir que extraños usen su equipo!

#40: Alquile su espacio de garaje / espacio de aparcamiento

¡En algunas ciudades, el estacionamiento puede ser extremadamente costoso y difícil de encontrar! Si descubre que tiene acceso a un espacio de estacionamiento, o espacios de garaje donde las personas pueden estacionar, es posible que desee considerar alquilarlo a las personas por una tarifa con descuento. Esta puede ser una excelente manera de monetizar el espacio que de otro modo no estarías utilizando.

Utilice una Aplicación Espacial de Igual a Igual

Los sitios web como Parklee o Pavermint brindan a las personas la posibilidad de encontrar espacios de estacionamiento ofrecidos por particulares. Allí, pueden encontrar el lugar de estacionamiento que están buscando y luego alquilarlo. ¡Todo lo que tiene que hacer es asegurarse de que el espacio esté vacío y que pueda cobrar su tarifa! Esto puede ser excelente si está de vacaciones o posee una propiedad en una ciudad ocupada que tiene un estacionamiento muy costoso.

#41: Alquile su Espacio de Almacenamiento

Si está mirando un garaje vacío o un gran cobertizo sin nada dentro, ¡podría convertir ese espacio vacío en billetes de dólar alquilando la capacidad de almacenamiento! No es ningún secreto que el almacenamiento mensual puede ser bastante costoso, y las personas pueden no querer gastar una fortuna en almacenar solo unos pocos artículos pequeños. Si ese es el caso, podrían estar interesados en utilizar el espacio de otra persona como solución de almacenamiento, ¡a cambio de un precio más barato!

Consejos para tener Éxito

Use un Sitio Web de Almacenamiento de Igual a Igual

Sitios web como storeatmyhouse.com le permiten enumerar su espacio libre en línea. Este listado le permitirá alquilar el espacio sin tener que interactuar directamente con el cliente.

Mantenga el Área de Almacenamiento Libre de sus Propias Cosas

Si va a alquilar un área de almacenamiento, entonces es importante que se asegure de que no se pueda acceder fácilmente a sus cosas. Esto es para que no tenga que preocuparse por la falta de elementos. Esto permite que el cliente pueda acceder solo a sus artículos, sin temor a que usted entre y salga constantemente de sus cosas.

#42: Gane Dinero y Recompensas Viendo Videos y Televisión

Si te gusta ver videos y televisión, pero lamentas el hecho de que no estás ganando dinero, ¡no te preocupes! ¡Hay maneras de convertir tu pasatiempo favorito en una máquina de hacer efectivo!

Consejos para tener Éxito

Realice Encuestas Después de ver Videos

Puede recibir el pago de empresas como inbox dollars, que le pagarán una tarifa después de que realice una encuesta en un video o avance que haya visto por ellos. Así es como las empresas pueden obtener datos importantes sobre cómo se sienten las audiencias sobre ciertas películas, esfuerzos de marketing, etc.

Conviértase en un Asociado de Campo Certificado (CFA)

Un asociado de campo certificado o CFA, que trabaja para información de Marketforce, es alguien que va a los cines y realiza tareas como "verificaciones de teatro" para determinar cuántos clientes hay en una película. Puede recibir un pago por realizar estas actividades y, además de eso, también podrá obtener una compensación por las películas que vaya a ver. Entonces, si vas constantemente al teatro, entonces quizás quieras considerar un lado de ser un CFA.

Preguntas Frecuentes

P: ¿Las encuestas son realmente una buena forma de recibir pagos?

R: Realmente depende de la empresa encuestadora. Algunas compañías ofrecen recompensas mediocres y requieren que se ofrezcan una cantidad significativa de encuestas antes de obtener algo cercano a un pago decente. Otros son más generosos, pero también tienen requisitos más serios. Realmente depende de cuán duro esté dispuesto a mirar y cuán duro esté dispuesto a trabajar.

Mitos sobre Ganar Dinero Viendo Videos

Mito: Todas las Empresas Encuestadoras son Artistas de las Estafas

Si bien es cierto que hay compañías de encuestas que utilizan falsas pretensiones como una forma de hacer que las personas completen sus encuestas, no todas son estafas. Los datos son una de las cosas más vitales para las empresas de entretenimiento, y las encuestas son una excelente manera de recopilar esos datos. Si está considerando usar una compañía de encuestas, debe pasar una cantidad considerable de tiempo haciendo la investigación adecuada para ver si son adecuadas para usted.

#43: Lanzar un negocio de máquinas expendedoras

Las máquinas expendedoras son un método probado y verdadero para generar ingresos pasivos. Todo lo que necesita es una buena propiedad inmobiliaria, una excelente máquina expendedora y un calendario de existencias constante para garantizar que las personas tengan acceso constante a sus productos.

Consejos para tener Éxito

La Ubicación lo Es Todo

Encontrar una ubicación ideal para su máquina expendedora es una de las partes más importantes de todo el modelo comercial. Un área de alto tráfico, preferiblemente sin otra competencia de alimentos, es ideal. Por supuesto, adquirir los derechos de esa ubicación puede ser problemático. Deberá negociar con el propietario de la propiedad, ofrecerle un porcentaje de las ganancias o simplemente pagar el alquiler del espacio en sí. Pero si obtiene un área de alto tráfico, ¡puede ganar bastante dinero!

Inventario de Productos que se Venden

Hay algunos productos probados y verdaderos que se venderán en una máquina expendedora. En lugar de volverse extraño y experimental, con la esperanza de atrapar un nicho de mercado, debe recordar que el público en general interactuará con su máquina. Por lo tanto, atenerse a lo que está demostrado que funciona. Venda dulces, bocadillos y refrescos, con algunas opciones más saludables para aquellos que están conscientes de su salud.

Preguntas Frecuentes

P: ¿Cuánto cuesta ejecutar una máquina expendedora?

R: En general, querrá adquirir una buena máquina que acepte efectivo y tarjetas de crédito. Dependiendo de su presupuesto y del modelo de máquina que adquiera, puede comenzar por tan solo $ 1,000.

Mitos sobre las Máquinas Expendedoras

Mito: la Operación de una Máquina Expendedora requiere Poco Esfuerzo

¡Esto es falso! Una vez que la operación de la máquina expendedora haya despegado, descubrirá que no tendrá que gastar tanta energía para mantener las cosas en movimiento, pero antes de eso, debe estar preparado para dedicar un poco de tiempo a crear un plan de negocios, explorar ubicaciones y encontrar el lugar adecuado para su máquina.

#44: Crea Música y su Licencia

Si tienes talento musical y disfrutas haciendo música, pero no quieres competir en el mundo de la música profesional, hay otras opciones para ganar dinero. Una de las formas más fáciles es crear música específicamente diseñada para ciertos tipos de videos o presentaciones y luego vender una licencia de uso genérico.

Consejos para tener Éxito

Crea Música para los Mercados

Al crear música como arte, querrás enfocarte en la expresión individual y el gusto personal. Sin embargo, al hacer música para licenciar, debe cambiar su enfoque. En lugar de hacer lo que le gusta, trate de identificar las necesidades del mercado y cree música que satisfaga esas necesidades. Por ejemplo, a medida que crece el podcasting, la demanda de música de introducción simple y barata ha crecido. Busque nichos y cree música en esas áreas.

Crea Música Libre de Derechos

Cuando una empresa está buscando música para comprar, la mayoría de las veces no quiere lidiar con ningún tipo de condiciones. Esto significa que en lugar de simplemente licenciar música, prefieren pagar la tarifa más grande y obtener una versión libre de regalías.

Preguntas Frecuentes

P: ¿Dónde puedo Vender mi Música?

R: Puede vender su música en sus propios sitios web, o puede colocarla en mercados en línea que venden música de stock.

Ganará más dinero vendiendo en su propio sitio web y podrá establecer una marca, pero luego deberá invertir dinero y tiempo en marketing.

#45: Gane dinero en Sitios de Devolución de Dinero

Si le gusta comprar en línea, puede considerar usar un sitio web de devolución de dinero. Los sitios web de devolución de dinero ofrecen reembolsos a través de programas en línea, proporcionándole dinero o tarjetas de regalo cada vez que compra artículos a través de sus tiendas afiliadas. ¡Esta es una buena manera de recuperar parte de su dinero después de gastarlo en las cosas que iba a comprar de todos modos!

Consejos para tener Éxito

Busca las Mejores Ofertas

Hay muchos sitios web de devolución de dinero para elegir. En lugar de solo inscribirse en el primero, tómese un tiempo para evaluar y determinar cuál funciona mejor para usted. Recuerde, estos son enlaces de afiliados que está comprando, así que asegúrese de estar siguiendo un sitio de devolución de dinero que ofrezca lo que realmente está buscando.

#46: Examine la Refinanciación de su Hipoteca

Si bien técnicamente no genera ningún ingreso, le está ahorrando dinero. Sus situaciones financieras cambian con el tiempo y si se encuentra con una tasa de ingresos más fuerte y un mayor nivel de crédito, es posible que desee considerar la refinanciación. Esto le permitirá obtener una mejor tasa de interés, que a su vez le ahorrará dinero.

Consejos para tener Éxito

Obtenga la Mayor Educación Posible:

Pase todo el tiempo que pueda aprendiendo cómo funciona la refinanciación. Ciertamente puede ahorrar dinero, pero solo si hace las cosas bien. Puede ser un poco abrumador con las diferentes opciones y reglas que existen con respecto a la refinanciación. Además, puede haber grandes dificultades si no lo hace correctamente. La mejor manera de remediar estos problemas es educarse. Tómese unas horas para estudiar este proceso en serio antes de comenzar a considerar si la refinanciación es o no para usted.

Preguntas Frecuentes

P: ¿Hay costos para refinanciar una hipoteca?

R: Si. Tendrá que pagar los costos de cierre después de haberlo refinanciado, tal como tuvo que pagar los costos de cierre la primera vez. También existen todos los demás costos habituales asociados con la solicitud de préstamo, como honorarios de documentos, tasación de viviendas, etc.

Mitos sobre la Refinanciación

Mito: ¡Las Compañías de Refinanciamiento pueden Ayudarme!

Tenga mucho cuidado cuando se trata de trabajar con empresas que ofrecen ayuda para la refinanciación. Puede haber muchos estafadores en este campo, o personas que buscan aprovecharse de los necesitados. Tómelo con calma, evalúe cada opción y asegúrese de hacer su diligencia debida para determinar la validez de los reclamos de estas compañías antes de usarlas.

#47: Comience un Patreon para donaciones

Si encuentra que el contenido que proporciona tiene bastantes admiradores, puede considerar crear un Patreon. Patreon es un sistema de donación donde los fanáticos pueden apoyarlo pagando una tarifa mensual. A cambio de este apoyo, les ofrece obsequios y recompensas que a menudo no tienen un alto valor monetario pero son valiosos por razones de marca.

Consejos para tener Éxito

Niveles de oferta:

La mayoría de los buenos modelos ofrecen diferentes niveles de soporte. Comenzar el primer nivel con un solo dólar permitirá a las personas simplemente apoyarlo con la bondad de sus corazones. También es importante ofrecer soporte de nivel superior, que oscila entre 3 y 10 dólares. Al mantener solo un nivel, se niega a sí mismo un mayor nivel de ganancias o hace que otros se asusten porque no pueden o no alcanzarán ese punto de precio.

Ofrecer Productos Atractivos

Un patreon exitoso gana dinero al ofrecer contenido y productos de buena calidad a los que no se puede acceder en ningún otro lugar. La exclusividad es lo que hace que Patreon sea tan atractivo para la mayoría de los usuarios. Claro, tienen la capacidad de apoyar a sus creadores de contenido favoritos, pero es el atractivo de las recompensas lo que los convence de comenzar con el primer pago.

Preguntas Frecuentes

P: ¿Hay algún costo para comenzar un patreon?

R: No, comenzar un patreon es gratis. Sin embargo, Patreon toma un porcentaje de sus pagos mensuales. Este es el pago por los servicios que ofrecen, como análisis, manejo de pagos y cobro a clientes cada mes.

#48: Crea un Audiolibro

Si ha escrito un libro y lo está vendiendo en línea, puede considerar crear una versión de audiolibro. Hacerlo no es demasiado difícil, todo lo que necesitará es un micrófono, una habitación tranquila y el tiempo para narrar el libro.

Consejos para tener Éxito

Use ACX

Audible, propiedad de Amazon, alojará su audiolibro y le brindará las herramientas que necesita para crear una buena experiencia de audio. Puede cargar el producto terminado y luego vincular el producto a su cuenta de Amazon. Después de eso, cuando las personas visiten su libro en línea, verán un enlace donde pueden comprar la versión de audio en Audible.

Preguntas Frecuentes

P: ¿Debería usar Audible solo para vender audiolibros?

R: En resumen, ¡sí! Audible es el vendedor número uno de audiolibros, ningún otro mercado está tan cerca. Con el poder de Amazon que los respalda, representan el mayor porcentaje de ventas de audiolibros en línea. Audible requiere que los use exclusivamente, pero no está perdiendo en ningún otro mercado al usarlos. En cambio, te estás abriendo a una increíble sinergia. Audible incluso tiene lo que se conoce como tecnología de sincronización, donde un lector que posee tanto el audiolibro como el ebook puede cambiar entre los dos sobre la marcha y mantener el mismo lugar en el libro.

Mitos sobre la Creación de Audiolibros

Mito: ¡Mi Voz Suena Horrible! ¡A Nadie le Gustará Mi Libro!

Todos están conmocionados y muy probablemente repelidos por el sonido de su propia voz. ¿Por qué es eso? Simplemente porque la voz que proyectamos no es la misma que escuchamos. Los huesos en nuestra cabeza vibran mientras hablamos, creando un sonido diferente. Cuando escuchas una captura digital de tu propia voz, no tienes la misma vibración, lo que a su vez hace que tu voz suene diferente e impactante. No te preocupes, tu voz está perfectamente bien. Si la gente puede estar cerca cuando hablas, no tienes nada que temer al hacer tu propio audiolibro.

#49: Redondee las Compras con Acorns

Acorns es una aplicación que redondea las compras de su tarjeta. Por ejemplo, si comprara una dona que costara 1.55, Acorn redondearía el cargo hasta $ 2.00 incluso. Luego, con esos .45 centavos adicionales, Acorn invertiría ese dinero en una acción, proporcionándole una pequeña ganancia. Con el tiempo, cuanto más gaste de su propio dinero, más invertirá Acorn. Si se encuentra indisciplinado con su inversión, o si constantemente está descuidando ahorrar dinero para invertir, debería considerar el uso de Acorns.

#50: Utilice el Comercio Libre de Comisiones

Si es un inversor, lo último con lo que quiere lidiar es que las comisiones se coman sus ganancias. No todos pueden comerciar en volúmenes lo suficientemente grandes como para ganar dinero, de hecho, aquellos que comienzan siendo pequeños tienden a ser capaces de comerciar solo en volúmenes pequeños. Esto significa que cada transacción puede tener un gran impacto en su balance final. Incluso una tarifa comercial de diez dólares significa que está gastando $ 20 en cada orden de compra y venta. Para el comercio a corto plazo, esto puede ser extremadamente doloroso.

Afortunadamente, ha habido un aumento en las plataformas y aplicaciones libres de comisiones, como Robinhood. Robinhood tiene mucha de la misma funcionalidad que un corredor tradicional, pero con tipos limitados de transacciones que se pueden hacer. Sin embargo, al mantener las cosas al descubierto y simplificadas, no tendrá que preocuparse por pagar grandes comisiones cada vez que realice un pequeño intercambio.

Conclusión

¡Hacer ingresos pasivos es posible! Se necesita mucho trabajo duro, estudio y la voluntad de dedicarle horas, pero si quieres ganar dinero mientras duermes, ¡puedes hacerlo! ¡Esperamos que esta lista de 50 formas de obtener ingresos pasivos le haya dado ideas sobre cómo puede ganar la mayor cantidad de dinero posible!

Libro 2: Guía Para Generar Ingresos Pasivos Versión Drop Shipping

Cree Ingresos Pasivos Con El Comercio Electrónico Usando Shopify, Amazon FBA, Marketing de Afiliación, Arbitraje Minorista, Ebay y Redes Sociales

Por

Income Mastery

Introducción

El comercio en línea está en auge, y nunca ha sido un mejor momento para involucrarse con el dropshipping. Si está buscando una forma de emprendimiento empresarial que tenga bajos costos de inicio y un increíble potencial de crecimiento, ¡sigue leyendo! ¡Dropshipping se ha convertido en una de las formas más firmes de construir un negocio en línea y la mejor parte es que haces todo de manera electrónica! No necesita gastar una fortuna en la construcción de un inventario, no necesita manipular físicamente los productos para enviar y ciertamente no necesita alquilar una tienda. ¡Todo lo que necesitas es una computadora, una pasión por los negocios y un plan!

Este libro cubrirá todo lo que necesita saber sobre el dropshipping, desde los conceptos más básicos de la creación de su propio negocio, hasta sobre cómo evitar las trampas comunes de tal esfuerzo. Revisaremos cada paso del proceso, explicando qué es el dropshipping, cómo funciona todo y, lo más importante, cómo puedes ganar dinero con él. Si has escuchado a empresarios exitosos hablar sobre dropshipping antes y quieres saber cómo puede beneficiarte, ¡sigue leyendo!

Capítulo 1: ¿Qué es Dropshipping?

Dropshipping (o Envío Directo traducido al español) es la práctica de vender un inventario sin manipular los productos físicos usted mismo. Gracias al poder de la conectividad en línea, ¡no necesita comprar productos a granel y luego almacenarlos si quiere venderlos! En su lugar, trabaje para crear un sistema de dropshipping, donde obtiene sus productos de un fabricante o mayorista, crea una tienda en línea y luego trabaja con el proveedor para completar los pedidos.

Dropshipping es un negocio que se realiza puramente en línea, el cual le permite adquirir y vender productos a través de su propio escaparate en línea. Gracias a sitios web como Shopify, que tienen complementos que pueden ayudar en el proceso de envío directo, puede ejecutar una tienda de ventas en pleno funcionamiento, todo desde la comodidad de su hogar. Aún más que eso, puede acelerar y automatizar procesos, liberando su tiempo para concentrarse en sus objetivos empresariales.

Para comprender el proceso de dropshipping, debe considerar cómo se venden y distribuyen los productos. Un proveedor tiene sus productos almacenados, pero no venden dichos productos directamente a los clientes. Por el contrario, confían en un intermediario, conocido como minorista, para comprar los productos a un precio mayorista. El minorista luego etiqueta los productos y los vende en el mercado.

Un dropshipper es alguien que se involucra en el paso final del proceso de ventas. En lugar de producir o manejar los productos ellos mismos, simplemente comercializan y venden productos en su sitio web. Cuando se compra un producto, el dropshipper toma el pedido y se lo envía al proveedor, que luego empaqueta el producto y lo envía a su cliente.

En cierto modo, un dropshipper es similar al minorista tradicional, con la gran excepción de que nunca tocan los productos en el proceso de venta. Esto significa que no tienen que gastar dinero en acciones o costosas tarifas de almacenamiento. En cambio, su enfoque principal es crear una tienda en línea, donde crean marcas y venden productos a los clientes.

Dropshipping es un gran negocio en línea para aquellos que no tienen una gran cantidad de capital para comenzar un negocio tradicional. Con la baja barrera de entrada y la facilidad de aprendizaje, puede poner en marcha su propio negocio a las pocas semanas de comenzar. Mejor aún, ¡hay muchas personas que han podido dejar sus trabajos y enfocarse en el dropshipping a tiempo completo!

Pero para lograr ese nivel de éxito lleva tiempo y, lo más importante, una comprensión de los inconvenientes del dropshipping. Si siempre ha querido administrar su propio negocio pero ha tenido problemas con los costos, puede probar el dropshipping. No es difícil de hacer y, lo que es más importante, aprenderá muchas lecciones importantes sobre emprendimiento y responsabilidad. Los costos son bajos, el trabajo es gratificante y hay mucho potencial de crecimiento y de ventas. Si todo eso le parece una buena idea, pasemos al siguiente capítulo y examinemos los beneficios del dropshipping en comparación con otros modelos de negocios.

Capítulo 2: Pros del modelo de Dropshipping

Dropshipping en sí tiene muchos pros y contras. En este capítulo, cubriremos los aspectos positivos principales del modelo de dropshipping.

<u>Dropshipping Requiere Muy Poca Inversión de Capital</u>

Uno de los mayores inconvenientes para administrar una tienda tradicional es el hecho de que es bastante costoso hacerlo. Para comenzar, debe tener una gran cantidad de capital, de modo que pueda adquirir cosas como propiedades, suministros, etc. Sin embargo, el modelo de dropshipping requiere una cantidad mucho menor de capital para comenzar.

Los mayores costos que enfrentará al principio serán de la adquisición de sitios web y herramientas para ayudarlo a encontrar nichos, todos los cuales son mínimos en comparación con los puntos de precio regulares de iniciar un negocio tradicional. Si tienes un presupuesto reducido, ¡sin duda puedes comenzar a hacer dropshipping!

Es Súper Fácil Comenzar

No hay barreras reales de entrada cuando se trata de dropshipping. Todo lo que necesita es tiempo y dedicación para seguir los pasos necesarios para encontrar un proveedor, crear una tienda en línea y hacer la investigación necesaria para los tipos de productos que desea vender. No es necesario obtener una licencia, realizar cursos o gastar una fortuna en algún tipo de kit de herramientas para principiantes para comenzar. De hecho, podría comenzar tan pronto como cuando usted termine este libro.

Hay Menos Costos Generales

Las tiendas tradicionales tienen un alto nivel de gastos generales. Cosas como el alquiler, pagar para mantener las luces encendidas y los salarios del personal pueden reducir las ganancias de su negocio. Sin embargo, con el dropshipping, no tendrá que preocuparse por este tipo de costos generales. No tendrá que operar un escaparate físico, ni tendrá que mantener su propio inventario. En cambio, simplemente tendrá que pagar por cosas como el alojamiento web y los servicios de tarjetas de crédito, ¡todos los cuales son significativamente más baratos que el alquiler de un espacio físico por un mes!

<u>Acceso a una Amplia Selección de Productos.</u>

Los tipos de productos que se pueden vender son prácticamente ilimitados. Siempre que pueda encontrar un proveedor que pueda satisfacer la demanda y esté dispuesto a trabajar con usted, puede vender cualquier producto que desee. Y tampoco tiene que especializarse en un solo tipo de producto. Puede trabajar con tantos proveedores como desee y, sin embargo, vender todos sus productos en una tienda. ¡Siempre y cuando pueda manejar la logística de trabajar con cada proveedor de forma independiente, no hay límite para lo que puede ofrecer en su tienda!

No es Difícil Escalar

Una vez que haya aprendido cómo ejecutar una operación de dropshipping, descubrirá que escalar su negocio hacia arriba no es tan difícil de hacer. Mayores cantidades de pedidos en realidad pueden ser más baratos, ya que a menudo se traduce en descuentos por volumen de los proveedores. Ya sea que venda 100 productos al mes o 1,000 al mes, los principios del dropshipping siguen siendo los mismos. ¡Todo lo que realmente cambia son los márgenes de ganancia!

Acceso a un Mercado Global.

Uno de los componentes más valiosos del dropshipping es el hecho de que estás operando completamente en línea. Esto les da acceso a su tienda a personas de todo el mundo. Mientras pueda ofrecer tarifas de envío internacionales decentes, podrá atraer clientes desde cualquier parte del planeta. Esto amplía su mercado significativamente más que si estuviera ejecutando un escaparate físico.

Se puede Automatizar Fácilmente

Dropshipping requiere una buena cantidad de trabajo, pero la buena noticia es que hay una gran parte de ese trabajo que puede automatizar. Existen bastantes aplicaciones y servicios que ofrecen servicios inteligentes que pueden ayudar con algunas de las tareas que requieren más tiempo. Desde la creación e impresión automática de etiquetas de envío hasta el seguimiento del inventario, estas tareas de automatización le ahorrarán cientos de horas.

No hay Escasez de Proveedores y Fabricantes.

Una de las tareas más importantes cuando se trata de dropshipping es encontrar proveedores y fabricantes que estén dispuestos a trabajar con usted. Una vez los haya localizado y haber negociado con ellos, estos proveedores le proporcionarán los productos necesarios para vender en línea. Gracias a la conectividad de Internet y la capacidad de trabajar con cualquier persona, en cualquier lugar, encontrará que no hay escasez de proveedores y fabricantes. ¡Mientras pueda demostrarles que tiene un plan de negocios elaborado y una plataforma de ventas legítima, no debería tener problemas para convencerlos de que le proporcionen productos para vender!

En última instancia, el envío directo le permite evitar muchos de los obstáculos tradicionales que se interponen en el camino para iniciar un negocio. La capacidad de conectarse al mercado global, ahorrar dinero en gastos generales y escalar el negocio a medida que crece la capacidad y la base de clientes hacen que el dropshipping sea uno de los modelos de negocios en línea más atractivos que existen. Sin embargo, esto no quiere decir que el dropshipping en sí no tenga inconvenientes. Pasemos al siguiente capítulo, donde veremos los contras del dropshipping.

Capítulo 3: Contras del modelo Dropshipping

Es importante conocer los inconvenientes y las deficiencias de cualquier modelo de negocio antes de involucrarse. Este capítulo destacará algunos de los desafíos, problemas y frustraciones que pueden venir con el modelo de dropshipping. Esto no debería desanimarlo a involucrarse, sino que debe ayudarlo a comprender con precisión algunos de los desafíos que enfrentará a medida que se involucre más en este negocio.

Escasez Repentina de Existencias

Los recursos en este mundo no son ilimitados. Habrá momentos en que, por alguna razón, un proveedor no puede satisfacer la demanda de un producto. O bien, la demanda ha aumentado tanto que los productos se están moviendo de los estantes demasiado rápido, o algunos problemas logísticos han interferido con la creación del producto. Independientemente de la razón, puede haber situaciones en las que tenga un montón de pedidos y no haya suficientes productos para enviar. Esto requerirá una adaptación rápida y un trabajo de su parte para descubrir cómo cumplir con esos pedidos, ya sea encontrando otro proveedor rápidamente o retrasando el envío, lo que puede crear problemas de servicio al cliente.

Mayor Costo de Bienes Vendidos

Los precios pueden cambiar debido a una variedad de factores económicos y de mercado. Algo podría estar vendiéndose a bajo precio hoy, pero mañana, los precios pueden subir. Si ese es el caso, tendrá que encontrar una solución de venta más barata o pagar el costo usted mismo, lo que puede reducir los márgenes. Los precios no siempre fluctúan, pero es una posibilidad cuando se trabaja con proveedores y fabricantes.

Mayores Costos de Cumplimiento

El cumplimiento puede ser una de las partes más caras del negocio. Las tarifas de envío, las tarifas de manejo y servicio pueden afectar sus márgenes. Tendrá que estar atento para encontrar formas de reducir estos costos tanto como sea posible, pero a medida que más y más personas se involucren con el dropshipping, algunos proveedores descubren que ahora tienen el lujo de cobrar más por los servicios.

Más Problemas de Servicio al Cliente

Debido a que no participa en el proceso de empaque y envío, es probable que ocurran errores. Un cliente puede terminar recibiendo un producto que está dañado o que no ha sido empaquetado adecuadamente. A veces pueden terminar recibiendo la orden incorrecta. Las instalaciones de cumplimiento tienden a procesar muchos pedidos y no todo se puede hacer perfectamente cada vez. Puede esperar que haya percances que sucedan con el tiempo.

No tienes Control Total sobre el Negocio

Ser un dropshipper es ser un intermediario. Está creando una tienda y mostrando productos, pero en realidad no tiene ningún acceso físico a esos productos. Al final del día, habrá cosas que están fuera de tu alcance. Si bien puedes trabajar tan duro como puedas para asegurarte de que no habrá problemas de inventario, que la calidad del producto se mantenga alta y que las personas reciban los pedidos de manera oportuna, todo eso queda en manos de otras personas. Solo puede reaccionar y adaptarse en consecuencia a las situaciones y problemas a medida que estos surgen, pero su capacidad para prevenir este tipo de problemas es limitada debido a la falta de control total.

Confianza en el Inventario

Sin inventario, no tienes un negocio. Encontrar buenos proveedores que sean confiables y capaces de proporcionarle el inventario que necesita es crucial. Como usted no es el propietario de los productos y no los tiene almacenados en su propio almacén, deberá trabajar para asegurarse de tener un inventario adecuado en todo momento. Si un proveedor no puede satisfacer la demanda repentinamente, se encontrará en un mundo financiero dañado.

Posibles Problemas de Control de Calidad

Dado que no está trabajando directamente con los productos, eso significa que los estándares de calidad pueden deslizarse con el tiempo. Necesitará monitorear de cerca sus productos, probándolos de vez en cuando para asegurarse de que se mantengan en los mismos niveles de calidad que promete a su cliente. Lo último que desea es lanzar un gran envío de productos de calidad mediocre o de bajo nivel. Pero, dado que usted no es directamente responsable de la producción o el envío de esos productos, tendrá que confiar en el proveedor o fabricante para mantener la calidad lo más alta posible.

Mercados Superpoblados

El costo perdido para comenzar, combinado con el hecho de que cualquier persona con un sentido comercial decente puede ejecutar una operación de dropshipping significa que los mercados pueden estar bastante superpoblados. Tendrá que lidiar con la competencia y luchar para encontrar una manera de distinguir su propio negocio de los demás. Esto se puede remediar un poco encontrando el tipo de nicho adecuado para su producto, pero con los nuevos sitios web de dropshipping que se abren todos los días, eventualmente tendrá que lidiar con algún tipo de competencia.

Sin Garantía de Ganancias

Al igual que todos los esfuerzos comerciales, simplemente no hay garantía de que verá ganancias de una operación de dropshipping. ¡Por supuesto, las únicas personas que garantizan ganancias son las que están tratando de sacar provecho de usted! El hecho es que el dropshipping tiene riesgos. La buena noticia es que con un costo de entrada tan bajo, no tendrá que arriesgar decenas de miles en una idea. Pero aún así debe saber que no hay garantía de que verá un retorno de su inversión, al igual que cualquier esfuerzo empresarial.

Requiere Habilidad Técnica Básica

El Dropshipping requiere que tengas algunas habilidades técnicas básicas. Necesitará saber cómo operar una computadora, cómo funcionan las aplicaciones y cómo comercializar y negociar. Las dos primeras habilidades no son difíciles de aprender, pero muchas personas se resisten a la idea de comercialización y negociación. Aun así, esas dos habilidades son necesarias si quieres encontrar algún nivel de éxito en tu operación de dropshipping.

Más Productos o Proveedores Significa más Trabajo

El uso de múltiples proveedores aumenta en gran medida la complejidad de su operación. Tendrá que rastrear múltiples compañías, recordar las reglas y procedimientos de cada proveedor, así como también mantener controles de control de calidad de diferentes fuentes. Esto puede resultar un poco abrumador, especialmente si no tiene experiencia. Sin embargo, puede utilizar los servicios de automatización para ayudar a reducir esta complejidad, pero aún existen desafíos asociados con el aumento del tamaño de su proveedor o grupo de productos.

Márgenes Bajos

En el mundo de los negocios de dropshipping, sus márgenes no serán muy altos. La razón detrás de esto es que la accesibilidad del tipo de negocio significa que siempre habrá competencia, y la competencia mantiene los precios bajos. La entrada fácil en el mercado significa que los márgenes siempre se mantendrán muy bajos, ya que no es necesario invertir una gran cantidad de capital para comenzar. Por lo tanto, si espera obtener una gran cantidad de ganancias en un corto período de tiempo, se sentirá decepcionado con el dropshipping. Se puede ganar mucho dinero, pero lleva tiempo establecer un negocio que pueda generar una mayor cantidad de ganancias.

Complejidades de Envío

El envío, encontrará, es uno de los problemas más complicados en el mundo del dropshipping. Hay muchas cosas que pueden salir mal en el tiempo que le toma a un cliente hacer clic en el botón de compra y que el paquete llegue a su casa de manera segura. Deberá crear un método para proporcionar de manera efectiva a los proveedores información de envío que sea precisa y rápida. En ocasiones, se enfrentarán demoras, así como problemas causados por las propias compañías de envíos, como la pérdida de sus paquetes. Todo esto es parte del proceso, pero puede causar frustración en los clientes.

En general, los peligros del dropshipping realmente provienen del hecho de que no tienes el control directo de la producción y distribución de tus productos. Por otra parte, estos dos factores también son el principal beneficio detrás del dropshipping, ya que no tiene que pagar para producir y almacenar artículos por su cuenta.

Con el tiempo, descubrirá que estos desafíos únicos pueden superarse mediante una planificación adecuada, mediante la previsión y el pensamiento rápido cuando los problemas levantan sus feas cabezas. No tiene que sentirse intimidado por esta lista, pero debe preguntarse si estos son los tipos de cosas que puede manejar. Dropshipping es un tipo de negocio activo, tendrás que trabajar regularmente para construirlo. Si está buscando una forma pasiva de generar ingresos, tenga en cuenta que hay mucho trabajo relacionado con el dropshipping. ¡La buena noticia es que una vez que se familiarice con las cosas y tenga algo de experiencia, descubrirá que el negocio puede ser divertido y rentable!

Capítulo 4: Comenzando su Propio Negocio de Dropshipping

Antes de que Comiences

Antes de comenzar a seguir todas las instrucciones de este libro para configurar su propio negocio de dropship, deberá considerar si este es el negocio adecuado para usted. El dropshipping requiere tiempo, energía y esfuerzo. No es un simple esquema rápido para hacerse rico y ciertamente no es algo que pueda configurar y luego dejar que se ejecute por su propia cuenta. Tendrá que administrar activamente este negocio, pasar tiempo aprendiendo los entresijos y, lo que es más importante, trabajar constantemente para mejorar el lado operativo del negocio.

El Dropshipping es una inversión de tiempo y dinero. Cuanto más esté dispuesto a invertir, más ganancias verá. Este no es un negocio para los débiles de corazón, es un asunto creciente y cambiante que muta constantemente con el tiempo. Existe un tremendo potencial para obtener ganancias financieras, siempre y cuando esté dispuesto a trabajar.

Por lo tanto, si está buscando un proyecto que tenga potencial para aumentar su riqueza y esté dispuesto a dedicar el tiempo necesario para obtener lo que desea, ¡adelante! Pero si no está listo para dar el 100% a la empresa, si no está dispuesto a pasar horas y horas de estudio y preparación, es posible que desee considerar una idea de negocio diferente. Hay muchos otros tipos de negocios más casuales, pero el dropshipping es solo para aquellos que están dispuestos a invertir seriamente. Cualquier cosa menos que el enfoque completo y la atención dará como resultado retornos mínimos.

La Mentalidad Requerida para tener Éxito

El éxito en los negocios puede ser difícil de lograr. Ganar dinero no es una tarea fácil, si lo fuera, entonces todos lo harían. Pero la verdad del asunto es que el éxito financiero con el dropshipping requiere valor y prisa.

Las cosas no te irán bien al principio. Habrá muchas fallas, accidentes y pasos en falso que pueden amenazar su negocio. Te enfrentarás a cometer errores que comete todo principiante. Puede terminar perdiendo un poco de dinero en el proceso.

El valor es la capacidad de soportar estas dificultades y seguir avanzando. La verdadera determinación te permite seguir adelante y seguir tu plan, independientemente de lo difícil que pueda ser. Dirigir un negocio es difícil, mucho más difícil que simplemente presentarse para trabajar en otro trabajo. Cuando eres un empleado, no tienes que arriesgarte ni tomar decisiones difíciles. Al final del día, le pagan por lo que está haciendo, independientemente de cuánto dinero gane la empresa. Pero ser dueño de un negocio es fundamentalmente diferente.

Cuando eres el dueño, todo depende de ti. La cantidad de dinero que gana está determinada por su ajetreo, por su nivel de energía y, lo más importante, por sus decisiones comerciales. No tienes a nadie a quien recurrir cuando eres tú quien está tomando las decisiones. Sin embargo, al mismo tiempo, esto también significa que usted es quien obtiene la mayor parte de las ganancias. Usted es en última instancia responsable del éxito o el fracaso de su negocio, y esa responsabilidad viene con un cheque de pago más alto, siempre que pueda resistirlo.

La mentalidad del éxito es simple: soportar los problemas que se te presentan y resuélvalos todos los días. Trabaje lo más que pueda para ganar dinero, aumente su número de clientes y cree una marca sólida y descubrirá que su negocio crecerá y prosperará. Tómelo con calma, afloje o espere a que aparezcan las oportunidades y su negocio disminuirá.

Si quiere tener éxito, debe asumir toda la responsabilidad. Al final, su negocio es 100% suyo, para hacer lo que quiera. Puede tener éxito, pero llevará tiempo. Trate cada falla o error como una oportunidad para aprender y no se rinda debido a la frustración con el lugar donde se encuentra actualmente. El verdadero éxito es la capacidad de resistir el fracaso, aprender de sus errores y luego seguir adelante. No seas demasiado duro contigo mismo. Al final del día, siempre y cuando estés dispuesto a seguir trabajando en ello, ¡encontrarás el éxito en el negocio de dropshipping!

Edúcate tú Mismo

Hay muchas opciones a la hora de comenzar con el dropshipping. A veces puede sentirse abrumado por la gran cantidad de elecciones que tendrá que hacer al principio. El mejor lugar para comenzar es simplemente a través de la investigación. Dedique una gran parte de su tiempo a leer sobre dropshipping, estudie cómo hacerlo correctamente, mire estudios de casos y lea otras historias de éxito. Cuanto más te sumerjas en el dropshipping, más claro te parecerá el futuro.

La educación es su arma principal cuando se trata de tener éxito en este campo. Si bien es necesario trabajar duro para poner en marcha un producto, la educación y la investigación le proporcionarán las instrucciones correctas. No importa qué tan rápido puedas correr, si vas en la dirección incorrecta solo terminarás perdido. Comience con un régimen intenso de estudio e investigación. Debes conocer todos los entresijos de dropshipping antes de comenzar realmente. De esa manera, a medida que avance, solo tendrá que volver al material educativo como punto de referencia.

<u>Crea un Plan de Negocios</u>

Una vez que haya pasado el tiempo para aprender todo sobre el dropshipping, finalmente será el momento de comenzar a crear un plan de negocios funcional. El plan de negocios contendrá todo sobre su operación de dropshipping. Cubrirá lo que está vendiendo, cómo planea obtener acceso a esos productos, sus ideas de marca y marketing, así como sus objetivos para la operación.

Es necesario un plan completamente escrito para concentrarte. Al crear objetivos agradables y enumerar los pasos que tomará para lograrlos, podrá concentrarse en marcar esa lista cada día. No tendrá que preguntarse "¿qué sigue?" Porque habrá planeado todo con anticipación. Además de eso, tener un buen plan de negocios es invaluable cuando se trabaja con proveedores. La mayoría de los proveedores quieren saber que están trabajando con profesionales legítimos, no con una persona con ambiciones oscuras.

Deberá enumerar cosas como su nicho de mercado, el grupo demográfico objetivo, una lista de proveedores con los que se pondrá en contacto, la plataforma en la que pretende vender y los sistemas de automatización que utilizará. Cubriremos todo estas cosas a lo largo de este libro.

Financiando su Negocio de Dropshipping

El Dropshipping se puede hacer de forma bastante económica, por lo que no tiene que preocuparse demasiado por recaudar capital. La mejor estrategia para financiar su negocio es simplemente usar el dinero que ha ahorrado. Claro, correrá el riesgo de perder ese dinero, pero no tendrá que preocuparse por pagar ningún tipo de préstamo u otros inversores. Luego, a medida que obtiene ganancias, puede reinvertir ese dinero directamente en el negocio de dropshipping, ampliando su potencial para obtener más ganancias. Esta es la forma más segura y saludable de financiar su negocio.

La determinación, la pasión y la educación son necesarias si quieres tener éxito en el mundo del dropshipping. Mientras pueda concentrarse en dedicar horas y aprender los trucos del oficio, podrá ganar dinero con el dropshipping. En los próximos capítulos, profundizaremos en los detalles del proceso de dropshipping, comenzando con la cadena de suministro y terminando con el manejo de inventarios. Hay mucha información que tomar, así que vaya a su propio ritmo, aprenda todo lo que pueda y una vez que se sienta listo, comience a trabajar en un plan de negocios. No hay razón para apresurarse. Como dice el dicho, mida dos veces, corte una vez. No querrás perder tu tiempo y dinero con solo toparte con el dropshipping. Tienes todo el tiempo del mundo para construir un gran negocio efectivo.

Capítulo 5: Comprensión de la Cadena de Suministro y el Proceso de Cumplimiento

Para poder entender su papel como dropshipper, deberá comprender cómo funciona la cadena de suministro. Hay un proceso largo y complicado entre la compra de un producto y su recepción, que generalmente involucra a múltiples grupos de personas que juegan un papel muy específico. Estos roles determinan la cadena de distribución, comenzando con la producción.

Fabricantes

Un fabricante es solo eso, una empresa que crea físicamente los productos que terminarán vendiéndose en las tiendas. El fabricante puede ser tan pequeño como una operación de un solo hombre, creando jabones artesanales fuera de su hogar, o puede ser tan grande como una fábrica importante, produciendo en serie fundas para teléfonos celulares. El fabricante varía en ambos tamaños. Un fabricante creará el producto y luego lo venderá a mayoristas o minoristas, que luego se venden por un marcado. Es raro ver a un fabricante dispuesto a vender directamente al público en general, ya que a menudo prefieren ganar dinero a través de ventas a mayoristas.

Los fabricantes a menudo requieren órdenes de compra mínimas para obtener sus suministros. Por lo tanto, para poder trabajar directamente con un fabricante, debe poder proporcionarle un número mínimo de órdenes de compra. Estos mínimos a menudo son bastante grandes, por lo que para la mayoría de los dropshippers que están comenzando, tendrán que trabajar con un mayorista.

Mayorista

Un mayorista es el que compra los productos creados por los fabricantes. Realizan grandes pedidos de compra, compran a granel y luego, a su vez, venden sus productos a minoristas para obtener un recargo. Aquí es donde obtienen sus ganancias, ya que el margen suele ser mucho más alto que el costo de adquisición.

El modelo de negocio de un mayorista generalmente se centra en adquirir productos y luego venderlos a minoristas, en lugar de centrarse en vender al público.

<u>Minorista</u>

Un minorista es una empresa o individuo que compra un producto a un mayorista y luego lo vende por un mayor margen de beneficio. Como dropshipper se lo considera un minorista, aunque los detalles son un poco diferentes, ya que no está pagando por el producto hasta después de que ya lo haya vendido. Los minoristas tradicionales hacen pedidos a los mayoristas, pagan el inventario y luego lo venden en sus escaparates. Un dropshipper solo coloca la orden de compra cuando ha realizado una venta, confiando en que el mayorista se encargará del envío y manejo.

<u>Los Consumidores</u>

Los consumidores son las personas que toman la decisión de comprar productos. En realidad, a los consumidores no les importa saber los detalles de dónde proviene un producto. En general, su percepción es que el minorista al que le están comprando es el responsable del producto. La discusión de mayoristas o fabricantes no les importa, ya que esos dos proveedores no están directamente involucrados en la venta. Lo único que le importa a un consumidor es el minorista frente a ellos. La mayoría de los consumidores nunca sabrán que eres un dropshipper, porque no les importa saberlo. Los productos y las buenas experiencias de servicio al cliente son las cosas que impulsan sus decisiones de compra.

El Proceso de Dropshipping en Acción

Al observar los cuatro grupos anteriores, es fácil ver cómo todos caen en un ciclo. El fabricante crea, el mayorista compra, el minorista vende y el consumidor compra el producto final. El dropshipper tiene la capacidad de involucrarse con cualquiera de los tres tipos de proveedores. Es posible que pueda convencer a un fabricante para que realice los pedidos por usted, o podría trabajar con un mayorista para configurar un sistema de cumplimiento de dropshipping, de modo que pueda vender directamente sus existencias en sus propios sitios web.

Incluso podría trabajar con un minorista, si está dispuesto a cumplir en su nombre. No importa cómo un dropshipper obtiene acciones, lo que importa es que el dropshipper es quien realiza la venta.

Por ejemplo, supongamos que un dropshipper inició un sitio web de ventas simple llamado Thermal Bottles. Thermal Bottles ofrece termos y botellas de agua de alta calidad. El dropshipper tiene un mayorista que está dispuesto a proporcionar estas botellas de agua y cumplirá los pedidos del remitente. Cuando el cliente hace clic en el botón de compra en el sitio web de Thermal Bottles, la orden de compra se envía al mayorista. Luego, el mayorista procesa la orden de compra, le cobra al dropshipper el costo mayorista del producto y luego comienza el proceso de envío. El cliente recibe el pedido y no tiene idea de que su nueva botella de agua nunca estuvo en posesión de Thermal Bottles.

Toda la información de embalaje y contacto enviada al cliente es la información que le ha proporcionado al mayorista. Entonces, si hay una pregunta o un problema, el dropshipper es el que se contacta, no el mayorista. Todo lo que hace el mayorista es cobrarle el precio con descuento y enviar el producto. Sus ganancias serán el marcado que haya establecido para sus productos. Entonces, si el mayorista le cobra $ 1.50 por una botella de agua y la vende por $ 2.50, habrá obtenido una ganancia de un dólar, menos las tarifas y otros costos asociados con la venta.

Para resumir, el proceso de envío directo es simple: le cobra a un cliente por un producto, luego realiza el pedido en su nombre a un proveedor, que le cobra una tarifa mayorista con descuento. El proveedor maneja el envío y usted maneja la marca, el escaparate y el servicio al cliente. Usted obtiene una ganancia del margen de beneficio, el proveedor obtiene un beneficio de la venta y el cliente recibe su producto. Todos ganan con este modelo.

Debería poder ver que los mayores desafíos para un dropshipper es adquirir el proveedor adecuado y garantizar que el proceso de pedido se realice sin problemas. A un cliente no le importará que el mayorista sea quien arruine el pedido, es el nombre de su empresa en el empaque y es la reputación de su empresa en la línea. Cubriremos formas de encontrar buenos proveedores en un capítulo posterior.

La cadena de distribución tiene múltiples puntos para entrar como un dropshipper. Ya sea trabajando directamente con un fabricante, encontrando un buen mayorista o simplemente tratando con empresas minoristas que están dispuestas a proporcionarle sus suministros a cambio de pedidos, encontrará que existen desafíos únicos detrás de trabajar con cualquiera de ellos. La buena noticia es que a los clientes simplemente no les importa de dónde proviene un producto. Lo único que les importa es que tengan un producto de alta calidad que satisfaga sus necesidades y expectativas. Y siempre que encuentre los proveedores adecuados para trabajar, no debería tener problemas para lograrlo.

Capítulo 6: Evalúe sus Canales de Ventas

Dado que se desconoce el papel de un dropshipper, la percepción que un cliente tiene de usted se basará por completo en la tienda que está operando. Existen múltiples tipos de canales de ventas que puede utilizar, vendiendo sus productos en varios sitios web orientados a las ventas o por su cuenta. Este capítulo analizará y evaluará algunas de las plataformas más populares para vender productos.

Dropshipping en eBay

eBay alguna vez fue el rey de las subastas en línea, especialmente cuando se trataba de encontrar grandes ofertas. A medida que crecía la moda de eBay, las personas comenzaron a descubrir que podían crear negocios funcionales en eBay, optando por centrarse en usar las funciones Comprar ahora en lugar del modelo tradicional de licitación. Con el tiempo, eBay abrazó estos usos y trabajó para crear escaparates legítimos, donde los propietarios de las tiendas podían vender productos tradicionales a granel sin ningún aspecto de licitación.

eBay tiene políticas simples sobre dropshipping. Lo permiten, con la advertencia de que usted todavía es responsable de la calidad y la entrega segura del producto. Eso significa que su reputación y su calificación están en juego cuando ingrese a eBay.

Dado que las personas están buscando activamente en eBay para comprar productos, no tiene que preocuparse demasiado por crear argumentos de venta convincentes. En cambio, solo necesita crear buenas descripciones de productos, tener un producto atractivo y precios competitivos. Los clientes encontrarán su producto simplemente usando el motor de búsqueda de eBay. Esto puede ayudar a ahorrar dinero cuando se trata de publicidad inicialmente. Sin embargo, el inconveniente aquí es que tendrá problemas para crear una identidad de marca sólida y tendrá que lidiar con otros competidores que también se incluirán en el motor de búsqueda. Deberá trabajar para diferenciar su producto de alguna manera, lo que puede ser complicado ya que vende productos a los que puede acceder cualquier dropshipper.

eBay como plataforma de dropshipping no es una terrible idea. No tiene un alto grado de control sobre su escaparate y su producto es solo otro producto en un mar de búsquedas. La adquisición de clientes puede ser más difícil y no podrá establecer una relación suficiente con los clientes a través de las herramientas que proporciona eBay. Puede ser un buen lugar para trabajar como principiante, o si desea tener una mayor variedad de productos que no están conectados temáticamente entre sí, pero en su mayor parte, eBay no le brinda las opciones para ser un dropshipper serio.

<u>Dropshipping en Amazon</u>

Amazon es otra plataforma simple de usar, aunque es bastante similar a usar eBay en sus desventajas. Sus políticas permiten el envío directo, siempre que solo use su propia información en el paquete. No puede tener ninguna información sobre el mayorista o fabricante dentro de su embalaje. De lo contrario, eres libre de enviar con ellos.

Amazon tampoco es ideal como plataforma. La falta de una identidad de marca distinta y, en cambio, el simple resultado de una búsqueda significa que no podrá establecer relaciones significativas con sus clientes. La adquisición de clientes es útil, pero la retención de clientes es extremadamente importante. Si puede retener un gran número de sus clientes, podrá venderles muchos productos. Sin embargo, esto requiere una relación personal y una conexión, que a menudo se fomenta a través de la identidad de la marca. Amazon no le proporciona las herramientas para crear una plataforma de ventas sólida que generará negocios repetidos.

Dropshipping en Shopify

Shopify es una de las mejores plataformas de ventas debido al hecho de que le ofrecen la posibilidad de crear sus propios sitios web de ventas. Un buen dropshipping trata de crear una identidad de marca particular, una que resuene en los oídos de los consumidores y ayude a crear conexiones. Shopify es un sitio web orientado a las ventas, que le ofrece todas las opciones que necesita para crear una tienda en línea hermosa y funcional.

Además de la capacidad de personalizar el aspecto de su sitio web, Shopify ofrece herramientas y aplicaciones que lo ayudarán directamente en sus esfuerzos de dropshipping. Hay aplicaciones que incluso ayudarán a automatizar el envío, lo que ayuda a reducir una de las tareas más exhaustivas dentro del mundo del dropshipping.

El principal inconveniente de usar Shopify es que eres responsable de todos los aspectos de la creación de tu sitio web. Tendrá que trabajar para crear una buena marca visual, lo que a menudo se traduce en pasar tiempo e incluso dinero para encontrar temas premium para su sitio web. Deberá de escribir toda la copia del anuncio usted mismo, trabajar en el SEO para mejorar los resultados de búsqueda y administrar todos los aspectos del proceso de ventas. Shopify le ofrecerá muchas herramientas para usarlo de manera efectiva, pero deberá realizar la mayor parte del trabajo usted mismo.

También hay un costo mensual para Shopify, así como también una tarifa de tarjeta de crédito para tener en cuenta. Pero estos costos son solo parte de la gestión de una tienda en línea. No podrá evitar pagar tarifas por casi todos los servicios de ventas en línea que existen.

Donde Shopify sobresale es en la capacidad de distinguir su propia empresa y crear su propia identidad de marca. Los clientes volverán a un sitio web completamente funcional y podrán ver todos los productos que usted tiene para ofrecerles a ellos. Puede aumentar las ventas, puede comercializar directamente a través de anuncios de Facebook e incluso puede crear sus propios cupones para incentivar las ventas. Estos controles son invaluables para la adquisición y retención de clientes.

Otro gran beneficio detrás de Shopify es que está realmente enfocado en personas que solo quieren crear sitios web de ventas efectivos. Si no desea pasar por el dolor de cabeza de crear su propio sitio web, utilizando un sistema de administración de contenido como WordPress, entonces debería de considerar seriamente usar Shopify. El precio vale lo que obtienes a cambio.

<u>Canales de Venta Alternativos</u>

Los tres principales sitios web mencionados son lo que la mayoría de la gente piensa cuando consideran el dropshipping. Y si bien es cierto que los tres sitios web son grandes vehículos de venta, no son las únicas plataformas que existen. Tiene otras opciones, como crear su propio sitio web, utilizando un CMS como WordPress o Squarespace.

Crear su propio sitio web desde cero le brinda libertad sin restricciones, donde puede hacer casi cualquier cosa que desee, pero hay costos más altos. Tendrá que gastar dinero para que un desarrollador construya el sitio web, o deberá crear uno usted mismo. Hay mucho que ver con los principios de construir un buen sitio web, por lo que, a menos que desee educarse en ese campo, será mejor que vaya con un desarrollador que pueda hacer un sitio web funcional que se vea bien y funcione bien.

Otras opciones incluyen el uso de un competidor de Shopify como WooCommerce. Hay docenas de canales alternativos para considerar, y sinceramente, no son terriblemente diferentes entre sí. Siempre que tenga las libertades creativas para crear una conexión con sus clientes y métodos para retenerlos, debería estar bien. Busque la plataforma que mejor funcione para usted y no se preocupe por los competidores. Cuando recién comienza, todo lo que realmente necesita es algo simple y funcional.

Capítulo 7: Investigación de un Nicho y Selección de Productos

Una vez que haya descubierto en qué tipo de plataforma desea usted vender, necesitará productos para poder vender. Gracias a la gran variedad de mayoristas que existen y a los pequeños fabricantes, realmente no faltan los diferentes productos que puedes vender en tu tienda. Sin embargo, si desea que los clientes compren lo que está vendiendo, primero debe identificar sus necesidades de mercado. Y dado que el mercado en línea es enorme, la mejor manera de asegurarse de que realmente va a hacer ventas, debe identificar un nicho de producto.

¿Qué es un nicho?

Un nicho es una especialidad, un pequeño rincón del mercado que está hiper dirigido a un grupo más pequeño de personas. En el gigantesco mundo de los negocios en línea, simplemente no ganará dinero vendiendo productos generalizados. En primer lugar, no podrá superar los precios que ofrecen las grandes tiendas de cajas, y en segundo lugar, no podrá hacer que la gente visite su sitio web para obtener esos productos. Los productos grandes y muy populares ya tienen mercados establecidos e identidades de marca. No podrás descifrar ese mercado desde afuera.

En cambio, un buen dropshipper puede identificar un nicho de mercado, un mercado que tiene una demanda de un tipo de producto muy específico, un producto que no se vende ampliamente. Un nicho es cómo ganarás dinero como un dropshipper. Si puede identificar un nicho de mercado sin explotar o con bajos niveles de competencia, podrá encontrar un grupo de compradores con mayor probabilidad de comprar sus productos.

El truco, entonces, es descubrir cómo encontrar un nicho de mercado. Los gustos de los consumidores cambian y evolucionan constantemente. Si puede identificar un mercado desatendido y crear una fuerte identidad de marca, puede hacerlo muy bien. Pero requerirá una gran cantidad de investigación de mercado antes de que pueda determinar qué productos debe vender.

Cómo Hacer Investigación de Nicho

La investigación de nicho simplemente requiere que use una combinación de herramientas y resultados de motores de búsqueda para intentar predecir con precisión un área desatendida del mercado. Hay un poco de suerte en este proceso, ya que es difícil encontrar nichos. Es un poco como buscar petróleo. Utiliza las herramientas adecuadas para medir el interés, inspecciona el área, pero realmente no sabrá si ha ganado dinero hasta que comience a perforar.

Afortunadamente, con la cantidad de datos que se captura a través de motores de búsqueda como Google y Amazon, podemos usar herramientas para examinar y encontrar mercados sin explotar. Deberá utilizar herramientas especializadas, como Google Trends, para ver qué buscan las personas. Cuanto más profundice en estas búsquedas, podrá observar qué resultados recibe una persona al escribir un término de búsqueda.

Por ejemplo, si descubres que las personas están buscando botellas de agua roja, podrás buscar por ti mismo y ver cuáles son los resultados. Si hay una gran cantidad de competencia en ese campo, no has encontrado un nicho lo suficientemente fuerte. Lo que lo convierte en un buen nicho es una combinación de alta demanda y baja oferta de mercado. Cuanta menos competencia exista en el campo, más fácil será entrar. Cuanto mayor sea la competencia, menores serán los márgenes de beneficio y menores serán las posibilidades de que usted obtenga la atención de un cliente.

Cómo Usar los Gráficos y Datos de Google Trends

Los resultados de búsqueda son esenciales para identificar un nicho de mercado para ingresar. Los consumidores encuentran productos a través de múltiples métodos, como boca a boca, marketing directo o escribiendo palabras clave en un motor de búsqueda. Al seguir cuántas personas escriben palabras clave específicas en relación con un producto, podemos rastrear cuál es el nivel de interés en un campo específico. Google Trends rastrea estas búsquedas y crea gráficos para que podamos analizar, mostrando interés a lo largo del tiempo. Aquí, no solo podrás seguir la tendencia de las cosas, sino que también podrás ver cómo han evolucionado con el tiempo.

Estos datos son invaluables cuando se trata de rastrear cómo un nicho puede desempeñarse potencialmente. Un nicho que aumenta constantemente a lo largo de los años indica que hay un crecimiento en el sector, lo que desea, ya que más clientes equivalen a más ventas. Una tendencia de búsqueda que muestra una disminución o resultados mínimos a lo largo del tiempo indica que los gustos de los consumidores están cambiando y, como tal, invertir tiempo y energía en la venta de esos productos de nicho podría no devolver ningún beneficio.

Acceder a Google Trends es tan simple como ir a trends.google.com. A partir de ahí, podrá escribir los términos de búsqueda y ver cómo están de moda. Además de las tendencias, podrá ver términos de búsqueda relacionados, ya sea temas similares o términos de búsqueda que arrojen resultados más específicos.

Por supuesto, el uso de Google Trends puede llevar un poco de tiempo, ya que se le pedirá que escriba los resultados de búsqueda a mano. Esto significa que esencialmente estará adivinando sobre los productos potenciales para vender y luego clasificará los resultados para ver si hay tendencias que se mueven en una dirección positiva. Aun así, esta investigación es invaluable. Si puede ubicar un nicho de mercado que está hambriento de buenos productos, puede hacer una fortuna.

Cómo Utilizar las Herramientas de Palabras Clave de Google para la Investigación de Nicho

Google tiene un programa de planificación de palabras clave al que se puede acceder siempre que tenga una cuenta de Google Ads. Crear una cuenta de Ads es gratis y no lleva mucho tiempo, por lo que debe crear una si todavía no tiene. Una vez que haya creado la cuenta publicitaria, podrá acceder a su programa de planificación de palabras clave, un poderoso motor de búsqueda que le permite ver cómo se desempeñan las palabras clave específicas. Esta es una versión más centrada que Google Trends, que solo ofrece vistas generales. Al usar el Planificador de palabras clave de Google, podrá ver sugerencias para palabras clave específicas, en función de los términos que les dé, la cantidad de compromiso que los consumidores tienen con esas palabras clave y la cantidad de competencia para esas palabras clave.

Esto lo ayudará a rebotar en torno a diferentes ideas para encontrar un nicho de mercado. También puede ver cuál es el costo de los tipos de anuncios específicos, lo que puede ayudarlo en lo que respecta a la publicidad de su empresa más adelante.

En definitiva, la investigación de nicho requiere tiempo y esfuerzo. Rastrear los mejores nichos posibles no es fácil, pero cuando encuentre el mercado correcto, será recompensado con un mayor nivel de ventas que si ingresara a un mercado saturado.

Cosas a tener en Cuenta al Seleccionar Productos

Una vez que sepa cómo investigar productos especializados y haya encontrado algunas áreas diferentes que parecen prometedoras, deberá tomar una decisión sobre qué productos desea vender. Esto es más complicado de lo que parece porque no depende de sus propias capacidades de producción, en su lugar, tendrá que salir y encontrar proveedores que le proporcionen esos productos. Esto significa que no siempre encontrará un nicho de mercado adecuado que también se alinee con el sistema de dropshipping.

Otras cosas a considerar al seleccionar productos:

- **Poder de Permanencia**: Desea encontrar un producto el cual no sea una moda pasajera o que simplemente no abandone la conciencia pública rápidamente. Un buen producto es aquel que seguirá siendo solicitado durante mucho tiempo.

- **Repetir compras:** Un gran producto es uno que el consumidor querrá comprar más. Tener una venta única es bueno, pero repetir negocios es invaluable para el crecimiento de su compañía de dropshipping. Por lo tanto, asegúrese de que el mismo cliente pueda comprar una y otra vez el mismo producto, ya que esto ayudará a aumentar en gran medida sus márgenes de beneficio.

- **Punto de precio:** Hay muchas cosas que pueden evitar que un cliente haga clic en el botón de compra, y el precio puede ser una de esas barreras. Cuando recién esté comenzando, es posible que desee considerar centrarse en vender productos de menor precio, en lugar de productos que tienen una prima más alta. Esto no quiere decir que los productos de alta gama no se vendan, simplemente puede ser más fácil vender productos más baratos al principio. Luego, a medida que aprende técnicas efectivas de marketing y ventas, puede comenzar a ofrecer precios más altos.

Medición de Competencia

La competencia es prácticamente imposible de escapar cuando se realiza el dropshipping. El hecho de que cualquiera pueda acceder a proveedores que ofrecen productos similares significa que usted siempre tratará con sitios web rivales. Sin embargo, debe trabajar para mitigar la competencia tanto como sea posible al seleccionar un producto. Si la competencia es demasiado fuerte, se verá obligado a fijar precios competitivos y esto puede traducirse en márgenes muy pequeños.

Encontrar competencia es bastante simple. Todo lo que necesita hacer es realizar una búsqueda en la web de los productos que está pensando en vender y luego estimar la cantidad de resultados directos que está viendo. Luego, pase un tiempo investigando estos sitios web para determinar qué tan fuerte de un competidor son para usted. Aquí hay algunas preguntas para hacer mientras evalúa los mejores resultados de búsqueda de cada campo.

¿Cuál es la Calidad de su Sitio Web?

La calidad del sitio web es un gran problema cuando se trata de la competencia. Un sitio web feo y de bajo funcionamiento que dificulta la compra de artículos puede ser fácilmente derrotado por alguien con un sitio web elegante y de alto funcionamiento. Los usuarios buscan buenas experiencias y pueden desanimarse rápidamente por algo tan simple como el diseño visual. La velocidad que tarda en cargar un sitio web, la marca visual y la navegación conforman la calidad de un sitio web especializado. Si encuentra que los competidores tienen sitios web feos, de mal funcionamiento o de carga lenta, esto puede indicar un área en la que puede ingresar. Dado que básicamente está vendiendo los mismos productos, cosas como la experiencia del usuario tienen una prima más alta para los clientes.

¿Qué Dicen los Clientes?

Las revisiones de productos lo ayudarán a evaluar cómo está funcionando su competencia. Si observa críticas medianas o incluso una gran cantidad de comentarios negativos, tiene el potencial de adelantarse a estos competidores. Identifique cuáles son estas quejas y luego descubra cómo puede resolverlas. Si todo va bien, deberías poder usar ese mayor nivel de calidad para subir de nivel en las clasificaciones.

¿Qué Incentivos están Ofreciendo?

Los incentivos son una parte importante de la creación de una relación de ventas con nuevos clientes. Es muy difícil el convencer a un cliente de que haga clic en el botón de compra, especialmente si está trabajando con esta marca por primera vez. Para ayudar al cliente a comprar, la mayoría de las buenas compañías de ventas crearán incentivos. Ya se trate de descuentos para nuevos usuarios, envío gratis o muestras gratis, la mayoría de las empresas confían en los incentivos para crear ese primer paso fundamental. Intente identificar qué incentivos, si los hay, ofrecen estos competidores. Los incentivos extremadamente atractivos pueden terminar siendo demasiado costosos para que usted compita, si ese es el caso, es posible que desee considerar el moverse hacia un nicho diferente. Por el contrario, los incentivos débiles o inexistentes indican que si te mudas a ese territorio, podrías potencialmente convertir más clientes que tu competidor.

¿Qué Precios están Cobrando?

Aquí es donde está el grande. El precio proviene de una combinación de demanda y competencia. Una empresa intentará obtener la mayor cantidad de ganancias posible, sin embargo, la competencia a menudo empuja los precios a la baja. Dos empresas deben igualar los precios de la otra si compiten por el mismo cliente y ofrecen el mismo producto. Esto reduce el precio al margen de beneficio más bajo posible.

Los altos márgenes pueden indicar una baja cantidad de competencia en el mercado. Si sabe que una botella de agua se vende al por mayor por $1.00 y ve que un competidor la está vendiendo por $ 7.00, eso puede indicar que el mercado no está en esos momentos terriblemente competitivo en esa área. O incluso podría mostrar que esta tienda tiene una participación de mercado significativa. Si ese es el caso, cambiarse y estar con precios competitivos ayudará a desviar las ventas de su competidor y llevarlas directamente a usted.

Por el contrario, podrá decir que si los precios son extremadamente cercanos al valor mayorista, es mejor que no se moleste en ingresar a ese campo. Ya ha estado demasiado saturado y lucharás para encontrar una voz en el mercado.

¿Cuál es el Costo Publicitario de este Producto?

Si bien esto no está directamente relacionado con los sitios web de la competencia, es una pregunta importante. La publicidad pagada es una necesidad en el mundo del marketing en línea. Una forma de analizar el nivel de competencia en un campo es ver cuánto costará la publicidad de un nicho de mercado con anuncios de pago por clic a través de Google o Facebook. Los altos costos de licitación indican que hay un flujo constante de anunciantes que intentan superarse mutuamente por la atención de su mercado objetivo. Los bajos costos de licitación significan que no hay una gran cantidad de demanda, lo que indica que podría entrar en ese mercado con niveles más bajos de competencia.

Encuentre un Nicho donde Pueda Agregar Valor al Producto

Una última reflexión para encontrar un nicho es recordar que el objetivo de todas las ventas es el resolver un problema. Alguien, en algún lugar tiene un problema y necesita que se resuelva ese determinado problema. Sus productos son la solución a ese problema y, como tal, un cliente estará motivado para realizar la compra. Una de las cosas más importantes a tener en cuenta al buscar un nicho es que desea poder encontrar alguna forma de agregarle valor al producto. Ya sea que ese valor sea algo intangible, como un servicio al cliente de calidad o más concreto, como una mayor calidad, querrá encontrar alguna forma de agregar valor al producto. A veces, todo lo que se necesita es la voluntad de escuchar a los clientes potenciales y encontrar las necesidades que tienen en relación con el producto.

Por ejemplo, al observar las reseñas de productos, descubre que la mayoría de los clientes desean una mayor variedad de colores. Simplemente el encontrar un proveedor que pueda proporcionar ese nivel de variedad puede ser todo lo que se necesita para aumentar las ventas y diferenciarse de otros competidores. Esto requiere creatividad y la voluntad de buscar formas de hacer que sus clientes estén más felices con su producto. Cuanto más separe sus productos de otras compañías de dropshipping, más relaciones podrá construir con los clientes. ¡Cuanto más fuerte sea la relación, mejores serán las posibilidades de marketing boca a boca y la repetición de pedidos!

Al final de todo, una de las tareas más difíciles en dropshipping es encontrar el producto adecuado para vender. La investigación de mercado es difícil y, a pesar de todos sus esfuerzos, existe la posibilidad de que simplemente no haya elegido el producto correcto. La buena noticia aquí es que, incluso si no puede encontrar un buen nicho las primeras veces, su inversión fue mínima y no tendrá que preocuparse por un gran almacén lleno de suministros comprados.

Así que sea paciente con usted mismo, pase todo el tiempo que necesite en el paso de investigación y no tenga miedo de volver a la mesa de dibujo si las cosas no funcionan como quería. Si sigues así, eventualmente encontrarás un nicho gratificante que atraerá las ventas que estás buscando. Solo te tomará algo de tiempo y dedicación.

Capítulo 8: Búsqueda de Proveedores y Fabricantes

Cómo Encontrar Proveedores

Una vez que la larga tarea de investigación de mercado haya finalizado, deberá de buscar proveedores que puedan cumplir con los pedidos que va a realizar. Encontrar un buen proveedor no es fácil y requiere mucha búsqueda exhaustiva antes de puede encontrar los que sean adecuados para usted.

Como se mencionó anteriormente, hay dos tipos principales de proveedores, mayoristas y fabricantes. Encontrar un fabricante que esté dispuesto a trabajar con usted de manera directa será raro y no se recomienda para aquellos que recién comienzan. La razón de esto es que los fabricantes a menudo buscan pedidos grandes y simplemente no podrá cumplir con los requisitos mínimos de pedido cuando se encuentre en las fases iniciales. En cambio, le sugerimos que se concentre en buscar un mayorista que esté equipado y sea capaz de cumplir con los pedidos que realice con ellos.

¿Cómo Encuentras un Mayorista?

La forma más probada y verdadera de encontrar un mayorista es comenzar con el fabricante. Una vez que haya identificado el producto que desea vender, busque fabricantes que creen dicho producto. Desde allí, comuníquese con el fabricante y descubra a quién distribuyen sus productos. Al seguir estas pistas, podrá identificar a los mayoristas que compran estos productos y los almacenan. Entonces, se trata simplemente de contactar a esos mayoristas directamente y llegar a un acuerdo con ellos.

Otro método sería el recurrir utilizar búsquedas en Internet para encontrarlos. Pero debe tener mucho cuidado al tomar esta ruta, ya que en Internet hay muchos sitios web que en realidad no son mayoristas, sino más bien estafadores que buscan aprovechar a los nuevos dropshippers. Cubriremos cómo detectar mayoristas falsos a continuación.

O, si desea utilizar un sitio web directo que se centre en hacer coincidir negocios con proveedores, puede considerar usar Alibaba. Alibaba ayuda a conectar dropshippers con proveedores en lugares como China por ejemplo. Por supuesto, existen riesgos al trabajar con algunos de los proveedores, ya que su calidad y estándares pueden ser más bajos. Esto no quiere decir que no haya buenos proveedores en Alibaba, pero debe tener cuidado al buscar proveedores con ellos.

<u>Cómo Detectar Mayoristas Falsos</u>

Desafortunadamente, como cualquier esfuerzo, hay escollos a tener en cuenta. Uno de estos escollos para encontrar un buen proveedor es que hay compañías que fingen ser mayoristas, cuando en realidad son realmente dropshippers disfrazados. Le ofrecen tarifas de productos que realmente ya están marcadas y luego cumplen sus pedidos a través de su propio mayorista, tomando la mayor parte de las ganancias. Usted y el cliente no notarán la diferencia, ya que simplemente envían sus pedidos de compra a sus mayoristas.

Esta puede ser una situación frustrante, ya que reducirá significativamente sus márgenes. Afortunadamente, hay muchas maneras de detectar estas situaciones. La primera forma es la prevención simple. Al seguir la lista de distribución de un fabricante, no correrá el riesgo de encontrar un dropshipper disfrazado de proveedor.

Otro método para notar que usted está trabajando con un mayorista falso es si está ansioso por cobrarle tarifas. Al cobrar una "tarifa de usuario" o "cargos de servicio" mensuales, en realidad solo buscan agregar más dinero a sus resultados. Los mayoristas no ganan dinero cobrando tarifas de servicio dropshipper, sino que ganan dinero vendiendo sus productos. Tenga cuidado con los mayoristas que buscan llenarse los bolsillos con su dinero por adelantado. La mayoría de las veces no son legítimos.

Otra señal de estafa es si el mayorista también está vendiendo directamente sus productos a los consumidores. Los mayoristas no tratan con los consumidores, ese es el trabajo del minorista. Si se encuentra en un sitio mayorista que vende y envía productos directamente a los consumidores, sin pedidos mínimos, es probable que solo esté en el sitio web de un dropshipper.

Otros tipos de estafas que puede intentar un mayorista serían cobrarle por adelantado el costo del producto y luego no enviar el producto cuando realiza el pedido. Esto lleva a una terrible experiencia de servicio al cliente, así como a una solicitud de reembolso, que sale de su bolsillo. Muchas veces, estos falsos mayoristas simplemente desaparecerán o se negarán a responderle. Por eso es importante tener una idea de la ubicación física del mayorista. Si puede obtener buena información de contacto, mantener algunas conversaciones telefónicas con la persona o confirmar que existen y que en realidad son quienes dicen ser, estará bien. Pero si encuentra que ponerse en contacto con alguien de la organización es difícil o que solo existe a través del correo electrónico, hay muchas posibilidades de que estos solo sean un estafador.

Deberá tener precaución y mantenerse muy atento cuando busque mayoristas en línea. No te apresures a nada precipitadamente, en cambio, tómate tu tiempo y realiza tú mismo la investigación. Si siente que algo puede estar mal, o las tarifas que se cobran son simplemente demasiado altas, posiblemente podría estar lidiando con un estafador. Tómate tu tiempo y haz todas las diligencias que debas hacer.

Contactando al Proveedor

Una vez que haya identificado a los proveedores con los que desea trabajar, deberá contactarlos y convencerlos de que trabajen con usted. Una de las grandes ventajas de la popularidad del dropshipping es el hecho de que la mayoría de los proveedores entienden cómo funciona y están de acuerdo en trabajar con nuevos clientes, ya que esto amplía su capacidad para realizar ventas. Sin embargo, solo porque los llames y les digas que eres un dropshipper no significa que confiarán automáticamente en ti.

Deberá verificar que es un negocio legítimo y esto a menudo implica mostrarles que está incorporado, que tiene un plan de negocios, etc. Estos son pasos sencillos y también que los ayudarán a saber que no es solo una persona aleatoria tratando de obtener productos más baratos omitiendo los minoristas.

Los mayoristas a menudo tienen departamentos de ventas que se encargan de ayudar a los clientes potenciales a establecer cuentas con ellos, por lo que es muy probable que llegue y trabaje con ellos. Asegúrese de ir al punto, no haga demasiadas preguntas y señale que la razón por la que se contacta con ellos es que está listo para actuar y trabajar con ellos. Un mayorista no está interesado en ayudar a un emprendedor a comenzar su nuevo negocio, está interesado en realizar ventas.

Puede haber algunas negociaciones o convencimiento requerido, especialmente si el mayorista no tiene una cantidad regular de dropshippers con los que trabaja. Si este es el caso, sea lo más paciente posible y no haga grandes demandas. En su lugar, trabaje para mostrarles cómo su modelo de negocio los ayudará a ganar dinero y ser directo sobre sus objetivos.

Una cosa a tener en cuenta es que cuando comienza a trabajar con un mayorista, incluso en la fase preliminar, está comenzando una nueva relación de negocios. La relación al principio será inestable y no probada. No agregue estrés innecesario al tratar de negociar descuentos u obtener algún tipo de trato para usted. La mayoría de los mayoristas no buscan simplemente reducir sus tarifas con alguien con quien no han tratado. Una vez que tenga un historial y demuestre que no solo proporciona ventas sino que también es confiable, la historia será diferente. Pero al principio, tienes poco más que tus palabras, ¡así que asegúrate de usarlas sabiamente!

Otra cosa a tener en cuenta es el hecho de que los correos electrónicos no son tan efectivos como las llamadas telefónicas cuando se trata de las primeras impresiones. Un correo electrónico se puede descartar rápidamente, pero una conversación telefónica, aunque sea corta, puede causar una buena impresión en la persona a cargo de las cuentas de dropshipping. Al crear esa conexión humana, aumentará sus posibilidades de obtener una cuenta con el proveedor y, lo que es más importante, establecerá una buena relación desde el primer día.

Pagando a su Proveedor

Al proveedor se le paga cada vez que realiza un pedido con ellos, cargando su tarjeta de crédito en el archivo. Esto significa que necesitará tener una tarjeta de negocios que tenga un saldo suficiente para poder pagar los pedidos a medida que ingresen. Otra opción es simplemente recibir una factura del proveedor, pagándoles los pedidos que haya recibido realizado dentro de "X" cantidad de días, en función de los términos que haya establecido con el proveedor. El único problema aquí es que si usted recién está comenzando y no tiene credibilidad, la mayoría de los proveedores querrán ver el dinero por adelantado. No hay ninguna razón por la que deberían otorgar lo que básicamente equivale a un préstamo a alguien con quien no tienen una relación sólida, por lo que es probable que deba esperar hasta que confíen en usted lo suficiente como para otorgarle privilegios de factura.

Señales de un Buen Proveedor

No querrás conformarte con el primer proveedor que hayas encontrado. Al igual que todos los mercados, también hay competencia en el mundo de los proveedores, y querrá elegir los competidores que le ofrezcan el mejor valor. Con eso en mente, veamos algunas señales de un buen proveedor.

Comprensión clara de Dropshipping

Con el crecimiento del dropshipping como industria, querrás trabajar con proveedores que tengan una idea clara de quién eres. Esto lo ayudará enormemente a la hora de hacer que acepten trabajar con usted, ya que ellos no se sorprenderán con el modelo que está describiendo. Además de eso, si entienden y trabajan con dropshippers regularmente, lo más probable es que estén preparados para enfrentarse y acepar trabajar con nuevos dropshippers. Esto se traduce en un mayor nivel de soporte cuando se trata de preguntas de su parte.

<u>Envío y Manejo de Calidad</u>

Deberá asegurarse de que estos proveedores sean competentes en la parte más importante de su función: envío y manipulación. Puede probar esto haciendo algunos pedidos por su cuenta, para ver no solo la calidad de los productos, sino también la velocidad de su envío y si son precisos. No desea terminar trabajando con un proveedor que frecuentemente envía el producto equivocado, ni quiere tratar con uno que se demore cuando se trata de enviar el producto a tiempo.

<u>Accesibilidad</u>

Un buen proveedor está bien equipado para ser accesible mediante el uso de tecnología moderna. Por ejemplo, querrá un proveedor que reciba los pedidos por correo electrónico, en lugar de solo los pedidos manuales enviados por teléfono. Será más fácil trabajar con aquellos que usan la automatización y el seguimiento de datos, especialmente una vez que comience a escalar con su negocio.

Directorios de Proveedores

La última opción que tiene en su búsqueda de un proveedor es usar lo que se conoce como directorio de proveedores. Un directorio contiene un gran catálogo de diferentes proveedores, proporcionándole la información de contacto y resúmenes para que pueda ponerse en contacto con ellos. La desventaja de usar un directorio es que a menudo tiene usted que pagar una tarifa para usar su servicio. Sin embargo, estos directorios pueden ser extremadamente valiosos, especialmente si tiene dificultades para encontrar proveedores a través de los fabricantes.

Es importante que se asegure de haber investigado correctamente el directorio antes de comprar sus servicios. Lo último que desea es terminar comprando una lista de directorio que tiene información inútil u obsoleta. Hacer una búsqueda rápida en línea sobre el directorio debería proporcionarle casi todo lo que necesita saber sobre su confiabilidad.

Aquí hay una lista de algunos directorios de proveedores confiables que hemos compilado:

1. Oberlo
2. Worldwide Brands
3. Alibaba
4. SaleHoo
5. Wholesale Central

Finalmente, después de encontrar un proveedor que esté dispuesto a trabajar con usted, estará listo para comenzar con su empresa de dropshipping. Por supuesto, cuando recién comienza, puede ser un poco abrumador o intimidante levantar el teléfono e intentar convencer a los proveedores para que trabajen con usted. La buena noticia es que con cada llamada telefónica que realice, mejorará cada vez más, hasta que estas discusiones sean de manera más sencilla. ¡En lo único en lo que debe concentrarse es en mantenerlo hasta que tenga todos los proveedores que necesita para su negocio!

Capítulo 9: Manejo de Inventario y Proveedores Múltiples

La gestión del inventario es una pieza importante del rompecabezas del dropshipping. Deberá vigilar de cerca cuánto inventario tiene disponible. La escasez puede amenazar con interrumpir su negocio, y lo último que desea es tomar un pedido grande y no tener la capacidad de cumplirlo adecuadamente.

Mejores Prácticas para la Gestión de Inventario

Lo primero que querrá hacer una vez que haya establecido una relación de dropshipping con un proveedor es obtener acceso a los datos del producto. Estos datos serán necesarios para que pueda realizar un seguimiento de cosas como los UPC, la cantidad de inventario y el precio actual de esos productos. Un buen proveedor tendrá una manera de recibir actualizaciones frecuentes de estos datos, ya sea enviando correos electrónicos diarios automáticos o incluso a través de actualizaciones en línea cada hora. Necesitará estos datos para controlar cómo van las cosas en el inventario final de las cosas.

Afortunadamente, hay muchos servicios en línea que le ofrecerán software un de monitoreo de inventario. Este software por lo general puede tomar cualquier tipo de datos proporcionados por el proveedor y extrapolar todos los detalles importantes y pertinentes para que los vea de un vistazo. Además de eso, puede recibir alertas, sincronizar en diferentes plataformas y recibir información actualizada sobre qué productos se han enviado. Querrá encontrar el tipo de software adecuado para usar, según el tipo de plataforma que esté utilizando. Shopify, por ejemplo, tiene aplicaciones de gestión de inventario que le proporcionarán la información fundamental, a cambio de una tarifa.

Sincronizar datos de inventario con su proveedor es fundamental. Si su inventario actual en línea no refleja lo que tiene su proveedor, significa que los clientes pueden pedir más de lo que usted puede suministrar.

No se resista a la idea de pagar por los servicios de gestión de inventario, ya que estos son simplemente otro costo de hacer negocios. Si bien es posible que analice manualmente su inventario utilizando los datos proporcionados por su proveedor, esto a menudo lleva bastante tiempo. La automatización siempre vale la pena a largo plazo, porque te libera para pasar más tiempo en las cosas importantes.

Cómo Gestionar Múltiples Proveedores

Trabajar con un proveedor es bastante complicado, pero trabajar con múltiples proveedores puede ser un poco abrumador si no tiene un sistema diseñado de manera adecuada. Idealmente, querrá intentar encontrar un único proveedor que pueda suministrar todos los productos que desea vender. Esto es muy beneficioso porque le permite agrupar productos y enviarlos a la misma casa.

Por ejemplo, si un cliente compra una botella de agua y un termo de acero en su tienda, si ambos son vendidos por el mismo proveedor, ambos productos se empaquetarán y enviarán juntos, ahorrando dinero en el envío. Sin embargo, si la botella de agua es propiedad del proveedor A y el termo es del proveedor B, las cosas se vuelven mucho más complicadas.

La primera opción sería el enviar por separado. Esto significa que envía órdenes de compra a ambos proveedores. Pero antes de que pueda hacer eso, usted necesita tener alguna forma de identificar qué producto es propiedad de qué proveedor. Normalmente esto se hace con una SKU, o unidad de mantenimiento de existencias, un código de identificación que le permitirá saber qué compañía posee cuál. Tendrá que ingresar sus propios SKU para cada producto en su inventario, para que pueda saber rápidamente qué productos son propiedad de qué compañía.

Por ejemplo, si vende botellas de agua del Proveedor A y termos del Proveedor B, deberá distinguir el propietario de cada producto utilizando un código SKU único. El proveedor A simplemente podría etiquetarse como ASKU y el proveedor B sería BSKU. Esto significa que cuando ve

BSKU150, sabe que el producto es propiedad del proveedor B, solo por mirar el número de SKU.

Un buen sistema de gestión de inventario ayudará a distinguir entre múltiples proveedores. Sin tomarse el tiempo para asegurarse de que cada producto que venda tenga un número de SKU único para el proveedor, corre el riesgo de enviar accidentalmente pedidos al proveedor incorrecto. No sabrán la diferencia y enviarán el producto como lo harían con cualquier otro pedido, enviando al cliente los suministros incorrectos.

Cómo Lidiar con Pedidos Agotados

Los pedidos agotados pueden ser un verdadero problema si no tiene cuidado. La mejor manera de lidiar con un pedido agotado es simplemente evitarlo. Para evitar quedarse sin existencias, querrá encontrar un proveedor de respaldo que ofrezca el mismo producto que ofrece su proveedor actual. De esa manera, si su proveedor principal se queda sin existencias y tiene algunos pedidos ingresados, aún podrá cumplir enviando esos pedidos a su respaldo. Esto ayudará a evitar una crisis y de esa manera mantendrá las cosas funcionando sin problemas.

El estricto monitoreo y control de los datos de su inventario también ayudará a evitar que se produzcan pedidos cuando no tenga existencias. Ser capaz de identificar cuándo el inventario de un producto se está agotando o está vacío le permitirá actualizar rápidamente la página de la tienda, evitando que los clientes hagan clic en el botón Comprar. Por supuesto, si está impidiendo que los clientes realicen compras, está perdiendo dinero, por lo que esto debe de evitarse si es posible.

Sin embargo, puede haber momentos en que ocurra lo peor de lo peor. Por alguna razón, su proveedor tiene agotados los productos y veinte clientes ya han pagado para que el artículo sea enviado a sus hogares. ¿Qué hay que hacer en estas situaciones? Tienes pocas opciones.

Muévete Rápido

Si se encuentra de repente con un pedido de un producto el cual no tiene, es posible que intente pasar rápidamente a otro proveedor. Esto requerirá que te muevas lo más rápido posible, y puede ser una posibilidad remota, pero puedes tener suerte. Siempre asegúrese de tener una lista de proveedores que ofrecen productos idénticos o similares para que pueda obtenerlos lo más rápido posible.

Contacta al Cliente

Si queda claro que no puede completar el pedido dentro de la ventana de tiempo que tiene para el envío, deberá ponerse en contacto con el cliente y proporcionarle opciones. En general, contactarlos por teléfono sería más personal que el correo electrónico, y si debe enviarlos por correo electrónico, no envíe un correo electrónico de aspecto genérico. Esto solo causará más daño. En su lugar, querrá intentar ser honesto y personal, informarles sobre el error que se cometió y luego ver qué puede hacer para corregirlo. Intenta ofrecer un producto similar o dales a ellos un descuento en algo un poco más caro que su pedido actual. Esto es realmente un desafío de servicio al cliente. Si está dispuesto a mostrarles que está en verdad arrepentido y que quiere hacer las cosas bien para ellos, lo llegaran a ver como algo más que una compañía sin rostro.

¿Algunas personas se enojarán? Ciertamente, pero aquellos que no están enojados contigo pueden terminar agradecidos por tu honestidad y disposición a ayudarlos. La escasez ocurre a veces y no es el fin del mundo ello. Lo más importante en estas situaciones es que los clientes se sientan escuchados y atendidos. Mientras usted sea capaz de lograr eso, es posible que pueda retener sus negocios.

Prepárate para Reembolsar

Lo más probable es que necesite reembolsar a sus clientes en estas situaciones. Debe estar preparado para eso. No le haga pasar un mal momento a su cliente, ni trate de cegar el problema con promesas sin sentido como "se enviará pronto, lo prometo". En cambio, simplemente tome el golpe y siga adelante. Deberá de centrarse más en crear un sistema de gestión de inventario más rápido para evitar esta escasez nuevamente.

La gestión del inventario es un asunto serio. Las herramientas de automatización son y serán su mejor amigo en este campo, ya que lo ayudarán a vigilar de cerca los precios y la escasez, evitando desastres en el servicio al cliente y ayudándole en el proceso de envío. No permita que su deseo de querer aferrarse a unos pocos dólares al mes le impida usar algunas de las herramientas más poderosas que existen. Ahorrará mucho más dinero a largo plazo al usarlos.

Capítulo 10: Manejo de Seguridad y Cuestiones de Fraude

Internet puede ser un lugar muy desagradable a veces. Hay ladrones, piratas informáticos y estafadores que buscan formas de ganar dinero con la debilidad de los demás. Como empresa, deberá de asegurarse de que su sitio web sea seguro, así como también contar con métodos para controlar el fraude y los piratas informáticos que intentan robar datos de los clientes. Lo último que desea es permitir que estos ladrones le causen daños tanto a usted como a sus clientes.

Cómo Lidiar con Pedidos Fraudulentos

Miss Agatha Maple le compra $ 300 en productos un día y eso es motivo de celebración. Pero antes de reventar la campaña, te das cuenta de que se ha iniciado un contracargo. Cuando contacta a la compañía de la tarjeta de crédito, descubre que el número de la tarjeta de crédito de Agatha había sido robado y que los productos fueron pedidos de manera fraudulenta. Ahora, ha perdido los productos y aún tendrá que pagarle a su proveedor por lo que ha comprado.

Esto es más común de lo que tú piensas. Los ladrones de identidad a menudo intentan comprar productos usando números de tarjeta de crédito tan rápido como pueden. Su objetivo es evitar que las compañías de tarjetas de crédito detengan la transacción. Mientras puedan conseguir que envíes los productos, ellos han ganado. Para evitar que esto suceda, deberá seguir unos simples pasos para filtrar los fraudes.

El primer paso es asegurarse de tener sistemas de verificación adecuados. Cosas como solicitar la confirmación del código de seguridad desde el reverso de las tarjetas de crédito pueden ayudar a reducir la cantidad de transacciones fraudulentas. El software de verificación y los programas de seguridad también pueden ser de ayuda. Algunos incluso le brindarán protección financiera en casos de fraude.

Una vez que tenga un sistema de verificación, deberá de estar aislado. Sin embargo, todavía es importante reconocer los signos de fraude potencial, en caso de que alguien logre pasar por alto las grietas.

1. **Dirección de envío diferente de la facturación.**

Los estafadores utilizarán la dirección de facturación del número de tarjeta de crédito que han robado, pero redirigirán los productos para enviarlos a una dirección diferente. En algunos casos, pueden terminar llamando o enviándole a usted un correo electrónico, pidiendo que se cambie la dirección de envío original y se dirija a otro lugar. Estos no siempre son ladrones, pero debería levantar una bandera roja para ti.

2. **Grandes Pedidos y Envío Urgente**

Un pedido costoso combinado con envío urgente puede indicar la posibilidad de fraude. Recuerde, el estafador está tratando de obtener los productos lo más rápido que se puedan para evitar que el banco o la compañía de tarjetas de crédito bloqueen la tarjeta. Si nota un pedido inusualmente alto combinado con el envío más rápido posible, esto es para usted un motivo de preocupación.

3. Pedidos Internacionales

Si bien no todos los pedidos internacionales son señales de fraude o estafas, si observa que la dirección de facturación no coincide con el país de destino, existe una gran posibilidad de fraude.

Manejo de Casos Sospechosos de Fraude

Si sospecha que un pedido puede ser realizado de manera fraudulenta, debe comunicarse con el cliente lo antes posible. Llama a los clientes o envíales un correo electrónico y comienza un proceso de verificación para ver si realmente son quienes dicen ellos ser. No tengas miedo de hacer tu debida diligencia. La mayoría de los clientes comprenden la prevención del fraude, así que no se preocupe por ofenderlos. Es mejor ahorrarse el problema y el dinero al consultar con el cliente que perder todo el dinero por tener miedo a ofender a alguien.

Asegúrese que los Números de Tarjeta de Crédito de sus Clientes Estén Seguros

El robo de datos está creciendo para ser más común en línea. Las grandes empresas como Equifax han aprendido por las malas que si no protegen sus datos, pueden terminar lidiando con graves consecuencias. Afortunadamente, proteger la información de sus clientes no es un problema muy difícil de resolver.

En primer lugar, querrá asegurarse de que su sitio web esté protegido. Si está ejecutando una plataforma como Shopify, no necesita preocuparse por la seguridad, ya que eso se produce automáticamente. Sin embargo, si está ejecutando su propio sitio web desde un CMS, deberá asegurarse de que tenga un certificado SSL y que haya instalado las medidas de seguridad adecuadas para evitar que se produzca una violación de datos.

La mayoría de los servicios de procesamiento de tarjetas de crédito están protegidos de manera predeterminada (y por ley) para que no tenga que preocuparse por las infracciones, siempre y cuando trabaje con un servicio de procesamiento confiable que tenga garantías de seguridad. Siempre investigue y asegúrese de estar trabajando con procesadores aprobados.

La prevención es realmente la mejor manera de garantizar que no sea víctima de compras fraudulentas. Nada puede ser peor que perder dinero y un producto por un ladrón que usa la tarjeta de crédito de otra persona. Sin embargo, al contar con un sistema de prevención sólido y garantizar que haya algún nivel de verificación antes de enviar un producto, puede dificultar que un ladrón se aproveche de usted. Recuerde, los ladrones y delincuentes a menudo buscan el camino de menor resistencia. Un solo intento de verificación puede terminar sacándolos de sus intenciones y dejando solo su sitio web. Preste atención y asegúrese de que siempre que vea pedidos extraños o fuera de lugar, verifique la compra con el cliente.

Capítulo 11: Evitar los Contracargos

Si bien el fraude puede ser una de las principales causas de una devolución de cargo, no es la única razón. A veces, un cliente puede estar bastante descontento con su negocio y, como resultado, intentará iniciar un contracargo con su compañía de tarjeta de crédito. Un contracargo es muy desafortunado porque no solo tiene que pagar lo que le cobró al cliente, sino que también le cobran una tarifa de la compañía o el banco de la tarjeta de crédito.

No hace falta decir que los contracargos no son buenos para su negocio de ninguna manera. Si desea evitar contracargos, deberá comprender los usos legítimos de tal cosa y lo que llevaría a un cliente a tomar tal decisión.

<u>Contracargos Legítimos:</u>

Un contracargo es una forma legal de recuperar el dinero de un comerciante que ha actuado de manera deshonesta. Fue creado como un método de defensa de los bancos, capaz de proteger a los consumidores de ser aprovechados por los dueños de negocios turbios. La capacidad de contactar a su banco o compañía de tarjeta de crédito y emitir un contracargo en cualquier momento hace que la mayoría de los comerciantes sean honestos. Existen algunas razones legítimas por las que un cliente puede iniciar un contracargo:

1. Compras Fraudulentas

Ya hemos cubierto esto, pero los contracargos son una forma de protección contra el fraude, destinadas a garantizar que la información de la tarjeta de crédito del cliente esté segura en manos de un comerciante. Si un comerciante usa ese número de tarjeta para cobrar más, el cliente puede iniciar un contracargo.

2. Mala Compra

Una compra incorrecta puede definirse como cualquier momento en que un cliente adquiere un producto y se da cuenta de que fue engañado con el de alguna manera. Quizás el producto es de mala calidad, baja calidad y no funciona. Tal vez el producto llegue en ruinas o tal vez ni siquiera llegue en absoluto. De cualquier manera, una mala compra le da al cliente un derecho legítimo de iniciar una devolución de cargo. Si les mintió, se aprovechó o de alguna manera los engañó, podría estar pendiente de una devolución de cargo.

Contracargos Ilegítimos

Si bien los dos tipos de contracargos anteriores se llegan a consideran legítimos, también hay una gran cantidad de razones ilegítimas para los contracargos. Las razones pueden incluir: intentar conservar tanto el producto como el dinero que pagaron, al darse cuenta de que no querían el producto pero lo usaron de todos modos y no pueden obtener un reembolso, el envío tardó demasiado, no les gustó tanto el producto como pensaban, etc.

Los contracargos ilegítimas suceden y existen vías para que pueda disputar un contracargo con un banco o compañía de tarjeta de crédito, pero al hacerlo, está desperdiciando una gran cantidad de su valioso tiempo. Los contracargos pueden impugnarse con éxito, pero necesitará de tener la documentación adecuada para hacerlo.

<u>Prevención de Contracargos</u>

Tener un contracargo aparece en tu puerta es doloroso. Resultará en una pérdida financiera y, si no tiene cuidado, incluso podría terminar suspendido de los servicios de un banco o una compañía de tarjetas de crédito. ¡Esto podría hacer que te pongas en la lista negra! La mejor manera de evitar un contracargo es trabajar para crear una base sólida de servicio al cliente que resuelva activamente los problemas del cliente.

Si un cliente no está satisfecho con un producto, necesitará una vía para que desahoguen esa frustración. Su primera parada debería el ser abrir un canal de comunicación con usted. Es primordial que tengas vías para que puedan contactarte rápida y fácilmente.

Una garantía de devolución de dinero o una promesa de satisfacción a menudo es lo suficientemente buena como para mantener el diálogo con el cliente. Esto puede abrir la discusión y ayudarlo a resolver el problema de su cliente. A veces sus quejas son bastante legítimas, tal vez algo salió mal en el proceso de envío, o tal vez la calidad del producto fue baja. Si ese es el caso, puede trabajar para hacer las cosas bien, lo que evitará que inicien un contracargo. Tener que emitir un reembolso es mucho más ideal que pagar tanto el contracargo como las tarifas asociadas con ellos.

Si el problema del cliente no parece legítimo o justifica una pausa al considerar un reembolso, querrá asegurarse de documentar adecuadamente sus quejas, para que pueda consultarlas más adelante si terminan iniciando un contracargo. Aun así, debe preguntar si emitir un reembolso o encontrar alguna otra forma de hacerlos felices resultaría en más ventas de ellos. Un buen servicio al cliente a veces significa morder la lengua para que el cliente se vaya contento. Es realmente una cuestión de discreción de tu parte.

La mejor manera de evitar contracargos es comunicarse de manera clara sobre su producto y trabajar para asegurarse de que no realice ningún reclamo falso. No le dé a sus clientes municiones potenciales que puedan usar contra usted. Asegúrese de que la calidad de su producto esté a la par con lo que prometió y vigile cualquier posible retraso en el envío, asegurándose de mantener una línea clara de comunicación con el cliente.

Capítulo 12: Manejo de Devoluciones de Productos y Problemas de Envío

Hay momentos en que un cliente decide que desea devolver el producto a cambio de un reembolso. Quizás recibieron el producto incorrecto o la calidad no era la que esperaban. En estos casos, deberá comprender cómo funciona el proceso de devolución.

El Proceso de Devolución

En última instancia, una devolución significa que se le enviará un producto a usted o al proveedor a cambio de un reembolso. Sin embargo, es muy probable que un proveedor tenga sus propios términos y condiciones sobre cómo manejan las devoluciones, incluida su política de reembolso. Algunos no reembolsarán más allá de cierto período de tiempo, como treinta días, y otros no aceptarán devoluciones fuera de parámetros específicos, como productos dañados.

Es importante que conozca las políticas de devolución de su proveedor y que sus propias políticas de devolución son similares, de modo que ustedes dos estén trabajando en el mismo reloj. No desea tener una política de devolución de 15 días cuando su proveedor solo tiene una política de 7 días, porque si el cliente intenta regresar el día 10, tendrá que pagar el costo.

No es irrazonable esperar que un proveedor reembolse el costo del producto, pero puede requerir algo de convencimiento. Si tiene una buena relación con el proveedor, esto no debería ser un problema, pero si está trabajando con un proveedor que es estricto o tiene aversión, es posible que esto sea un poco más difícil. De todos modos, si la devolución se debió a un error por parte de los proveedores, se debe esperar que paguen por ella.

Sin embargo, independientemente de si el proveedor está dispuesto a pagar la devolución o no, el cliente no sabrá la diferencia. A sus ojos, solo están tratando con una entidad: su empresa. Esto significa que al final del día, la responsabilidad de la devolución y el reembolso recaen sobre sus hombros. No puede simplemente decirle a un cliente que no puede aceptar la devolución de un producto defectuoso debido a su proveedor, esto sería frustrante y podría perder un cliente. En cambio, tendrá que trabajar para corregirlo sin importar qué, incluso si se trata de recibir un golpe. Por supuesto, si eso termina sucediendo, lo más probable es que desee repensar su relación con el proveedor.

El proceso de devolución es bastante simple. El cliente se pondrá en contacto con usted para solicitarle una devolución y usted verificará que efectivamente pueda devolver el producto. Luego, se comunicará con el proveedor para obtener lo que se conoce como un número de autorización de devolución de comerciante, que es lo que el cliente pondrá en el paquete cuando lo devuelva. Luego envían el paquete al proveedor, el proveedor le reembolsa el dinero y luego le reembolsa al cliente.

Puede haber costos asociados con una devolución. Algunos proveedores cobran tarifas de reposición como un medio para mantener los retornos al mínimo. A veces, puede evitar pagar una tarifa de reposición, especialmente si el producto era defectuoso o incorrecto, pero la mayoría de las veces solo tendrá que pagar el costo.

Otra tarifa asociada con las devoluciones es el costo de envío del producto. A la mayoría de los clientes no les gustará la idea de tener que gastar su propio dinero para obtener un reembolso, y dado que el error fue suyo o del proveedor, realmente no debería ser su responsabilidad. Comer el costo de envío enviándoles una etiqueta para imprimir no es solo amable, también es un excelente servicio al cliente. Con suerte, esto debería más que rectificar la situación y calmar sus frustraciones.

¿Cuándo Ocurre un Devolución?

Se produce una devolución cada vez que el cliente ha encontrado un motivo suficiente para devolver el producto. O obtuvieron el producto equivocado, la calidad era mala o algún otro problema los llevó a devolverle el producto. Si este es el caso, es posible que desee considerar enviarles su propia dirección para devolver el producto, de modo que pueda examinar qué está mal. Esto podría darle una pista sobre cómo evitar que esto ocurra más en el futuro.

Manejo de Problemas de Envío

Los problemas de envío pueden surgir de vez en cuando, pero no hay razón para preocuparse. El mundo del envío está en un estado constante de cambio, por lo que a menudo se enfrentará a estos problemas. Aquí hay algunos problemas diferentes que puede enfrentar con el envío y formas de resolverlos.

1. Envío Retrasado

El pedido se realizó, el cliente fue cargado, pero por alguna razón hubo un retraso en el envío. Una situación de envío retrasado puede ser frustrante para un cliente, especialmente si ha pagado el envío acelerado o espera ver su producto dentro del plazo previsto.

La mejor manera de manejar el envío retrasado es trabajar para descubrir qué está ralentizando las cosas y luego asegurarse de que el producto se envíe. Si no recibe la confirmación de su proveedor después de haber enviado un pedido, es probable que algo haya pasado por alto. Sea proactivo y regístrese para asegurarse de que las cosas se mueven sin problemas.

Si por alguna razón inevitable el envío se ha retrasado, la mejor opción sería contactar al cliente lo antes posible e informarle sobre el retraso. El cliente no estará encantado, pero la información es clave para reducir la ansiedad con un cliente. Alguien que usa su empresa por primera vez puede ponerse nervioso después de unos días sin confirmación, por lo que querrá mantenerlo informado lo más posible.

2. **El Cliente Nunca Recibió su Paquete.**

Esto puede ser un verdadero dolor, porque requiere un poco de trabajo de detective. Determinar por qué un cliente no recibió su paquete significa que necesitará pasar tiempo revisando la cadena de distribución. ¿El cliente envió accidentalmente la dirección incorrecta? ¿De alguna manera cometió un error o el proveedor envió el paquete al cliente equivocado? Hay muchas razones por las cuales un paquete nunca llegó a su destino previsto. En algunos casos, el propio cartero podría ser el culpable.

Una vez que detecte quién tiene la culpa, deberá tomar medidas para resolver el problema. La mayoría de las veces, esto simplemente implica enviar un nuevo paquete al cliente y cobrarle al responsable del problema. Si un cliente envió la dirección incorrecta, tiene la culpa y no tiene derecho a ningún tipo de reembolso. Si fue el proveedor o el cartero, se espera que paguen por la pérdida. Si fuera tuyo, bueno, deberías trabajar para automatizar el proceso de envío para que no tengas que preocuparte por estos problemas.

3. **Errores de Envío Repetidos**

A veces puede encontrar que sus clientes están soportando repetidos errores de envío. O bien, los productos tardan demasiado en llegar, la cantidad de productos se ha estropeado o se han producido otros problemas de envío. Si estos incidentes son pocos y distantes entre sí, puede atribuirlo a ser nada más que un simple accidente y que suceden de vez en cuando. Sin embargo, si se da cuenta de que estos errores de envío se han vuelto demasiado comunes, podría ser el momento de repensar su relación con su proveedor.

Un proveedor es un socio comercial y debería hacer su vida más fácil, no más difícil. Si sufre constantes problemas de envío, en última instancia, afectará su resultado final al dañar su reputación y su relación con los clientes. Si no puede obtener una experiencia de cliente de calidad de su proveedor y no van a tomar medidas para corregir errores constantes, debe buscar un nuevo proveedor. Simplemente no necesitas el dolor de cabeza de tratar de soportar su descuido.

Envíos Internacionales

Dropshipping un proveedor nacional significa que está dispuesto a realizar envíos nacionales, pero no todos los proveedores están interesados en realizar envíos internacionales. Existen desafíos y problemas que son exclusivos de realizar envíos internacionales, así como el aumento de los costos que pueden dañar sus resultados.

Si desea realizar envíos internacionales, deberá asegurarse de que el proveedor con el que está trabajando tenga la capacidad de hacerlo. De lo contrario, es posible que desee considerar la posibilidad de encontrar un proveedor que permita el envío internacional o que se encuentre en otro país, donde a ellos solo se enviaría a nivel nacional.

El envío internacional puede ser costoso, pero si un cliente está dispuesto a pagar esos costos, entonces no hay razón para no ofrecer esa opción. Sin embargo, algunos clientes pueden oponerse a la idea de pagar significativamente más debido al precio del envío y, como tal, se les puede disuadir de usar sus servicios. Si ese es el caso, podría ser mejor solo ofrecer envíos a los países en los que puede proporcionar los costos más bajos. Puede utilizar el software para ayudar a calcular los costos de envío internacional y determinar qué métodos de envío le proporcionarán las tarifas más bajas.

El envío requiere cuidado y monitoreo constante si desea asegurarse de que sus clientes terminen contentos. Parte del proceso de dropshipping es resolver las complejidades de los problemas de envío y trabajar para mantenerse a la vanguardia del juego. Siempre que esté dispuesto a vigilar de cerca el estado de sus productos y trabajar para resolver los problemas de devolución lo más rápido posible, las empresas deben seguir avanzando sin problemas.

Capítulo 13: Errores Comunes de Dropshipping

Por ahora, hemos cubierto todos los puntos básicos para establecer un negocio de dropshipping. Elegir un nicho, encontrar un proveedor y crear una tienda para vender productos son todas partes necesarias del rompecabezas. Estos tres elementos son bastante fáciles de aprender, pero requieren mucho tiempo y energía para dominarlos adecuadamente. Pero en lo que respecta a la preparación, una vez que tenga una comprensión lo suficientemente sólida de estos elementos, ¡debería poder comenzar!

Aprenderás más simplemente haciendo. Cuanto más trabaje en la construcción y el desarrollo de su negocio de dropshipping, más comprenderá los conceptos que se presentan. Y aunque está obligado a cometer errores al crear su primera empresa de dropshipping, debe tener en cuenta que algunos errores son más costosos que otros. Nunca quiere cometer un error a propósito y debe estar dispuesto a aprender no solo de sus propios pasos en falso, sino también de los errores de los demás. En este capítulo repasaremos las dificultades comunes de dropshipping para tener cuidado.

Falta de Preparación

Puede estar ansioso por comenzar con el dropshipping, que es algo bueno. Pero no quiere dejar que esa emoción lo empuje a pasar por alto detalles importantes de su negocio. Olvidar establecer un sólido sistema de gestión de inventario o no buscar un proveedor de respaldo significa que no está preparado para el futuro. Si bien es posible evitar un desastre a corto plazo a través de la suerte, descubrirá que con el tiempo su suerte se acabará. Debe estar preparado para lidiar con todo tipo de desastres en la industria del dropshpping. A lo largo de este libro, hemos hablado mucho sobre los posibles problemas que se le presentarán. Anticípelos y cree planes de contingencia para manejarlos. No hay premios por quedar atrapado sin preparación en este negocio.

Depender Demasiado de un Proveedor

Los proveedores son extremadamente vitales para su éxito como dropshipper. Sin ellos, no podrá vender sus productos en línea. Sin embargo, esta realización puede crear una relación poco saludable con el proveedor. El temor de que pueda terminar perdiendo sus negocios y, por lo tanto, tener que aceptar sus malas prácticas comerciales puede ser paralizante. Algunos dropshippers terminan confiando y centrándose únicamente en un solo proveedor para terminar lidiando con demasiadas frustraciones.

Un proveedor no es más que un medio para un fin. Claro, desea tener una buena relación comercial con ellos, pero al final del día, está trabajando con profesionales con el fin de ganar dinero. Pueden y deben reemplazarse si sus acciones o políticas están afectando negativamente sus resultados. Debe estar dispuesto a buscar nuevos proveedores, especialmente a medida que crece su negocio. Recuerde, un proveedor quiere que sus productos se vendan porque así es como ganan dinero. Si viene con un historial probado, la mayoría estarán encantados de trabajar con usted. Algunos incluso pueden darle mejores ofertas que con quién está trabajando actualmente.

Simplemente no caiga en la trampa de pensar que necesita un solo proveedor para tener éxito. Crea una dependencia poco saludable y puede evitar que logre sus objetivos en el futuro.

<u>Descuidar la Marca</u>

Algunos dropshippers cometen el error de descuidar la creación de una marca fuerte para su empresa. Piensan que, dado que sus productos no son realmente suyos, no tienen motivos para invertir en la creación de una marca visual. Después de todo, no puede simplemente colocar su logotipo en los productos que vende, ¿verdad? Si bien eso puede ser cierto, eso no significa que las personas que visitan su sitio estén buscando productos genéricos. Más bien, están buscando un sitio web bien diseñado que se ajuste a la identidad del producto que están buscando. Si vende productos deportivos, deseará formar la identidad de marca de su empresa en torno a ideas que atraigan al aficionado a los deportes. Elija colores brillantes en el diseño, use modelos deportivos para sus productos e incluso tenga un diseño gráfico que coincida con el tema y la sensación de un equipo deportivo, sin violar ningún derecho de autor, por supuesto.

La marca es una abreviatura en marketing. Tiene la intención de evocar cierto tipo de emoción y asociación. El objetivo es lograr que los clientes que ven su marca asocien rápidamente esos sentimientos y emociones con sus productos. Una buena marca te ayudará mucho cuando se trata de marketing. Pero si deja su sitio web en blanco, con solo un puñado de productos para comprar y tal vez un banner, no evocará ningún tipo de respuesta emocional, ¡excepto el aburrimiento! No puede descuidar la marca solo porque no está directamente involucrado en la creación de estos productos.

Servicio al Cliente Lento

Cuando recién comienza, su relación con los clientes es extremadamente nueva y frágil. Si bien el propietario de un negocio puede manejar muchas cosas en el mundo del dropshipping, las comunicaciones del cliente se encuentran entre las más importantes. Responder preguntas y responder correos electrónicos con prontitud es necesario si va a ganarse la confianza del cliente. Puede ser fácil olvidarse de enviar un correo electrónico, especialmente si tiene muchas cosas en juego, así que asegúrese de priorizar cada vez que reciba un correo electrónico de un cliente. ¡No hay nada peor que ignorar el correo electrónico de un cliente durante cinco o seis días, especialmente si su respuesta hubiera ayudado a motivarlo a hacer clic en el botón comprar!

Querer ver Resultados de Inmediato

Si bien el mundo moderno se inclina hacia la gratificación instantánea, debe saber que iniciar un negocio lleva tiempo. No verás la fruta por bastante tiempo. Aquellos que quieran ver resultados de inmediato pueden comenzar a entrar en pánico a medida que pasan las semanas o los meses sin obtener ganancias. Esto puede conducir al desánimo o simplemente a rendirse. La verdad es que no ganará dinero al instante, de hecho, puede terminar simplemente perdiendo dinero las primeras veces que pruebe esto. Esta noticia no pretende desanimarte, sino brindarte una visión realista de lo que estás enfrentando.

Crear un negocio es como plantar un árbol. Hay muchas cosas que comienzan al principio, como encontrar el suelo adecuado, averiguar cuándo plantar el árbol, etc., pero al final del día, lo único que ayudará a que un negocio o un árbol crezca es el tiempo. Deberá cuidar y cuidar su negocio, y la única forma de hacerlo es ser paciente con el resultado final. Finalmente, el dinero comenzará a llegar, solo lleva tiempo.

Tomando Atajos Éticos

A veces hay oportunidades en el mundo de los negocios en línea para eludir la ética para ganar un dólar. Los reclamos falsos, las mentiras directas o los estafadores de los clientes pueden ser tentadores cuando se considera cuánto dinero hay para ganar. Tomar estos atajos puede hacer que gane dinero a corto plazo, pero causarán graves daños a su empresa e incluso a su reputación personal. Lo último que necesita es terminar en la lista negra de un comerciante serio como PayPal, solo porque tuvo un lapso momentáneo de ética.

Gastar Dinero en Reclamos Audaces

Hay algunas personas que hacen todo tipo de promesas. "Si compra mi producto o curso" pueden decir, "¡aprenderá todo lo que necesita para ganar un millón en su primer año!" Si bien es muy posible ganar un millón de dólares en línea, las posibilidades de lograr ese objetivo en El primer año con dropshipping es increíblemente delgado. Pero hay muchos vendedores ambulantes que están interesados en venderle productos, servicios y cursos que no hacen más que hacer que su billetera sea más liviana.

No mires a las personas que exhiben una mentalidad rápida para hacerse rico. Estas personas hacen su dinero, pero no lo hacen vendiendo cursos y libros. Más bien, busque profesionales probados que sean honestos sobre el riesgo y las dificultades de ganar dinero a través del dropshipping. La educación es necesaria, pero debes prestar mucha atención a las personas que están tratando de educarte. Si están ofreciendo ideas como "dinero fácil" o "hacer una fortuna mientras duermes", es mejor ignorarlos y buscar reclamos más moderados.

Esto no quiere decir que todos los cursos y libros son una pérdida de dinero. Hay personas por ahí que han trabajado duro, triunfaron en su campo y en el proceso aprendieron los entresijos del negocio. Estas personas tienen derecho a venderle su información y experiencias por dinero, pero solo asegúrese de que tengan resultados reales y verificables a las afirmaciones que están haciendo.

La Pereza

El mayor escollo cuando se trata no solo de la industria del dropshipping, sino de cualquier esfuerzo comercial es la pereza. A menudo, nos encontramos presionando mucho al principio, pero disminuyendo la velocidad a medida que pasan los meses. Por lo general, esto se debe a que la emoción de hacer algo nuevo e interesante comienza a desvanecerse. En cambio, nos encontramos luchando por mantener nuestras cargas de trabajo y, lo que es peor, incluso podríamos comenzar a relajarnos.

Los comienzos siempre están marcados por la emoción. Hay mucha energía y pasiones nuevas que nos empujan a hacer mucho trabajo, pero no podemos quedarnos en esa fase de luna de miel para siempre. Con el tiempo, esas pasiones disminuyen y algunas personas creen que la pérdida de fiebre es algo malo. A decir verdad, es de esperar que pierda esa pasión. Muchas prácticas comerciales son bastante mundanas, y sentarse frente a su computadora, examinar las grandes cantidades de datos, descubrir qué tendencias son o no puede ser bastante aburrido.

Este es generalmente el punto donde la mayoría de las personas casuales comenzarán a escabullirse. Sin esa emoción y energía, hay pocas razones para seguir adelante. Aquellos que no renuncian pueden terminar perdiendo su enfoque y pueden comenzar a hacer lo mínimo, simplemente manteniendo su negocio en lugar de trabajar para expandirlo. Este tipo de pereza es el producto de perder todo el punto de ejecutar una operación de dropshipping. El objetivo de cualquier negocio en línea no es obtener placer de él las 24 horas, los 7 días de la semana. El punto no es sentirse emocionado o feliz por lo que está haciendo. El punto es ganar dinero y mucho.

De acuerdo, la emoción y la felicidad pueden ir y venir mientras trabajas. Puede encontrar satisfacción en el trabajo, pero al final del día, está administrando un negocio porque quiere riqueza y las libertades que conlleva. Puede que no sea una experiencia gratificante en este momento, pero a medida que desarrolle su negocio, sabrá que vale la pena. No dejes que la pereza arruine tus posibilidades en las grandes ligas. El fuego se apagará en algún momento, pero la disciplina y el trabajo duro lo compensarán con creces. Y pronto, encontrará que algo más fuerte y mejor reemplaza ese fuego: la satisfacción de ver qué éxito ha logrado.

Capítulo 14: Hacer Crecer su Negocio de Dropshipping

Una vez que haya creado su empresa de dropshipping, querrá comenzar a centrarse en desarrollar una estrategia de crecimiento. Pero antes de que pueda desarrollar esa estrategia, debe comprender cuáles son las métricas que utilizamos para determinar cómo se ve el crecimiento para una compañía de dropshipping.

Métricas

Las métricas son las que nos permiten medir la efectividad de nuestra empresa. Como dropshipper, hay varias métricas clave a las que debes prestar atención, estas son:

1. Adquisición de Clientes

La adquisición de clientes es la cantidad de nuevos clientes que realizan compras por primera vez. Deberá comprender no solo cómo adquirir clientes, sino también cuánto cuesta en términos de publicidad obtener un nuevo cliente. Este costo se conoce como el costo de adquisición del cliente, o CAC para abreviar.

2. Retención de Clientes

Una vez que haya adquirido nuevos clientes, querrá medir cuántos de estos clientes regresan y hacen más compras. La retención de clientes a menudo puede ser descuidada por aquellos que están comenzando con el comercio electrónico. Por el contrario, siguen la gran idea deslumbrante de conseguir nuevos clientes, sin darse cuenta de que 10 clientes que compran 10 veces es lo mismo que obtener 100 compradores por primera vez. Un buen dropshipper es capaz de crear una relación con los clientes que aumenta su número de retención y asegura un flujo constante de ventas.

3. Tráfico del Sitio Web

El tráfico a su sitio web lo ayudará a tener una idea de cuántas personas se encuentran con su marca. Si bien el tráfico puede ser valioso, es importante no fijarse en él como una medida de éxito. Un millón de visitas a la página no equivale a un millón de ventas. Es mucho mejor descubrir formas de generar tráfico de alta calidad que comprará su producto en lugar de intentar que la mayor cantidad de personas lo visiten como sea posible.

4. Medidas de Conversión

Una conversión es cuando un cliente se convierte en un comportamiento que usted desea. En el caso de dropshipping, una conversión significa una venta. Las tasas de conversión se calculan por la cantidad de personas que interactúan con sus anuncios o páginas de ventas y luego realizan una compra. Como puede suponer, queremos que nuestras tasas de conversión sean lo más altas posible.

Hay muchas otras métricas a las que prestar atención a medida que crece su negocio, pero las cuatro anteriores son las más integrales para comenzar a construir una estrategia de crecimiento. Aquí hay siete estrategias poderosas que puede usar para hacer crecer su negocio.

1: Usa SEO

La optimización de motores de búsqueda o SEO es la práctica de hacer que su sitio web sea fácil de encontrar a través de búsquedas web. Como comentamos cuando hablamos de nichos, los clientes descubren sitios web escribiendo palabras clave en los motores de búsqueda. Al usar esas palabras clave en las descripciones de sus productos y en todo su sitio, puede ayudar a aumentar su clasificación en el motor de búsqueda. Entonces, si habla orgánicamente sobre botellas de agua en su sitio web y alguien escribe botellas de agua en Google, aparecerá en algún lugar de la clasificación.

El SEO ayudará a crear tráfico orgánico para su empresa. No tiene que gastar dinero en publicidad dirigida, sino que debe centrarse en identificar las palabras clave adecuadas que buscan las personas de su nicho. Una vez que haya identificado esas palabras clave, puede esparcirlas por todo su sitio web y colocarlas en las descripciones de los productos de forma orgánica. Luego, a medida que las personas visiten su sitio web, la clasificación aumentará y pronto, puede terminar siendo uno de los mejores resultados.

El SEO es una práctica comercial seria y no se equivoque, debe hacerlo correctamente si desea que su negocio obtenga tráfico gratis. Los detalles de la práctica, sin embargo, están fuera del alcance de este libro. Lo mencionamos como el número uno en la lista porque es muy importante que aprenda cómo funciona. Pasa tu tiempo aprendiendo cómo hacer SEO correctamente, ¡no te arrepentirás!

2: Crea Atractivas Ofertas por Primera Vez

Querrá atraer a sus clientes para que compren sus productos. Sin embargo, existe una barrera considerable entre usted y los posibles compradores, y esa barrera es la confianza. Al comprar en línea, hay muchas cosas que pueden salir mal. Los clientes tienden a ser cautelosos y exigentes. Para que salgan de su zona de confort, los productos deben ser lo suficientemente interesantes como para que tomen la decisión de comprarlo.

Para ayudar a crear la motivación necesaria para realizar la primera compra, debe trabajar para crear algún tipo de oferta atractiva por primera vez. Ya sea que se trate de un código de cupón, envío gratis o un artículo que se incluye con el producto, debe usar un lenguaje que los entusiasme y les interese. Ayúdelos a ver que están obteniendo una gran oferta, solo por hacer la primera compra. Esto a menudo generará más conversiones.

3: Escribir una Buena Copia

Los productos necesitan descripciones. Si bien puede sentir la tentación de escribir una descripción rápida y sin esfuerzo de cada producto, debe darse cuenta de que los clientes no solo miran esas palabras. Los revisan, los estudian en busca de significado y luego toman decisiones sobre los productos. Los elementos visuales son importantes, pero una buena copia es una necesidad si desea convencer a las personas para que compren sus productos.

Escribir una buena copia no es terriblemente difícil de hacer. Simplemente dé una descripción detallada del producto, ensalce sus virtudes e intente mostrar cómo el producto resolverá las necesidades del cliente. No todos los productos necesitan varios párrafos para transmitir la idea, pero debe dedicar tiempo a personalizar lo que dice sobre cada producto. Esto no solo hará que sus productos se vean más atractivos, sino que también lo ayudará a diferenciarse de la competencia.

Si le preocupa no ser un escritor experto, puede considerar contratar a alguien para que le escriba la copia. Si tomas ese camino, asegúrate de que la persona que contrates sea experta en SEO y en escritura. Al combinar esas dos prácticas, aumentará en gran medida su eficiencia de marketing.

4: Use Marketing Pago

El tráfico orgánico es maravilloso, pero solo no puede llegar muy lejos. Si desea aumentar el crecimiento de su empresa, entonces necesitará comercializar. La única forma de comercializar eficazmente a su público objetivo es utilizar sistemas de marketing específicos, como Google

Adwords o Facebook Ads. Puede rechazar la idea y, en cambio, tratar de hacer crecer su empresa con métodos gratuitos, como las redes sociales para hablar sobre sus productos, pero el hecho es que tiene que gastar dinero para ganar dinero.

La buena noticia es que, independientemente de su presupuesto, puede comercializar. Facebook solo requiere un mínimo de $ 5 para comenzar, y ofrece un marketing altamente dirigido, lo que significa que colocará anuncios para sus productos frente a las caras de los clientes potenciales. Esto tiene la mayor posibilidad de atraer clientes pagos y, a medida que gana dinero, puede invertir más en su presupuesto publicitario, lo que a su vez atrae a más consumidores.

No tengas miedo de gastar dinero en marketing pagado. Traerá una mayor calidad del tráfico del sitio web y puede aumentar sus posibilidades no solo de adquisición de clientes, sino también de retención de clientes. Gracias a los sistemas de reorientación, a menudo puede rastrear quién ha visitado su sitio y, como tal, colocar anuncios delante de ellos para recordarles que su producto existe.

El marketing pagado es extremadamente poderoso y los datos que puede extrapolar de estos esfuerzos lo ayudarán enormemente a hacer crecer su negocio y refinar sus argumentos de venta. Tómese un tiempo para estudiar cómo utilizar el marketing pago de manera efectiva y luego reserve un presupuesto mensual únicamente para publicidad. Con el tiempo, verá crecer sus esfuerzos.

5: Recopile Correos Electrónicos de Clientes

Una de las mejores maneras de retener a los clientes es tener un método para recopilar los correos electrónicos de los clientes al final del proceso de compra. Por lo general, esto es simple como tener una casilla de verificación que les pregunta si les gustaría recibir ofertas y códigos de descuento por correo electrónico. Una vez que haya recopilado un correo electrónico, puede enviarles boletines y ofertas con la frecuencia que desee. Esta herramienta de marketing gratuita es perfecta, ya que ya tiene un historial con el cliente. Ya compraron su producto una vez, siempre que hayan disfrutado de la experiencia y usted trate su correo electrónico con respeto, puede aumentar las posibilidades de que le compren una y otra vez.

<u>6: Construye un Sistema de Calificación</u>

Un sistema de calificación es una de las formas más valiosas para hacer crecer su negocio. Cuando los clientes recorren su sitio web, buscando productos, también buscarán comentarios. Múltiples revisiones de cinco estrellas indicarán que no solo el producto es valioso, sino que usted, la compañía, es confiable. Agregar un sistema de calificación a sus productos no es difícil, de hecho, algunas plataformas ya pueden tener un sistema de revisión automática.

Mientras tenga buenos productos y brinde una buena experiencia al cliente, no tendrá que preocuparse por las calificaciones negativas. Sin embargo, el hecho de que un cliente esté satisfecho no significa que se conecte automáticamente y califique su producto. De hecho, la mayoría de los clientes no se molestarán en calificar un producto, incluso si lo aman. Esto puede ser un poco frustrante, ya que usted, el minorista, depende de buenas calificaciones.

Por lo tanto, uno de sus desafíos, al realizar ventas, es encontrar una manera efectiva de motivar a sus clientes a revisar sus productos. Los clientes que tienen malas experiencias no necesitan mucha motivación, el rencor, la frustración y la ira tienden a moverlos para hacer clic en el botón de una estrella. Pero un cliente que tiene una buena experiencia está menos enfocado en mostrarlo al mundo.

Por lo tanto, es fundamental que recuerde a su base de clientes que las calificaciones son extremadamente importantes para su negocio. Al enviar correos electrónicos solicitando revisiones, o incluso incluir boletas en su paquete que solicita que un cliente revise el producto, aumenta sus posibilidades de obtener una buena revisión. Algunos clientes ni siquiera piensan en la idea de una revisión, por lo que al recordarles, puede motivarlos a que lo ayuden.

Si bien las revisiones son importantes, nunca debe comprometer su integridad para obtenerlas. Ofrecer cosas como incentivos, productos gratuitos o incluso pagar a las personas para que revisen sus productos no es ético. Las personas deberían dar reseñas de la alegría que recibieron de su producto, no porque colgaran una zanahoria frente a sus caras. El peor de los casos es que los clientes a los que no les gusta la oferta pueden terminar publicando una reseña propia, informando a todos los demás de sus intentos. Esto puede torpedear cualquier buena crítica que tenga en el resto de su sitio, ya que la mayoría de la gente asumirá que compró todas las reseñas en el sitio web.

7: Usa las Redes Sociales

Las redes sociales son extremadamente importantes para sus esfuerzos comerciales. Si bien el marketing pago es la mejor manera de adquirir nuevos clientes, el marketing en redes sociales le permite mantener relaciones con su base de seguidores. Le permitirá tener conversaciones con los clientes, responder preguntas e incluso compartir fotos de personas que disfrutan de su producto. Querrás tener un fuerte centro de redes sociales, utilizando plataformas como Facebook o Instagram, para que las personas a las que les gusta tu producto puedan seguirte.

Las redes sociales proporcionan algo más que una simple presencia, también te dan la capacidad de ver cuáles son las pasiones e intereses de tus seguidores. Al comprometerse e interactuar con ellos, puede tener una idea de quién es su cliente. En el proceso, esto puede ayudarlo a afinar su inventario y darle nuevas ideas de productos para vender.

Por supuesto, debe tener cuidado al utilizar las redes sociales. Sí, querrás hacer crecer tu negocio y tu marca, pero tampoco quieres arriesgarte a dedicar demasiado tiempo a promocionarte. Deje eso a la publicidad pagada. Si las personas solo te ven hablando de tus propios productos y de ti mismo, terminarán llegando a la conclusión de que a tu marca no le importan los demás y que eres un poco tonto. Sin embargo, si te interesa lo que dicen otras personas, compartes el diálogo y aportas valor a los demás, podrás fomentar una conexión más profunda con los seguidores. A su vez, esto genera confianza y las pocas veces que mencionas tus productos, tus seguidores tendrán una mejor oportunidad de escuchar lo que tienes que decir.

Capítulo 15: Consejos y Trucos para el Éxito

Este capítulo es una colección de diferentes consejos y trucos que muchos dropshippers exitosos han utilizado en su búsqueda para ganar dinero en línea. Con suerte, estas ideas lo harán pensar en las diferentes formas en que puede mejorar su negocio a medida que avanza.

<u>Encuentra Productos que te Encanten</u>

La pasión es difícil de contener. Si descubres que estás luchando por preocuparte por ciertos nichos, entonces quizás quieras considerar buscar áreas que te apasionen personalmente. Cuanto más ames y te preocupes por un producto, más motivado estarás para venderlo a otros. No solo eso, sino que también tendrá una idea clara de cómo comercializar el producto correctamente, ya que tendrá conocimiento interno sobre los productos.

No Persigas las Tendencias

Hay una gran diferencia entre encontrar lo que está comenzando a moverse hacia arriba en una tendencia y qué tendencias ya han alcanzado su punto máximo. El mejor lugar para estar con una tendencia es al principio, ya que comienza a ascender rápidamente. Sin embargo, muchos dropshippers terminan haciendo lo contrario. Ven un campo que ya ha alcanzado su punto máximo y saltan, con la esperanza de ganar dinero con alguna nueva tendencia. Esto a menudo termina en un desastre, ya que el mercado ya se ha saturado de empresarios que tenían la misma idea y, en última instancia, la burbuja explota.

El mejor momento para ser parte de una moda es antes de que las personas se den cuenta de que es una moda. Intentar moverse rápidamente a un nuevo espacio es arriesgado y puede ser una pérdida de tiempo y recursos. El verdadero truco es aprender a determinar si una tendencia ya alcanzó su punto máximo o no. En general, trate de prestar atención a lo que dicen el mercado y los creadores de contenido. El momento en que alguien puede identificar el próximo "grande" es el momento en que la burbuja comenzará a hincharse. Recuerde, las personas que ganaron más dinero durante la fiebre del oro fueron las personas que vendían palas, no los buscadores de oro.

Automatiza Todo lo que Puedas

Si bien es valioso aprender a hacer dropshipping manualmente, la verdad es que la automatización es la mejor manera de aumentar el tamaño y la estructura de su negocio. Más automatización significa que puede escalar más rápido, sin enredarse en un montón de trabajo. La automatización también significa que habrá menos errores del operador. No desea interponerse en su propio negocio, así que busque tantas opciones de automatización como sea posible a medida que crea su sitio web de dropshipping. Sí, habrá costos por usar estos servicios, pero estos costos valen la pena, especialmente a medida que comience a escalar.

Una vez que esté ganando dinero decente, es posible que desee considerar contratar a un asistente virtual para llenar los vacíos en las tareas que requieren inteligencia humana. Al contratar a un asistente virtual que esté familiarizado con el dropshipping, puede ahorrar horas de tareas importantes, como investigación de mercado o servicio al cliente. La mejor parte es que un asistente virtual no necesita trabajar en casa, sino que puede ubicarse en cualquier parte del mundo. Siempre y cuando estén familiarizados con el proceso comercial, pueden ayudarlo con las tareas que una máquina simplemente no puede hacer.

Otra forma de automatización es la creación de chatbots para su sitio web. Un chatbot es una inteligencia artificial que es capaz de comunicarse con clientes potenciales, responder preguntas y cuando reciben una pregunta demasiado difícil, simplemente puede remitir al cliente a usted. Los chatbots ayudan a reducir las preguntas comunes de servicio al cliente. Preguntar sobre la disponibilidad, las tarifas de envío u otros tipos de información por correo electrónico puede llevar demasiado tiempo y, francamente, puede automatizarse. El hecho de que un cliente pueda obtener información de inmediato también mejora enormemente su experiencia.

Ejecute más Sitios de Dropshipping

Una vez que comience a crecer, puede ver que existe la posibilidad de aumentar sus ingresos de dropshipping vendiendo otros tipos de productos. Sin embargo, dado que está ejecutando un sitio especializado, puede darse cuenta de que ciertos productos no encajan con su marca. En lugar de intentar diluir su marca al incluir productos que simplemente no pertenecen, debe crear un nuevo sitio web y una nueva marca.

Como ya tiene proveedores y un sitio de dropshpping bastante exitoso, replicar ese éxito no debería ser difícil. El único riesgo real que está tomando es el nuevo nicho al que se dirige. Pero, si ese nicho tiene éxito, ¡esencialmente ha duplicado su potencial de ganancias!

Sin embargo, ejecutar múltiples sitios de dropshipping no es fácil y no debe hacerse hasta que sienta que tiene un control firme en su primer sitio. Una vez que haya ganado suficiente dinero y se sienta cómodo con lo que está haciendo, debe escalar. Pero si aún tiene dificultades para obtener ganancias, no intente aumentar su estrés abriendo una segunda operación. Sin embargo, dicho esto...

No tengas Miedo de Matar tu Nicho

Si eligió un nicho que simplemente no está funcionando bien, podría verse tentado a esperar y ver si las cosas mejoran. Si bien hay algo que decir sobre la paciencia, también hay algo que decir sobre aprender cuándo soltar las cartas. Algunos nichos simplemente no despegan o no tienen suficientes clientes para justificar todo el esfuerzo del dropshipping. Si ese es el caso, sería mejor simplemente renovar su sitio web y centrarse en otro nicho.

La naturaleza especulativa de encontrar nichos significa que esto podría suceder algunas veces. No te desanimes. Encontrar esa área especial con poca competencia y una gran cantidad de clientes es increíblemente difícil de hacer, pero una vez que finalmente lo obtenga, tendrá un flujo de ingresos establecido durante mucho tiempo. Lo que no puede arriesgar es quedarse atascado en un nicho que simplemente no funciona.

Entonces, ¿cuánto tiempo debe esperar para ver un beneficio de sus esfuerzos? Depende, pero en general, si todos sus esfuerzos de marketing apenas devuelven algo y ha pasado unos buenos seis meses trabajando para desarrollar el negocio tanto como sea posible, es hora de dejarlo y seguir adelante.

Un peligro que puede estar presente al tomar estas decisiones se conoce como la Falacia del costo hundido. Es algo parecido a esto. "Ya he invertido seis meses, si me doy por vencido ahora, habré perdido todo ese tiempo y dinero. Por lo tanto, debo continuar para que todo valga la pena". Esto también se conoce como la lógica de Gambler, la idea de que solo porque perdiste "X" cantidad de recursos significa que marcharte es la mala decisión. La verdad es que si continúas, solo perderás más tiempo y dinero, al igual que si un jugador sigue perdiendo dinero, pero permanece en la mesa, seguirá perdiendo más.

Hay un momento para ser paciente con su inversión, pero debe aprender a discernir entre paciencia y aferrarse durante demasiado tiempo. No dejes que la falacia del costo hundido te controle. Lo más probable es que si un nicho no está dando resultado en seis meses, no dará resultado en el mes siete, ocho o nueve. Haga una copia de seguridad del sitio web y continúe probando otro nicho.

Vigila la Competencia

Tendrá competidores en el campo en el que está vendiendo. Es importante que los vigile. Intente identificar los cinco principales competidores en su campo y asegúrese de visitar sus sitios web de vez en cuando. Mire cómo están presentando sus productos, qué tipo de ventas están ofreciendo y cuáles son sus precios.

Lo último que desea es que un competidor lo rebaje en el precio, especialmente si no lo sabe. Al mantener un ojo en la competencia, podrá asegurarse de que sus precios sean competitivos y de que nadie esté engañando a los clientes de manera inteligente. Mejor aún, puede encontrar áreas en las que sus competidores son débiles y encontrar formas de superarlos.

Integrar Redes Sociales

La integración de las redes sociales es importante si desea crear lo que se conoce como prueba social. La prueba social es la idea de que si puedes hablar con personas reales y mostrar sus productos, otros lo verán como una forma de prueba de que los productos son buenos. Vivimos en una era de tremenda prueba social, con miles y miles mirando recomendaciones en sus muros de Instagram y en Twitter.

Si desea generar más ventas a través del marketing boca a boca, debe crear formas de integrar las redes sociales en su sitio web. Ya sea que se trate de un simple botón para compartir o de que el cliente pueda decirles a otros que acaban de comprar un producto X, debe tener accesibilidad para que las personas puedan compartir rápidamente sus experiencias con los demás. Incluso se puede mostrar un solo recurso compartido a cientos de personas, lo que puede aumentar las posibilidades de que alguien haga clic en su sitio web y compre algunos productos.

Presta Atención a las Temporadas

Las compras de temporada, especialmente durante las vacaciones pueden ser enormes. Independientemente del tipo de producto que venda, debe intentar averiguar si hay alguna forma de capitalizar las próximas temporadas de vacaciones. La Navidad es una de las vacaciones de consumo más importantes que existen y si puede encontrar maneras de capitalizarla con su nicho, tendrá un cuarto trimestre muy rentable.

Del mismo modo, algunos productos y nichos pueden sufrir debido a intereses de temporada. Debes asegurarte de que cualquier producto que estés enviando puede vender todo el año o que tengas otro nicho en el que te concentres durante la temporada baja.

A veces no estarás seguro de cómo funcionará un nicho durante una temporada. Si ese es el caso, asegúrese de monitorear de cerca la situación y medir qué tan bien van las cosas. Si encuentra que un nicho sufre intensamente durante una determinada temporada de vacaciones, pero le va bien durante el resto del año, debe tenerlo en cuenta para el futuro. No cometas el error de pensar que estas situaciones son anomalías. La mayoría de las compras en línea son cíclicas, así que tome nota y prepárese para lo que vendrá la próxima vez.

Presta Atención a las Noticias.

El mundo en línea está constantemente zumbando y tarareando con nuevos cambios. Entre los cambios del gobierno en la política en línea, las tendencias que entran y salen de estilo y los cambios en el funcionamiento de las redes sociales, pueden suceder muchas cosas en solo un mes. Si se mantiene al margen, ciertas políticas o tendencias podrían cambiarle, alejando el mercado de usted y dejándolo varado. No cometa el error de suponer que las cosas permanecen igual para siempre con el comercio en línea. Ese simplemente no es el caso. Debes ser como un tiburón, nadando constantemente, buscando nuevas oportunidades y nuevas amenazas. Si no presta atención a las noticias en línea sobre los nichos elegidos y el comercio electrónico en general, ¡podría perderse mucho! Así que asegúrate de nunca dejar de leer las noticias.

Aprende de Analítica

Una de las mayores ventajas de usar negocios en línea es el hecho de que los datos son fáciles de recopilar. Ya sea por la publicidad de Facebook o el tráfico del sitio web, puede sentarse y mirar el tipo de cliente que está interactuando con sus productos. Esto puede proporcionarle información valiosa sobre el grupo de edad con el que resuena su producto, de dónde provienen sus principales fuentes de tráfico y cuán efectivas han sido sus prácticas de marketing.

Si quieres ser bueno en dropshipping, tendrás que dominar el aprendizaje de cómo analizar e interpretar análisis. Acceder a estos datos es bastante fácil, al usar Google Analytics para monitorear su tráfico web, puede crear imágenes completas del tipo de persona con la que está interactuando. No solo eso, sino que también puede crear eventos específicos a través de Google Analytics, como clics en enlaces. Esto le permitirá ver cuántas personas hacen clic en enlaces específicos en su sitio web.

Esto le permite saber cómo interactúan las personas con su sitio, qué productos son más populares, cuánto tiempo permanecen en cada página, etc. El dominio de una comprensión profunda de estos análisis le permitirá modificar su sitio web sobre la marcha, eliminando páginas o productos que no están ganando seguidores. Realmente, si quieres ser excelente en dropshipping, querrás aprender a procesar e interpretar los datos que has recopilado.

Capítulo 16: Promoción de su Negocio de Dropshipping

Construir una empresa desde cero requiere una gran cantidad de promoción. Ya hemos discutido la publicidad paga y dirigida como una de las principales formas en que puede promocionar su negocio, pero esa no es la única forma.

Promover su empresa es realmente promocionar su marca. Las personas no están interesadas en las empresas, están interesadas en las marcas y las identidades que representan. Los clientes buscan marcas con las que tengan similitudes, marcas que celebren sus intereses y pasiones. Por lo tanto, si desea promocionar su empresa, primero deberá promocionar la marca.

¿Qué requiere esto? Primero, necesita una identidad de marca clara, que ya hemos discutido. La identidad de marca es una combinación de diseño visual y mensaje. ¿De qué se trata su empresa? ¿Qué problemas estás resolviendo? ¿Cuál es la pasión de tu empresa? Al responder estas preguntas, puede crear un mensaje fuerte que, con suerte, resonará con su grupo demográfico objetivo.

Una vez que haya descubierto cuál es su mensaje, entonces es su trabajo difundir ese mensaje al resto del mundo. Esto es realmente lo que es la promoción. Es compartir las soluciones a los problemas con los que lidia su nicho. Esta es una mentalidad importante para tener. Su producto los ayudará, y ese es su mensaje para ellos. No se trata de hacerte rico, se trata de proporcionar valor a los demás. Siempre y cuando cumpla con esos principios, podrá promover auténticamente su negocio.

El proceso de promoción de una empresa es lo que se conoce como un embudo de ventas. Para comprender mejor el marketing, debe comprender los pasos que sigue un cliente antes de realizar una compra.

Primer Paso: Conciencia

Antes de que un cliente pueda comprar un producto, debe conocerlo. Generar conciencia en un cliente es uno de sus primeros desafíos importantes como vendedor. Hay muchas maneras diferentes de generar conciencia, pero lo más importante para recordar es que su objetivo es ayudar al cliente a tomar conciencia de la solución a su problema.

Una vez que un cliente ha entrado en la fase de concientización, interactuará con su empresa y comenzará a explorar, o simplemente ignorará sus esfuerzos de promoción. Los que comienzan a interactuar se mueven por el embudo, hacia la fase de Interés.

Segundo Paso: Interés

La fase de interés es donde el cliente potencial comienza a interactuar con su producto. Comienzan a explorar, hacen preguntas sobre el producto y, en general, aprenden más. Por ejemplo, si alguien ve un anuncio que está ejecutando y comienza a hurgar en su sitio web, observando los pocos productos que tiene, está teniendo un interés activo en su producto. Esto les abre el potencial para hacer una compra.

Mover a un cliente de la fase de concientización a la fase de interés puede ser difícil. Hacer que alguien vea su anuncio no es tan difícil como hacer que haga clic en él. En general, querrá trabajar para crear anuncios o promociones interesantes que resalten el valor que su producto está aportando a la vida de las personas.

Una vez que el cliente haya pasado suficiente tiempo en la fase de interés, pasará automáticamente al siguiente paso en el embudo de ventas, la etapa de decisión.

Tercer Paso: Decisión

El punto de decisión ocurre cuando el cliente elige cómo quiere interactuar con su producto. Tienen tres opciones, pueden decir "sí" y comprar el producto, "no" y hacer clic fuera de su sitio o "tal vez más tarde" en el que se irán y considerarán sus opciones. Quizás pasarán más tiempo en el paso de interés, momento en el que finalmente tomarán una decisión de sí o no.

Después de que hayan evaluado cuidadosamente los hechos y los datos que usted les ha proporcionado, se comprometerán a comprar o irse. Esto es lo que es importante para que haga todo lo que esté a su alcance para asegurarse de que sus clientes tengan toda la información pertinente sobre su producto. La falta de información a menudo lleva a los clientes a decidir no realizar la compra o, lo que es peor, avanzar hacia otro competidor que tenga mejor información que usted.

Pero suponiendo que el cliente decida comprar, se pasa a la penúltima etapa, el paso de acción.

Cuarto Paso: Acción

El paso de acción es un paso positivo para el cliente. Aquí es donde comienzan a realizar la tarea de hacer la compra. Normalmente, este debería ser un proceso indoloro. Tenga en cuenta que debe trabajar para que la fase de pago sea lo más rápida y fluida posible. Si no puede crear una vía libre de obstáculos, el cliente puede terminar teniendo dudas y abandonando su carrito. Así que asegúrese de hacer todo lo que esté a su alcance para tener una fase de pago rápida y sin esfuerzo.

Una vez que el cliente ha realizado la compra, ¡ha pasado con éxito por el embudo! Estos cuatro pasos pueden parecer simples, pero debe dedicar tiempo a trabajar en cada parte. Mire cada paso del embudo y pregúntese, ¿cuál sería la mejor manera de llevar a un cliente al siguiente paso?

Su mensaje es una parte importante del embudo de ventas, ya que será una de las principales formas de captar la atención de los clientes potenciales. A continuación hay una lista de diferentes ideas y conceptos que puede usar para ayudar a mover clientes potenciales a través del embudo de ventas de una manera saludable y orgánica.

Ejecute un Concurso

Los obsequios son una excelente manera de hacer dos cosas, primero para generar una lista de correo electrónico de posibles clientes potenciales y, en segundo lugar, para que las personas conozcan su producto. La idea de lo gratuito puede ser un poderoso motivador y si un cliente potencial ve que usted está regalando un producto que le atraiga, se sentirá tentado a inscribirse en la promoción. Incluso si pierden el concurso, aún tienen conocimiento de su producto. Mejor aún, si están decepcionados por esta pérdida, ¡muy bien pueden terminar visitando su sitio más adelante y seguir comprando el producto!

Los obsequios ayudan a generar conciencia sobre el producto. Cuando eres nuevo en la escena, un buen obsequio puede marcar la diferencia en el mundo. Lo mejor de todo es que pueden ser bastante baratos de ejecutar, ya que los mayores costos en los que incurrirá es adquirir el producto, que de todos modos tiene un precio mayorista.

Hacer un concurso es muy fácil de hacer, todo lo que necesita es usar un programa, como Gleam.io, que ayudará a ejecutar el concurso automáticamente. Todo lo que necesita hacer es poner los perímetros del concurso, qué tipo de acciones deberán tomar los clientes para ingresar al concurso y luego el momento en que se ejecuta el concurso. Después de eso, solo se trata de distribuir noticias sobre este concurso, que se realiza principalmente a través de las redes sociales y campañas de correo electrónico.

Un error para evitar es regalar un producto que es demasiado atractivo. No desea que las personas fuera de su nicho participen en el concurso, o simplemente tomarán el producto gratuito y se irán. En cambio, enfóquese en regalar un producto de nicho que atraiga al cliente exacto que desea navegar en su sitio más adelante. Esto aumentará en gran medida sus posibilidades de obtener una venta.

<u>Ejecute un Blog</u>

Si desea vender productos, deberá generar tráfico en su sitio web. Una de las mejores formas de generar pasivamente ese tráfico es dar a las personas una razón para visitar, incluso si no están interesadas en realizar compras. Puede hacerlo ejecutando un blog en su sitio comercial.

Un blog que tenga información relevante y útil para su nicho objetivo generará tráfico pasivo. A medida que visiten su blog, tendrán una exposición repetida a sus productos, así como menciones ocasionales de ventas y ofertas que tenga. Si el blog es de alta calidad y ofrece buen contenido, puede terminar estableciéndose como una autoridad en su nicho. Esto mejorará en gran medida su clasificación cuando se trata de la optimización del motor de búsqueda. No solo eso, sino que también puede atraer clientes de sitios web de nicho similares para seguirte.

Es posible que no seas escritor o que no sientas que tienes suficiente tiempo para ejecutar un blog. Si ese es el caso, puede ser prudente contratar a un profesional independiente que podrá crear suficiente contenido para su sitio web a cambio de una tarifa. Por lo general, estos profesionales tienen la habilidad suficiente para crear contenido atractivo y útil para su cliente, por lo que la inversión puede valer la pena. Sin embargo, antes de gastar demasiado en contratar a un escritor, al menos debería ganar algún nivel de dinero con su sitio web. Desea utilizar el blog para facilitar el crecimiento, no como un estricto movimiento de marketing.

Patrocinio

Una excelente manera de promocionar su marca y al mismo tiempo devolverle a la comunidad de nicho es patrocinar financieramente a un creador de contenido que se encuentre en su nicho específico. Por ejemplo, podría patrocinar un podcast, pagándoles una tarifa específica y, a cambio, publicarán anuncios en su plataforma. Esta puede ser una gran manera de promocionar su marca y al mismo tiempo aprovechar un mercado ya establecido.

Los beneficios pueden ser un marketing extremadamente específico. Si bien ciertos tipos de anuncios, como Facebook o Google Adwords, tienen niveles más bajos de tasas de conversión, patrocinar un podcast puede ser significativamente mayor. Esto se debe a que los oyentes de podcast confían en el host de podcast que sintonizan semanalmente. Si el anfitrión está dispuesto a hablar o promocionar un producto, es porque realmente aprueba el producto, especialmente si es pertinente para su nicho.

Es importante tener en cuenta que el patrocinio es diferente de las revisiones pagas. Un podcast o un host de YouTube deben revelar que tienen un patrocinio y que no puede dictar cómo hablan sobre su producto, o de lo contrario comienza a desviarse hacia un territorio poco ético. Pero no hay nada de malo en patrocinar una voz popular dentro de su comunidad de nicho y recibir promoción por ello. Incluso si el creador de contenido no es amable con su producto, al menos puede obtener comentarios valiosos sobre formas de mejorar. Por supuesto, es raro que un creador de contenido muerda la mano que se alimenta. Si tiene un buen producto, entonces no tiene nada de qué preocuparse.

Crea Reseñas de Productos

Si bien pagar a un cliente para que revise un producto puede considerarse poco ético, hay formas en que puede facilitar la creación de reseñas de productos. Una de ellas sería ponerse en contacto con los creadores de contenido que revisan productos en su nicho y le ofrecen enviarles una copia de revisión de forma gratuita. Esta es una práctica común en la industria y la mayoría de los revisores de productos revelarán que recibieron una copia gratuita.

Si el creador de contenido acepta, puede enviarles el producto y esperar una crítica positiva. Si su producto está bien y el creador le gusta, tiene un efecto multiplicador. Primero, la audiencia del creador automáticamente tomará conciencia de su producto. Al ofrecer algo como un código de descuento especial a la audiencia, puede aumentar aún más sus posibilidades de conversión.

En segundo lugar, ahora tiene contenido que puede vincular directamente en su sitio web. Dado que un tercero es el que realiza la revisión, creará un mayor nivel de prueba social sobre el valor de su producto. Una persona que navega por su sitio web puede hacer clic en el video y terminar viendo la reseña completa. Esta puede ser una forma efectiva de aumentar las ventas, y el creador de contenido apreciará la oportunidad de tener más espectadores.

Otro tipo de revisión del producto es lo que se conoce como demostración. En lugar de que una parte independiente revise el valor del producto, crea una demostración en video que muestra el producto en acción. Esto puede ser invaluable para los clientes que todavía están buscando razones para convencerse de comprar su producto. Un video rápido, que muestre los entresijos del producto, con ejemplos claros de su uso puede ser de gran ayuda.

Crea Oportunidades de Afiliación

El marketing de afiliación es una de las grandes formas de ganar dinero en línea, ya que las personas trabajan arduamente para crear sitios especializados que revisan y refieren a las personas a buenos productos. Un vendedor afiliado habla sobre el producto, enseña las virtudes y proporciona lo que se conoce como un enlace afiliado. Si un cliente hace clic en el enlace de afiliado y realiza una compra, el vendedor recibe una comisión.

Esta es una de las formas más antiguas y efectivas de marketing. Pero como dropshipper, su rol no será como el vendedor afiliado, sino el editor del producto que ofrece la comisión. Al ofrecer comisiones a los vendedores afiliados, saldrán y harán todo el trabajo duro, promocionarán su producto, recomendarán personas y generarán conciencia. A cambio, les paga una parte de las ganancias.

Trabajar con vendedores afiliados puede ser una excelente manera de generar ventas para su producto sin mucho esfuerzo de su parte. El único inconveniente es que tendrá que pagar una comisión a las personas que traen a esos clientes. Aun así, como dice la vieja pregunta, ¿qué es el 100% de nada? Es mejor tener un 80% de ganancia de 100 ventas que no tener ventas.

Crear un programa de afiliación no es difícil, solo necesitas crear términos de servicio, crear enlaces de afiliación, diseñar algunos banners y salir a buscar bloggers e influencers que estén en tu nicho. Póngase en contacto con ellos y dígales y vea si están interesados en un acuerdo de afiliación. La mayoría de estas personas ya están acostumbradas al marketing de afiliación y buscan más oportunidades. Tener tasas de comisión más altas que las estándar puede hacer maravillas cuando se trata de atraer nuevos vendedores afiliados para trabajar.

Crea un imán de Prospectos

Si ha captado el interés de una persona que forma parte de su mercado objetivo, pero aún no se ha movido a la acción de compra, consideraría que esa persona es un líder. Tienen el potencial de convertirse, pero todavía no están listos. Uno de los problemas con Internet es que, dado que hay mucho por hacer, las personas a menudo pueden hacer clic fuera de su sitio web y olvidar por completo que existe. Peor aún, es posible que les haya gustado su producto, pero un correo electrónico o una imagen hilarante de un gato los distrajo lo suficiente como para olvidarlo.

Un imán de prospectos es lo que te ayudará a capturar el correo electrónico de potenciales prospectos. Luego, más adelante, podrá enviar correos electrónicos al cliente potencial, ofreciendo ofertas y descuentos. Por lo tanto, si el cliente potencial estaba en la fase de decisión o interés, puede motivarlo para que finalice y realice una compra.

Recibir un correo electrónico de un no cliente puede ser difícil, por eso creamos incentivos conocidos como imanes de prospectos. Estos incentivos están dirigidos específicamente a su nicho de cliente y se ofrecen de forma gratuita, a cambio de un correo electrónico. Por ejemplo, si está ejecutando un sitio de nicho de pesca, un potencial imán de prospectos podría ser un libro electrónico gratuito sobre las mejores técnicas para la pesca con mosca. Si esto capta el interés del cliente potencial, se registrarán y le darán acceso a su correo electrónico a cambio de este libro.

Los imanes de prospectos son formas poderosas de promocionar sus productos. Una vez que tenga el correo electrónico de un cliente potencial, puede enviarle ofertas directamente a su bandeja de entrada. Esto capta la atención directa del cliente y siempre que la oferta en su correo electrónico sea atractiva, tiene una mayor probabilidad de una conversión de ellos. Lo mejor de todo es que si el cliente simplemente olvidó realizar la compra o se retrasó debido a una serie de razones, el correo electrónico sirve como un recordatorio útil de que aún existe.

Crear un imán de prospectos no debería ser muy difícil de hacer. Debes asegurarte de evitar hacer que el imán sea demasiado atractivo o, de lo contrario, tendrás clientes potenciales de baja calidad. Si el imán es demasiado ancho, puede terminar obteniendo prospectos que nunca se convertirán. En su lugar, intente crear un imán que solo sea atractivo para su mercado objetivo y que sea fácil de hacer.

Los dos tipos más básicos de imanes de prospectos son libros electrónicos o códigos de descuento. El envío gratuito, 50 por ciento de descuento o dos por uno puede ser un motivador lo suficientemente grande como para convencer a un cliente potencial de que entregue su correo electrónico. O bien, un libro electrónico gratuito con información valiosa puede ser igual de motivador. Deberá asegurarse de que, de cualquier manera, el prospecto sea de buena calidad y haga lo que promete. Lo último que desea es que un cliente potencial se registre en su lista de correo y termine recibiendo un fracaso como recompensa. Esto puede causar frustración y desconfianza inmediata del cliente.

Existen muchos servicios que ayudan con la creación de libros electrónicos, si ese es el camino que desea tomar. No tiene que ser un escritor brillante o un diseñador gráfico, puede subcontratar eso y tener un libro corto y agradable que ayude a resolver un problema del cliente, mientras promueve su negocio.

Otra cosa a tener en cuenta es que cuando recibe el correo electrónico de un cliente, es importante tratarlo con respeto. Hacerlos spam demasiadas veces dará como resultado que se den de baja. Encontrar clientes potenciales es un trabajo difícil y costoso, no desea deshacerlo todo enviando veinte correos electrónicos a la semana.

Conclusión

El camino para convertirse en un exitoso dropshipper no es nada fácil. Se necesita para esto de mucho tiempo, energía y esfuerzo, pero si está dispuesto a recorrer por este camino, encontrará que hay grandes recompensas. La libertad de ser su propio jefe, la emoción de ver crecer sus ventas, semana a semana y el placer de obtener un cheque de pago por todos esos esfuerzos son insuperables.

A lo largo de este libro, hemos discutido las muchas formas en que puede crear, crecer y prosperar como especialista en dropshipping. El principio más importante a tener en cuenta es que no importa cuál sea el esfuerzo, no importa cuánto leas, simplemente no hay reemplazo para el ajetreo. Lo único que queda por hacer ahora es crear un plan de negocios y ponerse a trabajar. ¡Buena suerte!

Libro 3: Guía Para Generar Ingresos Pasivos Versión Marketing de Afiliados

Cree Ingresos Pasivos Con El Comercio Electrónico Usando Shopify, Amazon FBA, Marketing De Afiliación, Arbitraje Minorista, Ebay Y Redes Sociales

Por

Income Mastery

Introducción

Hay muchas maneras diferentes de ganar dinero en línea, ¡pero el marketing de afiliación es una de las formas más antiguas y probadas en el tiempo! Mediante la creación de sitios web de alta calidad que tienen buen contenido, puede referir a cientos de personas a productos y cobrar una considerable comisión por cada producto vendido. ¡Lo mejor de todo es que no tiene que tener un solo producto! En cambio, simplemente te unes a un programa de afiliados, publicas enlaces y esperas a que los visitantes de tu sitio web hagan clic en ellos, ¡obteniendo ganancias cada vez que alguien hace una compra!

El marketing de afiliación es fácil de aprender, pero difícil de dominar. Este libro lo ayudará a conocer todos los entresijos del marketing de afiliación, y le enseñará todo lo que necesita para tener éxito en este negocio en línea. Si tiene un espíritu emprendedor y desea involucrarse en un negocio en línea que tiene un potencial de ingresos casi ilimitado, ¡entonces el marketing de afiliación es para ti!

Capítulo 1: ¿Qué es el Marketing de Afiliación?

El marketing de afiliación es una de las formas más antiguas de marketing en línea, y si lo haces bien, puede ser bastante lucrativo. Entonces, ¿qué es el marketing de afiliación? En pocas palabras, es el proceso de derivar clientes potenciales a otro negocio y luego cobrar una comisión basada en el tráfico o las ventas generadas por su referencia.

El marketing tiende a ser uno de los mayores desafíos para cualquier negocio, ya sea en línea o sin conexión. Al ofrecer un programa de afiliación, una empresa confía esencialmente en el afiliado para que realice la mayor parte del trabajo de marketing, a cambio de una recompensa financiera. Es útil para ambas partes, ya que el negocio no necesita desembolsar dinero para marketing por adelantado y el vendedor afiliado puede ganar dinero con todos sus esfuerzos.

En este capítulo, exploraremos tanto la historia del marketing de afiliación como el funcionamiento del modelo de negocio.

La Historia del Marketing de Afiliación

La idea de pagar por referencias no es exclusiva de Internet. Ha existido en el mundo de los negocios durante cientos de años. Sin embargo, el concepto de marketing de afiliación en línea es casi tan antiguo como el propio Internet. Patentado por primera vez en 1989 por William J. Tobin, propietario de la empresa PC Flowers and Gifts, el marketing de afiliación permitió que los esfuerzos de comercio electrónico crecieran exponencialmente. Con PC Flowers and Gifts ofreciendo recompensas a los vendedores que recomendaron a las personas sus productos y servicios, ¡pudieron ganar más de $ 6 millones al año!

Otras empresas mirarían este modelo y encontrarían rápidamente sus propias formas de incorporarlo. Amazon creó un programa de asociados en 1996, pagando comisiones cada vez que un cliente visita un enlace de referencia comprado en su sitio web. Teniendo en cuenta el tamaño de las ofertas de Amazon, esto permite a los vendedores afiliados aumentar la diversidad de lo que anunciaban en sus sitios web.

Como práctica, el marketing de afiliación creció rápidamente con los años. Los emprendedores inteligentes que buscaban ganar dinero en línea se dieron cuenta de que las posibilidades de crecimiento de los ingresos eran casi infinitas. Trabajaron para innovar sus sitios web, creando formas más atractivas para atraer clientes potenciales. Se centraron en crear buen contenido y reseñas de productos, como una forma de generar orgánicamente más tráfico. Los que tuvieron éxito ganaron bastante dinero. En 2006, se estimó que se habían pagado más de $ 6 mil millones en comisiones a afiliados.

Si bien la mayoría de Internet ha cambiado y las nuevas modas suben y bajan rápidamente, el marketing de afiliación no se ha ido a ningún lado. Incluso hoy en día, el marketing de afiliación sigue siendo una de las formas más populares de administrar un negocio en línea, y con cada vez más empresas involucradas, ¡el potencial para recibir pagos es más alto que nunca!

El Modelo de Negocio del Marketing de Afiliación

El actual modelo de negocio del marketing de afiliación es simple. Una empresa, denominada anunciante, ofrece un tipo de recompensa por el tráfico o las ventas de un producto. Estas recompensas pueden variar desde el pago por clic, en el que el anunciante paga cada vez que alguien hace clic en un enlace, el reparto de ingresos, donde paga un porcentaje de la venta realizada, o el costo por milla, donde paga por cada 1000 personas que han visto su enlace de afiliado.

El afiliado aloja estos enlaces en su sitio web, ya sea como anuncios publicitarios u orgánicamente dentro de los artículos que han escrito. Los sistemas de seguimiento permiten a los anunciantes saber de dónde provienen los clics en los enlaces, por lo que si un cliente hace clic en el enlace de un afiliado, el anunciante tiene acceso a esa información. Es crucial porque si un cliente hace clic en un enlace y luego realiza una venta, el afiliado se acredita con esa venta y, por lo tanto, gana la comisión.

Al final del día, a un afiliado le conviene crear métodos para atraer a las personas a su sitio web, de modo que puedan generar más tráfico hacia sus enlaces de afiliado. Un porcentaje de ese tráfico comprará, también conocido como convertir, y en el proceso, hará que el afiliado gane más dinero.

No se deje engañar por la simplicidad del modelo de marketing de afiliación. Si bien en realidad es solo un proceso de tres pasos (crear un enlace, ofrecer el enlace, esperar a que el cliente haga clic y compre), enfrentará una serie de desafíos. Comenzar como un vendedor afiliado es fácil; Sin embargo, ganar dinero es la parte difícil.

Los Roles

En el marketing de afiliación, hay tres partes involucradas en todo momento. El editor, el anunciante y el cliente. Echemos un vistazo a cada perfil más en profundidad.

El Anunciante

El anunciante es el que ofrece la recompensa al afiliado. Hay muchos tipos diferentes de anunciantes con los que se encontrará en el mundo del marketing de afiliación. Algunos anunciantes ejecutan sus operaciones de afiliación, mientras que otros pueden optar por trabajar con una red de afiliados, proporcionando recompensas a un gran grupo de afiliados a la vez. Algunos anunciantes son tan grandes que crearon su tipo de red de afiliados y otros son tan pequeños que solo trabajan con individuos muy específicos.

Si bien la naturaleza de un anunciante puede variar, sus objetivos son los mismos: quieren que las personas visiten sus sitios web y compren sus productos. Encontrar un anunciante no es muy difícil y, en el cuarto capítulo, revisaremos los diferentes programas que ofrecen varios anunciantes.

El Cliente

El rol del cliente es simple; todo lo que necesitan hacer es visitar su sitio web, hacer clic en los enlaces de sus afiliados y comprar los productos que encuentren. Sin embargo, la dificultad radica en lograr que se conviertan. Es importante recordar que solo una pequeña porción de su tráfico será el que realmente haga las compras o haga clic en los enlaces. Aprender a persuadirlos para que se interesen en la compra final es una de las tareas más importantes que debe aprender un vendedor afiliado.

El Editor

Un afiliado es el editor. Publican contenido para productos específicos, con la esperanza de obtener un clic en el enlace. Significa que si desea ser un afiliado, tendrá que aprender a pensar como un vendedor de sitios web. No puede simplemente crear un sitio web simple y lanzar algunos enlaces, esperando lo mejor. En su lugar, deberá desarrollar una estrategia de contenido que ayudará a atraer tráfico dirigido que haga clic en los enlaces que tiene para ofrecer.

El trabajo principal de un editor es dirigir el tráfico a su sitio web. El tráfico debe ser de alta calidad, lleno del grupo demográfico objetivo que desearía comprar los productos que anuncia en sus pancartas. No importa qué tan grande sea la audiencia que tenga, si están fuera de su grupo demográfico objetivo, no verá las conversiones.

Prueba

1. El nombre de la empresa que realmente vende el producto se llama:

    a. Editor

    b. Anunciante

    c. Vendedor

    d. Detallista

2. El marketing de afiliación tiene un costo inicial enorme

    a. Verdadero

    b. Falso

3. ¿Cuál es el papel del editor en el marketing de afiliación?

    a. Comprar el producto

    b. Crear enlaces a prodcutos con la esperanza de ver una venta

    c. Comprar un producto y luego revenderlo en su sitio web

4. Un editor recauda una commission cuando

   a. El cliente participa en una acción específica (comprar o hacer clic en un enlace)

   b. El cliente visita el sitio web del editor

   c. El cliente comparte el contenido del editor.

Capítulo 2: ¿Qué es el Marketing de Afiliación de Ticket Bajo y Ticket Alto?

A veces puede escuchar a alguien referirse a un artículo costoso como un artículo de alto precio. En marketing de afiliación, el ticket alto se refiere a productos que se venden por altas comisiones. El ticket bajo se aplica a comisiones más pequeñas.

Cuando se trata de marketing de afiliación, usted es quien controla el tipo de productos y anunciantes con los que trabaja. Puede elegir entre ofrecer artículos de bajo costo, enfocándose en el volumen pero cobrando comisiones más pequeñas, o puede elegir enfocarse en artículos de alto costo, que se venderán menos, pero obtendrá una comisión significativamente mayor cada vez.

Revisemos los pros y los contras de ambos tipos de estructuras de comisiones

Marketing de Afiliados de Ticket Bajo

Ticket bajo significa que el precio de los productos es tan bajo que las comisiones serán pequeñas o que el anunciante no ofrece un gran porcentaje de comisión. De cualquier manera, el pago por cada conversión será relativamente pequeño.

Las ventajas de la comercialización de tickets bajos se encuentran dentro del volumen. Si puede generar una gran cantidad de tráfico en su sitio web mensualmente, es posible que tenga más éxito ofreciendo artículos de bajo costo. El menor precio de estos artículos de bajo costo significa que más personas se convertirán. Entonces, si está vendiendo un producto por $ 5.00 en su sitio web y tiene una conversión de 1,000 personas por mes, estaría vendiendo $ 5,000 por mes. Si tiene una estructura de comisión decente, podría estar tomando entre el 40 por ciento de esos 5,000, lo que podría dejarle en última instancia con 2,000 al mes. Por supuesto, esto supone que tiene una estructura de comisión generosa.

Las desventajas se encuentran dentro de su tasa de comisión. Si está cobrando una comisión baja, combinada con bajos costos de producto, es posible que solo obtenga una pequeña fracción de lo que son las ganancias generales. Si ese es el caso, es posible que se vea obligado a trabajar más tiempo y más duro para aumentar su tráfico web, lo que puede afectar su resultado final.

Marketing de Afiliados de Ticket Alto

El ticket alto puede ser una comisión inusualmente alta o un producto que se vende por bastante dinero. Los pagos de productos de alto precio son mucho más altos que los de bajo precio, pero conllevan su propio conjunto de desafíos.

El mayor desafío con el marketing de afiliación de ticket alto es el hecho de que no verá un alto número de conversiones. Los puntos de precio más altos siempre harán que los consumidores duden, y si el precio es alto, es posible que solo vea una o dos ventas de ese producto dentro de un mes. Sin embargo, la buena noticia es que, incluso si puede vender un puñado de estos artículos de alto precio al mes, seguirá bien sentado, habiendo ganado una gran comisión.

Para vender artículos con un alto precio, deberá centrarse menos en generar volumen de tráfico y, en cambio, centrarse en un tipo particular de cliente. Una vez que pueda crear perfiles de estos clientes y atraerlos a través de marketing dirigido, aumentará sus posibilidades de obtener estas conversiones.

Por lo tanto, para contrastar los dos, el marketing de afiliación de ticket bajo se enfoca más en el volumen cuantas más personas pueda obtener en su sitio, mejor. Cuantos más productos pueda vender, más ganará. Puede estar tomando menos comisión por estas ventas, pero el volumen lo compensa. Por otro lado, tiene un marketing de afiliación de ticket alto, que se centra más en la calidad del tráfico. Al apuntar a un grupo demográfico más pequeño que tiene una mayor probabilidad de conversión, una sola venta puede superar un mes de ventas de ticket bajo. Sin embargo, la dificultad de obtener esa venta única es relativamente alta y requerirá una copia persuasiva y métodos de marketing bien combinados.

Entonces, ¿qué tipo es el adecuado para usted? Bueno, esa es la mejor parte del marketing de afiliación, eres libre de experimentar y probar lo que quieras. Algunos editores pueden encontrar que se destacan en la venta de un gran volumen de productos, mientras que otros pueden sentirse más en casa centrándose en clientes potenciales de alta calidad.

Independientemente del tipo de artículos de ticket que esté vendiendo, es importante recordar que solo recibirá lo que haya invertido. El marketing de afiliación es fácil de aprender, difícil de dominar. La capacidad de crear un sitio web funcional que generará ventas para usted requiere tiempo, energía y paciencia. Algunas personas pueden mirar artículos de ticket alto, ver la cantidad de ingresos que pueden obtener y pensar que el marketing de afiliación es un esquema rápido para hacerse rico. Eso no podría estar más lejos de la verdad. No obtendrá riqueza rápidamente con el marketing de afiliación, independientemente de cuán grande sea el ticket que esté ofreciendo. En cambio, siguiendo los principios de buenas prácticas de marketing de afiliación, encontrará que con el tiempo, sus ingresos aumentarán mes tras mes. Es posible que necesite una venta única para ganar una gran cantidad de dinero, pero la dificultad radica en hacer que al menos una persona haga clic en el botón comprar. Pasemos al siguiente capítulo y aprendamos qué es necesario para comenzar con el marketing de afiliación.

Prueba

1. ¿Qué es el marketing de afiliación de ticket alto?

    a. Venta de Productos caros

    b. Recolectar altas comisiones

    c. Tanto A como B

    d. Generar una gran cantidad de tráfico

2. Los clientes son más reacios a realizar compras de alto costo.

    a. Verdadero

    b. Falso

3. No puedes ganar dinero vendiendo artículos de ticket bajo

    a. Verdadero

    b. Falso

Capítulo 3: ¿Qué Necesita para el Marketing de Afiliación?

Lo primero que necesita para comenzar con el marketing de afiliación es una actitud profesional. Muchas veces es fácil ver los métodos en línea para ganar dinero de manera rápida y fácil. Puede haber una impaciencia, un deseo de ver resultados de inmediato y cuando no hay evidencia de que el dinero rápido llegue, el proyecto será abandonado.

Si desea tener éxito como vendedor afiliado, debe tratar este esfuerzo como si estuviera comenzando su propio negocio. El potencial de ingresos es bastante alto, y existe la posibilidad de convertir esto en un negocio a tiempo completo. Por lo tanto, en el futuro, querrá tratar el marketing de afiliación tan en serio como lo haría con cualquier otro tipo de trabajo. Esa es la única forma en que encontrará un verdadero éxito financiero en el futuro. Si lo tratara casualmente, solo haciendo un esfuerzo mínimo, solo recibiría resultados mínimos. Lo que invierta en términos de tiempo y esfuerzo pagará dividendos. Con eso en mente, veamos cada componente que necesitará para convertirse en un vendedor afiliado.

<u>Un Sitio Web</u>

La parte esencial del marketing de afiliación es el sitio web. El sitio web será el centro, la ubicación central de todo el contenido que aloje. El objetivo final es generar el mayor tráfico posible a su sitio web para que los clientes puedan hacer clic en los enlaces de afiliados y obtener dinero.

Crear un sitio web hoy en día es relativamente fácil de hacer, gracias a los sistemas de administración de contenido como WordPress, que ofrecen todo lo que necesita para crear un sitio web. Querrá usar WordPress, ya que puede agregar todo tipo de complementos valiosos que lo ayudarán en cosas como el seguimiento, el monitoreo del tráfico y la creación de anuncios publicitarios.

Un Nicho Rentable

Internet es un lugar inmenso y hay mucho contenido por ahí. Dado que cualquiera puede crear un sitio web destinado a vender productos afiliados, existe bastante competencia. Un nicho es un interés que es hiperespecífico para un grupo más pequeño de personas en línea. Un nicho adecuado es aquel que el mercado no tiene en cuenta, lo que significa que no hay tantas personas que atiendan las necesidades de ese mercado. Abre un espacio para que un emprendedor ingrese y venda sus productos a personas que están buscando activamente soluciones a sus problemas únicos. Cubriremos cómo encontrar un nicho en un capítulo posterior.

Una Fuente Orgánica de Tráfico

Debe haber algo que le traiga tráfico a su sitio web. La fuente más importante de tráfico orgánico es el contenido. Las personas acuden a sitios web que ofrecen contenido excelente e interesante para que consuman. Hay muchos tipos diferentes de contenido que ofrecen los sitios web, pero todos ofrecen valor al consumidor. Sin una sustancia que sea interesante y relevante, no hay razón para que un consumidor visite un sitio web. Un contenido excelente e interesante, por otro lado, ayudará a generar mucho tráfico orgánico gratuito durante los meses.

Una Membresía a un Programa de Marketing de Afiliación

Cuando comiences por primera vez, necesitarás ser miembro de un programa de marketing de afiliación. Hay muchas formas diferentes de unirse a un programa. Algunos anunciantes ofrecen programas directos, donde aloja enlaces, mientras que otros requieren un proceso de solicitud, compartiendo detalles sobre su sitio web antes de que pueda usar su programa de afiliados.

¿Qué tan Difícil es el Proceso de Solicitud?

En general, la aplicación no es difícil. Los anunciantes quieren tener tantos editores como puedan porque cada editor les proporciona resultados de marketing. Sin embargo, también tienden a ser un poco exigentes cuando se trata de elegir con quién trabajan. Algunos programas pueden querer ver estadísticas, incluido el tráfico de la página y los números de visitas mensuales. Otros pueden querer saber qué temas cubre su sitio web y pueden negarse a trabajar con usted porque su nicho no coincide con lo que están vendiendo. No se preocupe demasiado por ser rechazado de un programa de marketing de afiliación, porque hay muchos otros para elegir.

Mi solicitud ha sido aprobada, ¿y ahora qué?

Una vez que su solicitud haya sido aprobada con éxito, ahora puede comenzar a integrar enlaces de productos y pancartas en su sitio web. La mayoría de los afiliados le brindan las conexiones e instrucciones necesarias para que pueda aprovechar al máximo su tiempo trabajando para ellos.

Tenga en cuenta que algunos programas de afiliados querrán ver resultados dentro de un período de tiempo. Por ejemplo, Amazon Affiliates es generoso con la mayoría de los solicitantes, pero querrá ver las ganancias dentro de los 90 días. Si no está generando suficientes ventas, lo cerrarán y le solicitarán que vuelva a presentar una solicitud, para asegurarse de que sus enlaces de afiliados no se descuiden.

Prueba

1. Un sitio web no es necesario para un marketing de afiliación exitoso
   a. Verdadero
   b. Falso
2. Los programas de afiliados a menudo buscan
   a. Tráfico web
   b. Resultados de Ventas
   c. Credibilidad
   d. Todas las Anteriores
3. ¿Qué es lo más necesario para tener éxito en el marketing de afiliación?
   a. Una actitud profesional
   b. Un buen sitio web
   c. Tráfico
   d. Todas las Anteriores

Capítulo 4: ¿Cuáles son los Principales Programas de Marketing de Afiliación?

Dado que el marketing de afiliación es uno de los tipos más populares de marketing en línea, no hay escasez de programas para elegir. Hemos compilado una lista de los principales programas de afiliación y brindaremos descripciones breves de cada uno.

<u>Amazon Associates:</u>

Amazon Associates es uno de los programas de marketing de afiliados más efectivos por una variedad de razones. Lo más importante es que Amazon es la compañía en línea más grande del planeta. La gente usa Amazon para casi todo. Si alguien hiciera clic en un enlace afiliado de Amazon, cualquier cosa que compre a través de ese enlace le proporciona una comisión. Significa que una persona puede hacer clic en un enlace de Amazon, darse cuenta de que quiere comprar otra cosa y realizar la compra en ese mismo momento. Todavía recibirá la comisión si ese es el caso.

La desventaja de trabajar con Amazon Associates es que las comisiones son relativamente pequeñas en comparación con otros programas. Al ofrecer comisiones que oscilan entre 4 y 10 por ciento, Amazon Associates no generará una gran cantidad de ganancias para usted en cada venta. Sin embargo, el hecho de que sean fáciles de usar proporciona una amplia gama de productos, y la mayoría de los consumidores confían en que usarlos puede ser extremadamente útil si está comenzando en el mundo del marketing de afiliación.

CJ.com

CJ Affiliate, abreviatura de Commission Junction, es un programa de afiliados que trabaja con miles de anunciantes, trabajando para conectarlos con los editores. Con una gran cantidad de anunciantes para elegir y una gran infraestructura, CJ es un excelente programa de afiliación para trabajar. El único inconveniente es que deberá presentar una solicitud para trabajar con cada anunciante que encuentre, lo que requiere más tiempo y energía. Esto también significa que no tendrá la garantía de encontrar un anunciante para publicar. Sin embargo, CJ facilita la búsqueda de estos anunciantes y tiene herramientas que hacen para recibir el pago directamente.

<u>Clickbank</u>

Clickbank es uno de los programas de afiliados más grandes y generosos que existen. Con comisiones superiores a la media y una amplia variedad de productos para vender, pueden ser una excelente red de afiliados para trabajar. Sin embargo, hay algunas desventajas. La primera es que tienen una amplia variedad de productos, y algunos de estos productos pueden no ser de la más alta calidad. Esto significa que necesitará discernir al seleccionar qué productos desea vender en su sitio, ya que no desea elegir productos de baja calidad que no salgan del estante. El otro inconveniente es que Clickbank maneja los reembolsos directamente, por lo que si un cliente por alguna razón cambia de opinión y desea un reembolso, Clickbank se encargará del reembolso y casi siempre lo hará automáticamente. Esto significa que una parte de sus ventas puede terminar recuperándose cada mes, especialmente si los productos que vende no son de buena calidad. Aún así, dicho esto, Clickbank tiene un alto nivel de potencial para los empresarios que están dispuestos a dedicar tiempo y energía.

Rakuten Linkshare

Rakuten es una de las redes de marketing de afiliación más antiguas que existen. Si bien no tienen la cantidad más significativa de anunciantes como algunas de las otras opciones en esta lista, se centran mucho más en productos de alta calidad para vender. Además de los productos de alta calidad, tienen excelentes sistemas de seguimiento, métodos publicitarios como rotar pancartas para ofrecer y muchas herramientas y educación para proporcionar a los usuarios. Una desventaja es que los pagos no se emiten de manera consistente, ya que solo se pagan después de que el comerciante ha sido pagado y eso puede ocurrir dentro de los 60 días posteriores a la compra. Otro inconveniente es que Rakuten solo está buscando afiliados de alta calidad, por lo que deberá demostrar que lo vale antes de que estén dispuestos a trabajar con usted. Entonces, si recién estás comenzando, Rakuten no es el programa para ti.

JVZoo

JVZoo funciona de manera similar a otras redes de afiliados, aunque no está tan relacionado con un proceso de solicitud como otros programas de afiliados. En cambio, aún tendrá que tratar directamente con cada anunciante que se encuentre en la plataforma, relegando la función de JVZoo como un intermediario. Sin embargo, no hay tarifas de inicio, son relativamente fáciles de trabajar y están creciendo bastante rápido. Esto los coloca en la mejor selección de programas de afiliación para elegir. El único inconveniente principal de trabajar con ellos es que no son tan exigentes con sus anunciantes como otras redes, por lo que deberá tener cuidado al evaluar los productos a la venta.

AvantLink

AvantLink es un programa de afiliación bien establecido que tiene valor tanto para principiantes como para aquellos que han estado en el campo del marketing de afiliación por un tiempo. Proporcionan excelentes funciones, como métodos automatizados para crear enlaces de afiliados para usted, lo que le ahorrará mucho tiempo. Además, también tienen excelentes comerciantes y formas de examinar cada anuncio, para que sepa exactamente lo que está obteniendo. La desventaja es que AvantLink es selectivo cuando se trata de los editores con los que trabajarán. Solo aceptan un pequeño porcentaje de aplicaciones, así que asegúrese de que su sitio web esté preparado antes de realizar la solicitud. Otra queja común sobre AvantLink es que no tienen la mejor atención al cliente, por lo que si usted es alguien que tiene muchas preguntas sobre la compañía, es posible que desee apuntar a un programa más orientado al servicio al cliente.

eBay

Si bien eBay es famoso por sus subastas en línea, también administran su propio programa de afiliados. Este programa puede ser bastante generoso, especialmente para aquellos que pueden dirigir a los usuarios a crear nuevas cuentas de eBay. Inscribirse en el programa de eBay es fácil de hacer, ya que buscan una red lo más amplia posible. Sus estructuras de comisiones son relativamente altas, y dado que la compañía está bien establecida, no tendrá que preocuparse por el problema de credibilidad. La mayoría de las personas están familiarizadas con eBay y, como tales, están más dispuestas a hacer compras en ellas.

Una posible desventaja de eBay es el hecho de que los productos se utilizan con frecuencia. Si bien esto podría no molestar a un tipo específico de población, como los que buscan antigüedades, puede apagar a una mayor parte de la población. Entonces, realmente, depende del nicho de mercado con el que esté trabajando. Si el nicho está buscando productos de propiedad previa, eBay es excelente, pero si están buscando cosas nuevas, entonces puede tener algunos problemas para encontrar esos productos nuevos en eBay.

Shareasale

Shareasale es un programa premium de marketing de afiliación que tiene bastantes ofertas exclusivas con anunciantes. Esto significa que los productos que ofrecen no están disponibles para otras redes. Entonces, si está buscando una forma de obtener una ventaja sobre la competencia, trabajar con Shareasale no es una mala idea. Ofrecen una tasa de comisión decente cuando comienzas, pero puedes ampliar a medida que rindes mejor con el tiempo. Uno de los inconvenientes es que la interfaz del sitio web no es tan intuitiva como otras, lo que lleva tiempo aprender. Puede ser un poco abrumador al principio, pero si puedes adaptarte a él, deberías poder ganar dinero con ellos.

Avangate

Si está buscando vender productos y software digitales, Avangate es uno de los mejores programas de marketing de afiliación. Se centran principalmente en vender cualquier cosa relacionada digitalmente, evitando los bienes físicos para descargar. Además de eso, también crean cupones dentro de su red de afiliados, lo que puede aumentar sus esfuerzos de marketing, ya que un cupón puede ayudar a motivar a un consumidor a tomar esa decisión de compra. Además de la función de cupón, ofrecen más de 4.000 anunciantes para elegir. Es básicamente una ventanilla única si desea vender productos en línea.

Maxbounty

Maxbounty es un afiliado de costo por acción y se considera uno de los mejores del mercado. Al ofrecer recompensas para generar no solo ventas sino también clics, Maxbounty eres libre de registrarte y ofrece una gran cantidad de herramientas valiosas para rastrear clientes potenciales. Tienen un número significativo de anunciantes, más de 20,000 en total, lo que le da mucho para elegir. Si bien ofrecen muchas opciones para ganar dinero, son exigentes, lo que significa que tendrá que pasar por un largo proceso de solicitud con ellos. Existe la posibilidad de que también se te niegue. Sin embargo, si logras ingresar, hay todo tipo de incentivos para trabajar con ellos, como bonos después de generar un cierto número de ventas al mes.

Revenuewire

Revenuewire es otro programa de afiliados enfocado en software. Ofrecen comisiones increíblemente generosas, así como una variedad de formas diferentes de ganar dinero. Tienen una amplia gama de productos de software que venden, la mayoría de los cuales tienden a dirigirse a nichos muy específicos. Si está buscando opciones de venta de software, Revenuewire podría ser una buena opción para usted.

FlexOffers

Otra gran opción de afiliación, FlexOffers tiene más de 12,000 anunciantes, lo que aumenta drásticamente el grupo que puede seleccionar cuando se trata de ofrecer buenos productos. Tienen gerentes dedicados que se enfocan en trabajar con afiliados y brindan excelentes métricas de datos para que pueda analizar el rendimiento de los enlaces que está proporcionando. Una de las desventajas más significativas es que FlexOffers no es tan flexible cuando se trata de pagos. Solo ofrecen depósitos directos o pagos con cheques, por lo que si espera servicios en línea, como PayPal, no tiene suerte. De lo contrario, son un excelente programa de afiliación para trabajar.

PeerFly

PeerFly es otro costo por acción del programa de afiliados. Si bien cuentan con un número menor de afiliados que otros mercados más grandes, ofrecen pagos más masivos que la mayoría. Con herramientas de capacitación para nuevos usuarios e incentivos para obtener ganancias a través de concursos, no son una mala elección, especialmente si está buscando ganar dinero por clic en lugar de por venta. Sin embargo, solicitar PeerFly no es un proceso fácil y a menudo se lo elogia por ser innecesariamente difícil y complicado.

Tradedoubler

Tradedoubler es una red de afiliados más grande que tiene algunos nombres muy importantes asociados a sus marcas, como Philips, Groupo e incluso Microsoft. Con 2,000 anunciantes y toneladas de herramientas para ayudar a los editores a realizar ventas, Tradedoubler es una excelente opción de un programa de afiliados. Sin embargo, Tradedoubler se centra más en las ventas internacionales, específicamente en el Reino Unido que en cualquier otro país, lo que significa que están buscando una cantidad significativa de tráfico proveniente del Reino Unido. Si no tiene esos números, lo más probable es que no pueda trabajar con ellos.

Capítulo 5: Qué Considerar al elegir un Programa de Marketing de Afiliación

Como se vio en el capítulo anterior, hay bastantes programas diferentes entre los que puede elegir cuando se trata de comenzar con el marketing de afiliación. La verdadera pregunta es, ¿cómo sabe qué programa es el adecuado para usted? Realmente, es una cuestión de preferencia y conveniencia. Algunos programas de afiliados son más abiertos y de fácil acceso, mientras que otros requieren que demuestre credibilidad al tener un buen tráfico o un cierto número de ventas cada mes. Aquí hay algunas cosas a tener en cuenta al seleccionar un programa de afiliados.

<u>Consulta los Anunciantes</u>

Es importante no entusiasmarse demasiado con la idea de que un programa de afiliados tenga una gran cantidad de anunciantes. Claro, la mayoría de los programas tratarán de tensar el tener varios miles de proveedores para elegir, pero la cantidad no siempre es igual a la calidad. Deberá pasar un tiempo mirando la lista de anunciantes de su programa de afiliados potenciales y echar un vistazo a los productos que tienen para ofrecer. Pregúntese, ¿son estos buenos productos? ¿La gente se sentiría cómoda comprándolos? ¿Los sitios web se ven creíbles?

La credibilidad es una parte importante de la ecuación de ventas. Desea que los anunciantes que parecen creíbles tengan buenas críticas y, lo que es más importante, que tengan excelentes sitios web que no se vean incompletos. Si bien no tendrá que preocuparse por la credibilidad con ciertas grandes marcas o afiliados que usan Amazon, es algo a tener en cuenta al elegir anunciantes más pequeños. Por ejemplo, si está mirando a un anunciante que tiene un sitio web de aspecto extraño, completo con una mezcla de palabras extranjeras e inglesas presentes, enlaces rotos y reclamos muy exagerados, no importa si están ofreciendo una comisión del 90%, obteniendo personas comprar en esa tienda será bastante difícil. Por el contrario, un sitio web limpio y bien cortado y una página de ventas presentada por anunciantes que conocen el valor de proyectar una buena imagen puede aumentar significativamente sus posibilidades de ventas.

No cometa el error de pensar que todos los anunciantes son iguales; no lo son El hecho de que estén dispuestos a trabajar con usted no significa que valen la pena. Algunos anunciantes, especialmente aquellos cuyos productos son exclusivamente digitales, no tendrán productos de calidad. Se requiere la debida diligencia, especialmente si desea ganar mucho dinero en línea.

Encuentra Programas con la mejor tarifa de comisión

Desea encontrar programas que tengan las mejores tarifas de comisión disponibles, eso es un hecho. Sin embargo, es posible que sus opciones sean limitadas ya que recién comienza. Las altas tasas de comisión equivalen a una alta competencia, ya que más editores afiliados también estarán ansiosos por obtener una gran porción del pastel. Competir con sitios de nicho bien establecidos resultará difícil, especialmente si ambos están vendiendo los mismos productos, por lo que es posible que desee esperar para obtener las mayores recompensas al principio.

El segundo desafío con altas comisiones es que la mayoría de las comisiones más grandes solo están disponibles para aquellos con antecedentes comprobados. Esto significa que si aún no muestra algunos signos de éxito con sus esfuerzos de marketing, lo más probable es que tenga problemas para acceder a estas altas comisiones. Esto es solo un problema temporal, por supuesto. Una vez que tenga éxito en sus primeros esfuerzos, eso abrirá la puerta a más oportunidades.

Por lo tanto, si bien querrá intentar obtener las mejores comisiones que pueda, no se preocupe demasiado cuando recién esté comenzando. Como cualquier negocio, cuanto más éxito encuentre, más oportunidades tendrá para hacer crecer su negocio tanto en escala como en ganancias. Lo más importante en lo que debe centrarse es en adquirir anunciantes de alta calidad para vender, de modo que pueda obtener esas estadísticas que abrirán el potencial para mayores comisiones.

Considere la Calidad de los Servicios de backend

Así que encontró un programa de afiliados muy bueno que ofrece excelentes anunciantes y altos niveles de comisiones. Eso significa que has terminado de buscar, ¿verdad? No necesariamente. Antes de dar el paso y comprometerse a trabajar con ese programa de afiliados, es posible que desee considerar a qué se enfrentará en el back-end. ¿Existe una buena atención al cliente si se encuentra con un problema? ¿Con qué frecuencia se realizan los pagos? ¿Son realmente útiles las herramientas que ofrece el programa de afiliados o suenan bien en teoría?

Tendrá que considerar estas preguntas y buscar para obtener las respuestas adecuadas. Sin embargo, no busque el programa de afiliados para responder estas preguntas. Por supuesto, le dirán que tienen el mejor servicio al cliente posible. En su lugar, querrá encontrar reseñas de terceros que puedan brindarle evaluaciones honestas de estos programas, que muestren tanto las ventajas como las desventajas. Las cosas en el mundo del marketing de afiliación están en un estado constante de cambio, así que asegúrese de mirar también las revisiones más actualizadas. Recuerde, la gente ha estado hablando sobre marketing de afiliación durante mucho tiempo, haga todo lo posible para evitar los artículos de hace cinco años, lo más probable es que los datos hayan cambiado hace mucho tiempo.

Prueba

1. Al comenzar, automáticamente califico para la mejor tarifa de comisión
   a. Verdadero
   b. Falso
2. ¿Qué cualidades tiene un buen anunciante?
   a. Buenos Productos
   b. Sitios web bien diseñados
   c. Precios Bajos
   d. Tanto A como B
3. ¿Cómo puede determinar si un programa de afiliados es confiable?
   a. Revisa su propio sitio web
   b. Mira las opiniones de terceros
   c. Confía en su instinto
   d. Solo lo prueba y ve si le funciona

Capítulo 6: Cómo Crear Contenido para Marketing de Afiliación

Si quieres ser un vendedor afiliado exitoso, debes ser un creador de contenido exitoso. Como dice el dicho, el contenido es el rey. El contenido es la razón por la cual las personas visitarán su sitio web, es la razón por la que regresarán, y es la razón por la que recomendarán su sitio a otros. Si desea tener éxito, tendrá que aprender los principios fundamentales de lo que hace que el contenido sea excelente.

¿Qué es el Contenido?

En esencia, el contenido puede considerarse cualquier cosa que proporcione valor a los clientes potenciales. Una publicación de blog bien escrita es contenido. Un video divertido es contenido. Una revisión del producto es contenido. El propósito del contenido es proporcionar algún tipo de valor a un consumidor, ya sea educándolo, entreteniéndolo o inspirándolo. Los clientes navegan por sitios web con el único fin de consumir buen contenido. Están buscando artículos y videos que les brinden valor y, a cambio, creen conexiones con los proveedores de contenido que ofrecen tales cosas.

Como vendedor afiliado, querrá producir contenido que sea relevante para su público objetivo. Por ejemplo, si proporciona enlaces de afiliado de equipo de pesca, querrá crear contenido que se dirija únicamente a las personas que estarían interesadas en la pesca. Esto significa crear páginas de blog que hablan sobre técnicas de pesca, hacer videos que revisen los productos de pesca que están en el mercado y desarrollar otros tipos de contenido que resulten atractivos para quienes pescan.

Al crear contenido relevante que proporciona valor a los consumidores, está creando fuentes orgánicas de tráfico a su sitio web. Esto le permite generar ventas pasivamente sin tener que gastar dinero en costos publicitarios.

Uno de los desafíos detrás de la creación de contenido por el marketing de afiliación es que definitivamente querrás incluir tus enlaces en estos artículos. Sin embargo, su objetivo principal debe ser proporcionar valor al lector, no hacer ventas. Si bien esto puede parecer contradictorio, debe darse cuenta de que el marketing de afiliación se trata de crear buenas relaciones con los clientes. Si crea contenido de baja calidad que solo empuja a los lectores a comprar sus productos, esto se verá frustrado por el consumidor. Lo más probable es que se desconecten de su sitio web y no vuelvan a visitarlo.

Por otro lado, si puede generar contenido de alta calidad que satisfaga una necesidad en la vida del lector, entonces comenzarán a considerarlo como una autoridad en la materia. Aún más, volverán a su sitio web, una y otra vez. Entonces, si no se convierten la primera vez que visitan, todavía hay esperanzas de que, en algún momento, hagan una conversión. Además de eso, pueden compartir su contenido con otros, lo que amplía su red aún más.

La relación es el corazón de la creación de contenido. El objetivo es construir una relación buena y saludable con quienes visitan su sitio web. Las ventas llegan más tarde, una vez que se ha establecido esa confianza. Si hace un buen trabajo y construye una relación sólida, es posible que los clientes comiencen a buscarlo únicamente para tomar las decisiones de los consumidores sobre el nicho en el que se encuentra. Si ese es el caso, buscará ventas a largo plazo con eso. consumidor.

Promoción de Productos que ha Utilizado

Uno de los tipos de contenido más fáciles de producir es la revisión de productos. Los consumidores siempre están en busca de buenas críticas, y si el nicho en el que está trabajando es estrecho, eso significa que puede que no haya muchas revisiones disponibles. Las revisiones de productos son intrínsecamente valiosas porque las personas que están leyendo esas revisiones buscan realizar una compra. Si revisa de manera efectiva, podría ver una conversión cuando el consumidor haya terminado de leer o ver su revisión.

Por supuesto, crear revisiones lleva tiempo y comprensión del producto. El mejor tipo de revisiones de productos son las que muestran que el creador tiene conocimiento interno del producto y lo ha utilizado en acción. Tener acceso al producto y usarlo usted mismo contribuirá en gran medida a crear credibilidad. También le proporcionará una comprensión práctica del producto, que naturalmente lo ayudará a entender de qué hablar.

¿Qué medio debe usar para una revisión? Depende del producto y del nivel de energía que desea poner en él. Las revisiones escritas funcionan bien para la mayoría de los productos, pero si un producto tiene un efecto demostrable, puede considerar crear una revisión en video. No tiene que ser nada elegante, y la mayoría de las personas pueden salirse con la suya simplemente usando las cámaras de sus teléfonos para hacer revisiones de videos en estos días.

Debe esforzarse por la honestidad y la precisión al escribir estas reseñas. Cuanto más un lector pueda confiar en usted, más esperará que demuestre que comprende estos productos. Si documenta características que no existen, miente sobre los resultados o exagera, solo con la esperanza de hacer una venta, dañará su credibilidad. En el mundo del marketing en línea, la credibilidad es el único recurso que simplemente no puede comprar. No cometas el error de pensar a corto plazo. Una venta única no es tan valiosa como las ventas múltiples de los mismos consumidores, año tras año. Solo obtendrá esas ventas cuando el consumidor confíe en usted, y eso requiere que publique críticas honestas.

Presentación de Productos que No Ha Utilizado

Siendo realistas, no vas a utilizar todos los productos que vendes en línea. O los productos no tienen ningún valor para usted, o el rango de precios los coloca fuera de su presupuesto. De cualquier manera, esto no es demasiado problema, siempre y cuando lo abordes de frente. En lugar de tratar de presentar como si usted fuera una autoridad en estos productos, simplemente dedique el tiempo y el esfuerzo a hacer toda la investigación que haría un consumidor. La mayoría de las personas buscan ahorrar tiempo, por lo que si puede compilar una lista de comentarios y de documentos de terceros que hablan favorablemente sobre el producto, aún puede responder por el producto sin haberlo usado usted mismo. Claro, no podrá decir "Yo personalmente apruebo este producto", pero de nuevo, si tiene una cantidad significativa de investigación que dice que el producto es bueno, a la mayoría de los consumidores no les importará.

Todo lo que necesita para concentrarse es en compilar una investigación precisa y valiosa. Colocar todos estos hechos en un área, para que sus lectores puedan revisarlos de manera rápida y eficiente, puede ser extremadamente útil. Su papel en el caso de productos que no ha revisado personalmente es el de un asistente de investigación. Desea ayudar a educar a sus clientes, mirando su espacio web como un lugar centralizado para compartir estas reseñas. Esto puede ayudar a que los clientes pasen de la fase de preguntas a la fase de compra con bastante rapidez, especialmente si están buscando buenas razones para comprar.

Al igual que con sus propios comentarios personales, asegúrese de ser honesto y abierto sobre estos productos. Si encuentra deficiencias, no las oculte, sino que las muestre honestamente y con seriedad. Desea que los clientes estén lo más informados posible. Es raro que un producto sea absolutamente perfecto y un cliente que está mirando solo buenas críticas rápidamente se volverá sospechoso. Lanzar algunos aspectos negativos honestos, justos y equitativos sobre el producto es una excelente manera de generar confianza y darle al cliente una imagen decente de lo que está vendiendo.

¿Qué Tipo de Contenido Debo Crear?

Dado que la creación de contenido es uno de los aspectos más importantes del marketing de afiliación, debe estar preparado para pasar la mayor cantidad de tiempo posible en la creación de un programa de contenido. Un programa de contenido le permitirá planificar con anticipación, descubriendo exactamente qué tipos de contenido publicará y cuándo.

Realmente se pueden crear tres tipos principales de contenido: contenido que entretiene, contenido que educa y contenido que inspira. Estos tres tipos son bastante amplios y cubren una amplia gama de subcategorías. Pero, en general, desea alentar a las personas, educarlas o hacerlas felices a través del entretenimiento.

Hay muchas formas de crear contenido, desde hacer videos hasta escribir artículos e incluso crear infografías que ayudan a los consumidores a conocer datos interesantes sobre el nicho. Lo más importante que debe recordar es que el contenido debe existir únicamente para agregar algo útil a la vida de su cliente. Claro, puede incluir enlaces de afiliados en parte del contenido que crea, y puede publicar anuncios publicitarios que vendan sus productos en cualquiera de sus páginas, pero al final del día, debe estar dispuesto a agregar algo a la vida de un cliente gratis.

El contenido solo debe ser relevante para su nicho de mercado también. No desea atraer a un público amplio, porque un público general no se convertirá tan rápido como uno específico. Por lo tanto, es esencial centrarse en crear solo contenido que sea relevante para su nicho de alguna manera. Cuanto más tráfico específico pueda generar con su contenido, mayor será la posibilidad de que realice ventas de alguna manera.

Otra cosa a tener en cuenta es que desea crear lo que se conoce como contenido perenne. Perenne significa atemporal. Ya sean seis meses en el futuro o seis años, un contenido perenne sigue siendo relevante sin importar el paso del tiempo. Esto lo ayudará en gran medida, ya que podrá reutilizar su contenido de vez en cuando, ya sea volviendo a publicar la publicación del blog o promocionándolo en las redes sociales. Además, cuando los lectores se ponen en contacto por primera vez con su sitio web, encontrarán una recompensa al revisar sus trabajos pendientes, ya que el contenido seguirá siendo relevante para ellos, a pesar del año en que lo publicaron.

Las publicaciones de blog son los tipos de contenido más comunes que puede generar un sitio web. Estas publicaciones contienen uno de los tres temas de contenido diferente, entretener, educar o inspirar. Querrá crear una cantidad decente de publicaciones en el blog y luego seguir actualizándola semana a semana, de esa manera puede estar seguro de que los lectores vuelven regularmente a su sitio. Debes sentarte y trabajar para crear diferentes categorías de publicaciones que quieras producir a largo plazo. Las revisiones de productos, las vistas previas, las sugerencias útiles en el campo de nicho o las discusiones humorísticas son temas excelentes para escribir.

Además de las publicaciones de blog, si es posible, también debe trabajar para crear contenido visual. Ya se trate de algunas infografías, un video de demostración o una ilustración humorística, el medio visual a menudo se comparte con amigos y familiares. Esto puede ayudar a generar leads de forma orgánica y, en el proceso, aumentar las posibilidades de que alguien haga visitas repetidas a su sitio web.

¿Cuánto Contenido Debo Hacer?

Cuando comiences por primera vez, querrás probar y crear la mayor cantidad de contenido posible, lo suficiente como para que el lector necesite más de una sesión para revisar toda la cartera de pedidos. Esto ayudará a establecer su sitio web como una autoridad en el nicho que ha seleccionado y, en el proceso, solidificará su relación con los lectores. Una vez que haya creado una gran cantidad de contenido acumulado, puede ajustar el horario de publicación del contenido. Como mínimo, querrás concentrarte en publicar contenido al menos una vez por semana. Es posible que desee aumentar la frecuencia de contenido nuevo al menos tres veces por semana. Mientras más contenido publique, más lectores visitarán su sitio para ver las novedades. ¡Y cuanto más leen, mayores serán las posibilidades de obtener una conversión!

No soy un escritor / creador de contenido. ¿Qué debo hacer?

Si no tienes la habilidad para escribir, ¡no entres en pánico! No es necesario ser un autor brillante para generar contenido útil. En su lugar, deberá contratar trabajadores independientes para crear contenido para usted. Esto le costará algo de dinero a corto plazo, por lo que solo hágalo si está seguro de que verá un retorno de su inversión. Si no está totalmente comprometido con su sitio web o nicho, lo último que quiere hacer es desperdiciar su dinero en contenido que no le generará ninguna venta.

Contratar a un creador de contenido es relativamente simple. solo querrás usar un sitio web independiente como Upwork y buscar escritores que se ajusten a tu precio. Luego, solo deles los temas sobre los que desea que escriban y espere a que terminen. Si tiene el presupuesto para ello, puede generar bastante artículo al mes de esta manera. La mejor parte es que si comienza a obtener ventas de sus esfuerzos, puede reinvertir y continuar viendo más contenido generado por estos freelancers.

<u>Crea un Podcast</u>

Una de las formas más definitivas de posicionarse como una figura de autoridad en un nicho es desarrollar un podcast. El contenido de audio de formato largo es una de las industrias de más rápido crecimiento en este momento, y los anunciantes están comenzando a darse cuenta. El hecho es que las personas que escuchan podcasts a menudo sienten que tienen una conexión con los presentadores del programa y, como tales, están dispuestos a confiar en las palabras del presentador.

Si bien los invitados que aparecen en un podcast pueden ser útiles para un aumento a corto plazo en el tráfico de su sitio web e incluso en las ventas, ejecutar su propio podcast sería aún mejor. Todo lo que realmente necesita para comenzar es un micrófono decente y un formato para su programa. Como ya tiene su nicho resuelto, tampoco tendrá que preocuparse por elegir un tema para su programa, ya que se encontrará y estará en el campo elegido.

Lo importante para recordar acerca de un buen podcast es que su propósito es construir una mejor conexión con su audiencia. También puede lanzar productos tanto como desee, ya que la mayoría de la gente entiende que los podcasts necesitan patrocinadores. Estos dos factores combinados significan que los podcasts son uno de los tipos de contenido más potentes que puede tener en su bolsillo.

Puede que le intimide la idea de ejecutar un podcast, pero en realidad, no es muy complicado de hacer. Algunas habilidades básicas de edición, como aprender a cortar las pausas, uhms y ahs, un buen tema de discusión y algunos invitados en tu programa harán maravillas. Además, a medida que crea una base de fans, puede terminar atrayendo a más oyentes, e incluso podría terminar vendiendo espacio publicitario a los patrocinadores. Los beneficios de ejecutar un podcast son increíblemente altos y, para ser sincero, no hay inconvenientes. El peor de los casos es que hagas algunos shows y nadie escuche. El mejor de los casos es que pueda establecerse como autoridad persuasiva en su nicho y comercializar directamente a los oyentes.

La Consistencia es clave

Sobre todo, cuando se trata de la creación de contenido, querrá ser lo más coherente posible con su calendario de lanzamientos.

Elija un día específico de la semana y comprométase a publicar contenido ese día. Esto ayudará a que sus lectores lo visiten en esos días. Si pierde una semana, podrían decepcionarse y si pierde dos o tres, muy bien podrían dejar de visitarlo activamente. Pase lo que pase, incluso si la publicación del blog no es larga, cumpla con su agenda todas las semanas. No querrás perder lectores semana a semana.

Prueba

1. ¿Cuáles son los tres tipos principales de contenido?
   a. Educación, Inspiración y Entretenimiento.
   b. Infografías, Videos y Publicaciones de Blog
   c. Facebook, Instagram, y Twitter
   d. Educación, Entretenimiento e Información
2. La consistencia no es importante cuando se trata de la programación de contenido
   a. Verdadero
   b. Falso
3. Si no eres bueno escribiendo, deberías
   a. Rendirte
   b. Contratar un escritor
   c. Roba otro contenido y vuelve a empaquetarlo como propio
   d. Tanto A y C
4. ¿Por qué es tan importante el contenido?
   a. Dirige el tráfico a su sitio web
   b. Establece autoridad en un nicho
   c. Tiene el potencial de generar ventas.
   d. Todas las Anteriores.

Capítulo 7: Cómo Utilizar las Plataformas de Redes Sociales para el Marketing de Afiliados

Las redes sociales son una de las herramientas más importantes a la hora de realizar ventas en línea. Las redes sociales permitirán a los usuarios compartir su contenido entre ellos, lo que finalmente los dirige a su página de inicio. A partir de ahí, un lector curioso comenzará a hurgar y puede terminar encontrando un producto que le guste. Si ese es el caso, ¡podría hacer una conversión sin siquiera pagar un centavo por ese tráfico!

Si desea tener éxito como un vendedor afiliado, simplemente no puede ignorar las redes sociales. El valor de las plataformas es demasiado alto para dejarlo solo. Al mismo tiempo, las redes sociales pueden ser difíciles de dominar. Muchos especialistas en marketing lo ven como una simple vía de publicidad gratuita y, en el proceso, cometen muchos errores que dañan su imagen y les cuesta tiempo y energía. Si desea tener éxito con las redes sociales como un vendedor afiliado, debe abordarlo con precaución. No te lances a la refriega. en cambio, desarrolle una estrategia y cúmplala. Veamos algunas formas en que puede aumentar sus resultados en las redes sociales.

Encuentre la plataforma que está utilizando su mercado objetivo

No todas las plataformas de redes sociales son iguales. Hay una gran diferencia entre cómo funcionan Facebook, Twitter e Instagram. Además de eso, cada plataforma es adecuada para un tipo diferente de experiencia de usuario. Algunos nichos prosperan en Twitter, mientras que otros invierten mucho en el uso de grupos de Facebook para discutir lo que les gusta. Tendrá que pasar un tiempo investigando estas plataformas y ver qué plataforma funciona mejor con su nicho. No tiene que usar todas las plataformas de redes sociales para tener éxito. En cambio, solo tiene que encontrar los que tienen la mayor concentración de su mercado objetivo. Por ejemplo, si apunta a un público más joven, lo más probable es que desee apuntar a Instagram, que tradicionalmente tiene un grupo demográfico más joven que Facebook. Si los productos que vende son para escritores, Twitter sería la plataforma ideal para usar, ya que la discusión abierta lleva a muchas personas a tener conversaciones entre ellos. Investigue y descubra dónde su mercado objetivo tiende a agruparse más. Después haga que sea su plataforma principal de marketing.

Identifique Qué Contenido Compartir en Cada Plataforma

Cada plataforma tiene diferentes estilos, y eso significa que diferentes tipos de contenido prosperan en diferentes redes sociales. Por ejemplo, Instagram se basa casi exclusivamente en contenido visual, mientras que Facebook prospera con una mezcla de contenido visual y escrito. Esto no debería tomarle demasiado tiempo, pero dedique algo de esfuerzo a aprender qué tipos de contenido funcionan mejor en cada plataforma. De esa manera, cuando planifique compartir sus redes sociales, podrá identificar a qué plataforma cargar su contenido.

Descubra Cómo se Distribuye el contenido en una red

Una cosa importante para aprender es cómo se mueve el contenido a través de las redes sociales. Por ejemplo, Twitter tiene una función de retweet, que permite a las personas informar un tweet y compartirlo con sus amigos. Instagram, sin embargo, no tiene ese propósito y solo tiene la capacidad de dar me gusta a las imágenes. Dedique un tiempo a estudiar cómo se distribuyen los diferentes tipos de contenido a través de la plataforma de redes sociales elegida, para que sepa qué esperar cuando comparta su propio contenido.

No Compartas Demasiado tu Contenido

Al final del día, cada vez que comparte su contenido en las redes sociales, el objetivo final es ver un aumento en el tráfico del sitio web y, con suerte, algunas conversiones. Esto puede reducir su visión y hacer que trate las redes sociales como si no fuera más que una máquina generadora de tráfico. Sin embargo, este no es el caso. En primer lugar, la mayoría de las plataformas de redes sociales tienen sus propios sistemas publicitarios y sistemas por los que quieren que pague. A menudo tienen restricciones algorítmicas que evitan que las publicaciones de contenido repetidas se difundan demasiado, incluso si tienes una gran cantidad de seguidores. Por ejemplo, Facebook solo permite que una publicación al día tenga la mayor cantidad de alcance orgánico. Si hay más publicaciones que solo una, descubrirá rápidamente que tendrá resultados decrecientes. Esto se debe a que Facebook vende sus propios anuncios y quiere que les compre espacio publicitario. No quieren que uses su plataforma completamente gratis.

Por lo tanto, es importante saber que los resultados que ve en la publicación orgánica serán limitados. Así que no pierdas demasiado tiempo compartiendo demasiado. Descubra cuál es el cronograma de publicación ideal para cada plataforma que está utilizando y mantenga ese cronograma. No intentes pasar de eso, porque solo verás resultados decrecientes.

Construir Conexiones y Relaciones

¡Las redes sociales son sociales! Si bien puede ser un negocio, es importante reconocer que las relaciones personales son una de las partes más importantes para crear una conexión con los clientes. No solo veas las redes sociales como una oportunidad para impulsar tus productos y tu contenido. En cambio, míralo como una oportunidad para crear un diálogo con tus lectores, hacer conexiones con ellos y lo más importante, aprender lo que quieren. Cuando pueda escuchar y aprender de sus lectores a través de las redes sociales, puede adaptarse sobre la marcha para mejorar su contenido. Tomar sugerencias agudizará el atractivo de su sitio web y, como tal, aumentará sus ventas y lectores.

Por el contrario, si solo te enfocas en impulsar tu propio contenido a través de las redes sociales, la mayoría de las personas llegarán a reconocerte como nada más que un impostor. A nadie le gusta que lo vendan sin permiso. Si ven a alguien constantemente enviando correos no deseados, hablando solo de sí mismos, se apagarán rápidamente. Esto cortará la relación y, al final, saboteará tus esfuerzos.

Un buen vendedor sabe que la amistad y la conexión ayudarán a aumentar la credibilidad y las ventas en el futuro. Así que no trate a sus seguidores y fanáticos en las redes sociales como nada más que datos. Háblales. Hazles preguntas. Aprenda sobre sus deseos y deseos. Comparte contenido que no sea tuyo; Comparta ideas que sean relevantes y significativas. ¡Cree conexiones reales y haga crecer su negocio con autoridad y credibilidad!

Use Grupos de Facebook y LinkedIn

Facebook y LinkedIn tienen funciones especiales conocidas como grupos. Estos grupos son a menudo clubes privados donde los miembros pueden conectarse y hablar entre ellos sobre temas específicos. Cualquiera puede crear un grupo de Facebook e invitar a miembros a su antojo. Algunos grupos están abiertos a cualquier persona para unirse, pero debe tener precaución al interactuar con estos grupos. Lo último que quieren es que alguien se una a su comunidad y comience a comercializar directamente con ellos.

En su lugar, debe crear su propio grupo, permitiendo que las personas interesadas en su producto y contenido se unan. Esto creará una pequeña comunidad donde podrá responder preguntas, ofrecer soluciones y compartir más de su contenido único con ellos. Si la comunidad comienza a crecer, eso es aún mejor, porque es posible que sus miembros inviten a otros a unirse. Con el tiempo, es posible que se encuentre con un grupo pequeño y específico lleno de personas interesadas en su contenido y productos, esto abrirá muchas posibilidades para la venta directa.

Prueba

1. Las redes sociales son mejores para
   a. Crear relaciones con fans y seguidores
   b. Venta de productos constantemente
   c. Compartir contenido
   d. Tanto A y C
2. La mejor plataforma para usar es
   a. Facebook
   b. Twitter
   c. Snapchat
   d. La plataforma que más utiliza su grupo demográfico objetivo
3. La gente quiere que les vendan cuando usa las redes sociales
   a. Verdadero
   b. Falso

Capítulo 8: ¿Cuáles son las Trampas Comunes del Marketing de Afiliación?

El marketing de afiliación tiene una barrera de entrada relativamente baja, lo que significa que la mayoría de las personas pueden participar si lo desean. Sin embargo, el hecho de que no haya nada que le impida comenzar con el marketing de afiliación no significa que sea fácil. De hecho, tener éxito en el marketing de afiliación puede ser algo difícil al principio. Hay tantos errores simples que se pueden cometer que los lastiman tanto a tiempo como a dinero. Estos errores pueden conducir a la desánimo o peor, ¡simplemente rendirse! Echemos un vistazo a algunos de los escollos más comunes del marketing de afiliación y las formas en que puede superarlos.

Negarse a Gastar Dinero

Seamos sinceros. No necesita mucho dinero para comenzar con el marketing de afiliación. No hay una cantidad loca de tarifas involucradas al principio. Si bien hay algunos programas de afiliados que cobran por la membresía, siempre puede encontrar otros afiliados que ofrecen sus servicios de forma gratuita. El costo más significativo en el que puede incurrir es el costo de crear el sitio web, crear contenido y comprar el nombre de dominio.

Sin embargo, el hecho de que pueda reducir el costo de una operación de marketing de afiliación no significa que deba evitar gastar dinero sin importar qué. Hay ciertas cosas en las que debería estar dispuesto a dar su dinero, como publicidad, cuotas de membresía y diseño de contenido. Todas estas cosas están diseñadas para ayudarlo a ganar más dinero en el futuro. La publicidad será especialmente uno de sus costos más importantes a medida que trabaja para expandir el tamaño de su negocio.

Algunos nuevos vendedores afiliados pueden acostumbrarse a negarse a gastar dinero. Miran la posibilidad de gastar unos pocos dólares aquí y allá como algo malo, esperando solo ver el retorno de sus esfuerzos. Pero el problema aquí es que tienes un negocio. Muy pocas empresas se pueden crear y mantener de forma gratuita. En lugar de preocuparse por el dinero como si nunca se volviera a ver, un buen afiliado se da cuenta de que está invirtiendo su dinero. Las inversiones están destinadas a generar ganancias, y con el marketing de afiliación, las ganancias pueden ser enormes. Sí, habrá costos en los que incurrirá a medida que avance, pero los costos son significativamente más bajos que la ejecución de cualquier otro tipo de negocio tradicional.

<u>Gastar Demasiado Dinero</u>

Otro problema que puede afectar a los principiantes es la necesidad de gastar demasiado dinero al comenzar. Hay muchos programas, cursos, guías y otros tipos de recursos que prometen todo tipo de excelentes resultados. Todo lo que necesita hacer es comprar el programa "X", y hará todos los trabajos pesados, o eso dice el anuncio. El problema con muchos de estos programas no es necesariamente que no funcionen, sino que los vendedores afiliados sin experiencia no tienen la experiencia para usarlos en todo su potencial.

Cuando recién esté comenzando, debe sentarse y crear un presupuesto realista para su primer sitio web de marketing de afiliación. Este presupuesto debe incluir todo lo que necesita para poner en funcionamiento el sitio web. Esto incluye la creación de contenido, los costos de diseño web, el alojamiento, el nombre de dominio y su presupuesto publicitario inicial. Dedique un tiempo a analizar cuánto costará, calcule los números y obtenga un presupuesto adecuado. Entonces, mantente firme. No cedas ante la necesidad de gastar demasiado en cualquiera de estas cosas, ya que recién estás comenzando. Más importante aún, no salgas de tu presupuesto para comprar programas y programas "necesarios" hasta que ya hayas demostrado a ti mismo que puedes ganar dinero sin ellos.

No caigas en la trampa de gastar demasiado al principio. En primer lugar, ni siquiera sabe si su nicho será rentable. Si pone demasiado dinero en un proyecto al principio y resulta ser un fracaso, acaba de perder una cantidad significativa de inversión. En cambio, gaste su dinero en fases, aumentando su gasto solo cuando vea resultados.

No Construir una Comunidad desde el Primer Día

La comunidad es una de las piezas más valiosas detrás del marketing de afiliación. Cuando decides que quieres crear un sitio web, estás haciendo más que solo poner algunas palabras sobre un tema de Wordpress. Estás construyendo una marca y una identidad. Una comunidad es una de esas cosas que ayudarán a reforzar y hacer crecer su marca con el tiempo. Algunos especialistas en marketing ignoran el aspecto de la comunidad y solo se centran en sí mismos, trabajando para crear sitios web unilaterales que no aprovechen la gran cantidad de personas que visitan a diario. Pero este es un tremendo error. Una comunidad permite que personas de ideas afines se reúnan alrededor de su sitio web y discutan cosas entre ellos. Les permite hacerle preguntas importantes y algunos miembros incluso pueden responder esas preguntas por usted. Una comunidad naturalmente ayudará a aumentar el tamaño y la lealtad de sus seguidores.

Crear una comunidad tampoco es difícil de hacer. Algunos optan por crear foros en su sitio web, donde personas de ideas afines pueden reunirse para hablar sobre el nicho elegido. Otros solo trabajan para crear grupos de Facebook o páginas de Twitter donde se pueden mantener discusiones. Hay muchas maneras diferentes de crear y fomentar una comunidad como comercializador. Si comienza el primer día, su comunidad crecerá junto con su sitio web. Cuantas más personas decidan unirse a su comunidad, mayor será el impacto que tendrán en otros dentro de sus círculos. No ignores el poder de una comunidad; en su lugar, haga todo lo posible para aprovecharlo.

Volverse demasiado ventajoso al exagerar los resultados

Su credibilidad es una de las cosas más importantes cuando se trata de marketing en línea. Las personas no van a confiar mucho en ti cuando te encuentren por primera vez en línea. La naturaleza de Internet puede ser depredadora, y las personas deben ser cautelosas al tratar con cualquier nueva fuente de información. Con el tiempo, cuando muestres cosas que te hacen confiable, la gente comenzará a entrar en calor contigo. La credibilidad es difícil de ganar pero increíblemente fácil de perder. Todo lo que necesita hacer es dar un solo paso en falso, y podría destruir la confianza de un año.

Muchos nuevos vendedores afiliados consideran el resultado final como lo único que importa. Sus ojos se ensanchan demasiado ante la idea de obtener una venta, y se sienten tentados a hacer atajos. Una de esas alternativas es exagerar los resultados y el valor de un producto. Un producto no es simplemente útil, no, afirman que es el último producto que necesitará comprar en este nicho. Resolverá todos los problemas del cliente. Durará para siempre. Es prácticamente indestructible. La lista sigue y sigue, pero los resultados finales son siempre los mismos. El consumidor realiza la compra, se da cuenta de que la han tenido y pierde toda confianza en usted. Claro, conseguiste una dulce comisión de $ 20.00, pero perdiste un cliente por el resto de tu vida.

Al final del día, todo lo que tienes es tu credibilidad. Protégelo con tu vida. No exageres, no mientas y ciertamente no tomes atajos morales. Una venta es una vez, pero una reputación es para siempre.

Trabaje con un Socio

Si bien es cierto que puede hacerlo solo cuando trabaja como comercializador afiliado, trabajar solo puede ser algo abrumador. Hay muchas partes móviles en un buen sitio web afiliado, desde la creación de contenido hasta el análisis de métricas y la gestión de las redes sociales. Puede ser bastante abrumador con el tiempo, y puede terminar sufriendo de una deficiencia en su productividad. Si ese es el caso, ¡podría estar perdiendo dinero!

Trabajar con un socio es una excelente manera de remediar estos problemas. Al dividir la carga de trabajo de manera equitativa, podrá mantener su sitio web con regularidad sin correr de manera irregular.

Más importante aún, con el socio adecuado, podrá aumentar su potencial de ganancias. Por supuesto, su socio no trabajará gratis, ya sea que tendrá que pagarles u ofrecerles una división adecuada de las ganancias, pero cuantas más manos estén involucradas en el proyecto, más dinero ganará.

<u>Síndrome de Objeto Brillante</u>

¡El Síndrome del Objeto Brillante es una enfermedad mortal que puede matar a muchos empresarios sin que se den cuenta! ¿Qué es exactamente? Es donde un emprendedor se distrae continuamente con nuevas ideas o técnicas comerciales. Saltan de idea en idea, nunca se establecen y se centran en lo que realmente importa. En cambio, siguen estudiando nuevas tecnologías, siguen comprando cursos, dedican todo su tiempo a leer libros sobre nuevos tipos de métodos de venta sin tener que apegarse a un solo plan. Están perpetuamente en la fase de planificación.

Peor aún, si de alguna manera pueden salir de la etapa de planificación y lanzar un sitio web, no se quedarán por mucho tiempo. Se impacientarán con la falta de resultados o quedarán fascinados con una nueva idea y luego intentarán algo completamente nuevo, dejando atrás sus viejos esfuerzos.

El Síndrome del Objeto Brillante puede sucederle a cualquier emprendedor que no sea disciplinado. Parte de ser un buen empresario es tener la disciplina para mantener el rumbo. Una vez que haya desarrollado un plan de negocios, una vez que haya realizado la investigación y todo lo que le queda es esforzarse, debe continuar hasta que obtenga los resultados que busca. La capacidad de decir "no" a cualquier idea nueva hasta que ya haya ganado dinero con su enfoque actual puede ser difícil para algunas personas. Pero es lo que separa el trigo de la paja. Cualquiera puede idear un plan de negocios, y cualquiera puede armar rápidamente un sitio web para marketing de afiliación. Pero lo que hace que un verdadero emprendedor sea lo que es, es la capacidad de cumplir con lo que ha planeado hacer.

Delegar Tareas

Por difícil que sea aceptarlo, no vas a ser bueno en todo. Todos tienen sus trajes fuertes y sus áreas débiles. Un buen emprendedor no es alguien que carece de debilidad. En cambio, es alguien que es muy consciente de sus defectos y trabaja para sortearlos. Suponga que es excelente para crear sitios web y encontrar buenos anunciantes con los que trabajar, pero tiene grandes dificultades con las redes sociales. En lugar de seguir luchando, puede optar por contratar a alguien para que trabaje como administrador de redes sociales, incluso si es solo por unas pocas horas al mes, solo para ayudar a circular su contenido.

Puede ser un desafío renunciar al control total de su negocio, especialmente si es alguien que tiene una gran necesidad de estar a cargo en todo momento. Sin embargo, al contratar talento que pueda llenar los vacíos, aumentará su potencial de ventas, lo que a su vez equivale a mayores niveles de ganancias. Puede costarle un poco de dinero a corto plazo. Todo tiene un compromiso. Si no es un creador de contenido experto, su sitio web no será competitivo en el mercado de información en línea. Esto hará que te quedes atrás y, a su vez, dañará tus resultados. Siempre estás pagando por algo de una forma u otra. El truco es aprender a pagar solo por las cosas que le harán ganar más dinero en el futuro.

<u>Fallo al Rastrear Resultados</u>

Una de las partes más importantes de ser emprendedor es aprender a seguir los resultados. Nunca podrá determinar si sus esfuerzos realmente están funcionando si no está seguro de alguno de los datos. Gracias a sitios web como Google Analytics y Facebook Ads, estamos en una era dorada de seguimiento de información. Si invierte el tiempo requerido al principio, podrá determinar cuántas personas visitan su sitio web, de dónde proviene el tráfico, en qué productos están haciendo clic la mayoría de las personas y otros detalles importantes.

La medición de resultados le permitirá mejorar sus métodos de venta de productos. Podrá ver en qué productos se hace más clic y cuáles no se interactúan en absoluto. Con sistemas avanzados de seguimiento de resultados, como mapas de calor, incluso podrá ver dónde pasan la mayor cantidad de tiempo en su sitio web sus lectores.

El hecho es que puede aprender mucho sobre sus lectores y sus hábitos, así como también cómo puede mejorar sus argumentos de venta con análisis. Sin embargo, si no puede rastrearlos, si no aprende a analizar e interpretar datos, no tendrá esa ventaja. En cambio, solo adivinará cada semana cuando se trata de qué tan bien está funcionando su sitio web. Sería similar a operar un automóvil sin siquiera mirar el medidor de combustible. No tendría idea de cuánto gas tiene en el tanque hasta que tome la decisión de mirarlo. Las métricas son el combustible para un buen sitio web. ¡Revísalos tan a menudo como puedas!

Prueba

1. ¿Qué importancia tienen los análisis para su negocio?
   a. Extremadamente importante
   b. Moderadamente importante
   c. Algo importante
   d. Nada importante
2. La exageración está perfectamente bien cuando se trata de marketing
   a. Verdadero
   b. Falso
3. Síndrome de objeto brillante significa
   a. Constantemente distraído por nuevas ideas
   b. Querer ganar más dinero en línea
   c. Fascinación por los Espejos.
   d. Aprender nuevos métodos de marketing.
4. La mejor manera de trabajar como vendedor afiliado es solo

a. Verdadero
b. Falso

Capítulo 9: Cómo Elegir su Nicho

Elegir un nicho es uno de los principales desafíos detrás del marketing de afiliación. Querrá encontrar un nicho que esté subrepresentado en línea, con poca competencia y un gran número de personas interesadas. Esta es una tarea difícil y tomará mucho tiempo e investigación. Incluso con la mayoría de los estudios, todavía no hay garantía de que el nicho que elija funcione bien hasta que realmente ponga en funcionamiento el sitio web. Aún así, hay formas de ayudarlo a aumentar sus posibilidades de éxito la primera vez, veamos algunos pasos críticos.

Haga una lista de sus pasatiempos, intereses y pasiones.

Lo creas o no, pero el primer paso para encontrar un nicho es mirar dentro de ti. Dado que va a ser usted quien esté trabajando en generar contenido excelente y relevante, querrá elegir un nicho con el que esté familiarizado. Al crear una lista de tus pasatiempos, intereses y pasiones, podrás ver si hay algo que te llame la atención. Cuanto más entusiasmado esté con un nicho específico, mayores serán las posibilidades de éxito. Y la mejor manera de apasionarse por un nicho es encontrar uno que ya le interese. Internet es un lugar inmenso, por lo que existe una gran posibilidad de que haya otras personas que estén tan entusiasmadas con estos pasatiempos o pasiones. Como tú eres.

Organice los Temas que Ha Elegido en Orden de Cuánto le Gusta Hablar de Ellos.

Una vez que haya terminado de crear las listas, es hora de organizarlas. Coloque los temas de los que más le gusta hablar en la parte superior de la lista y clasifíquelos acordemente. Recuerde, al principio, querrá crear una buena parte del contenido, y eso significa que se dedicará principalmente al nicho. Al elegir un campo del que te encanta hablar, significa que no te aburrirás rápidamente.

Encuesta los Intereses de Otras Personas en el Tema

Una vez que tenga una idea general de los tres o cuatro nichos principales que ha extraído de su lista, es hora de comenzar a buscar para ver si existe un interés lo suficientemente amplio en el tema en línea. Esto llevará algún tiempo, pero es una parte vital de la fase de investigación. Busque en línea, use herramientas como Google Trends para ver cuántas personas están buscando términos específicos para su nicho. Si ve que hay un mercado lo suficientemente amplio, una demanda lo suficientemente grande para ese nicho, entonces podría haber encontrado a su ganador. Pero aún no has terminado. Un nicho de mercado es una combinación de un tema específico y limitado y un mercado desatendido. Esto significa que no puede tener una cantidad sustancial de competencia si va a comercializar de manera efectiva.

Encuesta la Competencia

Una vez que haya finalizado un tema específico, deberá encuestar a la competencia. Busque sus sitios de nicho y haga algunas observaciones. ¿Son fuertes los sitios web? ¿Están bien diseñados? ¿Parecen que están haciendo la cantidad correcta de negocios? ¿Hay áreas que son débiles? ¿Puedes competir con ellos? Lo más importante, ¿la página principal de la búsqueda de Google está llena de una competencia masiva? Uno o dos competidores bien diseñados son excelentes, pero si te das cuenta de que cada enlace en la página principal pertenece a un competidor diferente con un sitio web bien diseñado y una gran cantidad de buen contenido, definitivamente necesitarás encontrar otro nicho .

Un nicho de mercado simplemente no puede estar demasiado lleno de buenos creadores de contenido, especialmente si el grupo de anunciantes para ese nicho es bastante superficial. Esto puede resultar decepcionante, especialmente si descubre que su tema favorito está sobrepoblado, pero no se preocupe. Hay otros nichos para cubrir, o puede trabajar para encontrar una solución que otros competidores no brinden en este campo.

Encuentra los Problemas Más Buscados sobre este Nicho

Mediante el uso de herramientas de motores de búsqueda, como Google Keyword Planner, tiene la capacidad de descubrir sobre qué están escribiendo las personas en relación con su nicho. Con un poco de tiempo, puede buscar frases comunes escritas sobre problemas relacionados con su nicho elegido. Por ejemplo, si está ejecutando un sitio web de pesca, es posible que las personas busquen constantemente "desenredar rápidamente el carrete". Luego, simplemente documente estos problemas que las personas encuentran y avance al siguiente paso.

Encuentre productos afiliados que puedan resolver estos problemas

Todo el marketing se trata realmente de resolver problemas. Las personas tienen problemas en su campo de nicho y están buscando soluciones. Al aprender cuáles son estos problemas, puede comenzar a adquirir las soluciones. Una vez que haya encontrado productos afiliados que resuelvan estos problemas, la mayor parte del trabajo preliminar estará listo. Todo lo que necesita hacer es ayudar a sus lectores a darse cuenta de estas soluciones, y aquellos que estén buscando estas soluciones harán las compras lo más rápido posible.

Así es como se separa de un nicho que también puede tener competidores fuertes. Si ve un nicho que tiene poca competencia, pero tienen sitios web elegantes y alto contenido, puede trabajar para identificar qué problemas no están abordando. Esto puede brindarle una ventaja significativa, ya que puede trabajar para obtener esos productos de solución y luego incorporarlos en gran medida a sus técnicas de marketing.

Prueba

1. ¿Cuál es el mejor tema para un nicho?
    a. Lo que sea que se venda
    b. Una pasión, interés o pasatiempo que amas
    c. Equipo de Pesca
    d. Todas las Anteriores
2. ¿Por qué es importante la pasión a la hora de elegir un nicho?
    a. Disfrutarás genuinamente de lo que estás haciendo
    b. Comprenderá más sobre los productos que está vendiendo.
    c. Tendrá un mejor nivel de comunicación con los clientes.
    d. Todas las Anteriores
3. Un mercado desatendido significa
    a. No hay una gran cantidad de opciones para los consumidores en ese nicho

b. Hay un bajo nivel de competencia en el campo.
  c. Tanto A como B
  d. Hay demasiada competencia para entrar
4. Las personas compran productos porque tienen un problema que necesitan resolver
  a. Verdadero
  b. Falso

Capítulo 10: Cómo Construir su Lista de Correo Electrónico

La lista de correo electrónico es una de las partes más importantes del marketing en línea. Una lista de correo electrónico le permite capturar los correos electrónicos de posibles clientes potenciales y luego enviarles directamente ofertas especiales y otros tipos de comunicaciones. Mientras que otros tipos de esfuerzos de marketing, como los anuncios pagados, pueden ignorarse rápidamente al pasar por un consumidor, los anuncios por correo electrónico tienden a ser un poco diferentes. Dado que llegan directamente a la bandeja de entrada de un cliente, tienen más posibilidades de ser leídos. No solo eso, dado que el correo electrónico se envía a su grupo demográfico objetivo, también tiene una mayor probabilidad de conversión. Esto significa que podrían estar interesados en comprar los productos de los que habla su correo electrónico. ¡Y la mejor parte es que puede enviar correos electrónicos a los clientes de su lista las veces que quiera, sin costo alguno!

Si quieres ser un vendedor afiliado serio, entonces tendrás que dedicar tiempo y esfuerzo para construir una lista de correo electrónico efectiva. Afortunadamente, ¡hacerlo es gratis y fácil! Veamos cómo puedes crear tu lista de correo electrónico.

Crear una Página de Captura de Lead

La primera y más crucial parte de la construcción de una lista de correo es crear una página de captura de leads. También conocido como una página de compresión, aquí es donde dirigirá el tráfico web explícitamente con el fin de capturar correos electrónicos. Los correos electrónicos son extremadamente valiosos en el negocio de marketing, por lo que significa que debe priorizar obtenerlos tanto como pueda, especialmente cuando recién está comenzando. Una buena parte de sus esfuerzos de marketing debe ser capturar clientes potenciales. Esto significa que deberá crear una página útil de captura de leads.

Crear uno no es demasiado difícil. Simplemente puede crear uno en su propio sitio web, dedicar un tiempo a crear un diseño visual diferente para ayudarlo a diferenciarlo de sus páginas web habituales, o puede utilizar un servicio específico, como LeadPages, que ofrece la capacidad de crear páginas principales en funcionamiento en cuestión de minutos.

Crea una Propuesta de Valor Única

Parte de la creación de un sistema de captura de lead es aprender a adquirir correos electrónicos. La mayoría de las personas no solo entregarán sus correos electrónicos por nada. Para obtener estos correos electrónicos, deberá ofrecer una propuesta de valor, ofreciendo algo al líder potencial a cambio de su correo electrónico. Estas ofertas se conocen como imanes de leads. Esto puede ser tan simple como un libro electrónico gratuito o incluso algunos cupones para uno de los programas de afiliados que está utilizando. Cuanto más atractiva sea la oferta, más posibilidades tendrá de obtener la dirección de correo electrónico de su cliente potencial.

Una buena propuesta de valor es algo específico del nicho de su mercado objetivo. Deberá ofrecer algo que sea relevante y único para su campo, ofreciéndoles algo que los motive a registrarse en su formulario de correo electrónico. Tampoco tiene que ser un regalo muy caro. Solo tiene que ser algo que haga que su mercado objetivo haga una pausa y piense "Quiero eso". Si puede lograr que quieran su imán principal, se convertirán y le enviarán sus correos electrónicos.

Desea ser cauteloso al crear inicialmente su imán de lead. Si construye un imán demasiado atractivo, puede terminar obteniendo clientes potenciales de baja calidad. Estos son leads que no están muy interesados en tu nicho o en lo que tienes que vender. En cambio, la única razón por la que se inscribieron fue por el regalo gratis. Esto puede suceder con bastante frecuencia, especialmente si su regalo es demasiado atractivo para el público en general.

En cambio, debe trabajar para crear algo que solo atraiga a su audiencia principal. No haga que el regalo sea abrumadoramente valioso y, sin duda, asegúrese de que el regalo de alguna manera acerque su cliente potencial a la compra.

<u>Solicite Correos Electrónicos de Forma Natural.</u>

Si bien querrá crear una página de destino que exalte la virtud de unirse a su lista de correo, también querrá anunciar su lista de correo electrónico en su sitio web habitual. Quizás sea simplemente un pequeño párrafo al final de una publicación de blog, o tal vez esté en algún lugar de la página de inicio. De cualquier manera, si ese es el caso, querrá solicitar su correo electrónico de forma natural. Solo mencione que tiene un boletín informativo y que le encantaría enviarles actualizaciones y ofertas especiales. No presiones mucho. Después de todo, las personas no visitan directamente su sitio web para una venta adicional. Ese es el punto de tu página de destino. En cambio, solo tenga presente un recordatorio simple, naturalmente pidiendo correos electrónicos sin ningún tipo de venta difícil.

Limite la Cantidad de Veces que Solicita un Correo Electrónico

Este es un consejo que la mayoría de los vendedores en línea tienden a olvidar o ignorar por completo. Recibir un correo electrónico tiene mucho valor, eso no se puede negar, pero no todos quieren regalar su correo electrónico. Si la propuesta de valor no es suficiente para motivar al lector a suscribirse, y si no tienen interés en un boletín informativo o en recibir información del producto, lo más probable es que no vea una conversión de ellos. Eso está bien, pero si presiona demasiado y con demasiada frecuencia, puede terminar irritándolos.

Las ventanas emergentes son una herramienta útil cuando se trata de generar correos electrónicos. Si bien la mayoría de las personas consideran que los anuncios emergentes son una molestia, el uso de un banner emergente inofensivo y bien diseñado para mostrar que tiene una lista de correo puede en realidad ser un porcentaje de sus visitantes. Sin embargo, querrá asegurarse de configurar las ventanas emergentes solo para mostrarse a los nuevos visitantes. Después de eso, asegúrese de que sus ventanas emergentes no molesten a los mismos visitantes una y otra vez. Además, asegúrese de que sus anuncios no los sigan de una página a otra. Nada puede ser más irritante que pasar de un enlace a otro en un sitio web, solo para ser seguido por el mismo tipo de ventana emergente cada vez.

Crear Muchos Tipos de Listas

No tiene que atenerse a un solo tipo de lista de correo electrónico. De hecho, no deberías limitarte solo con uno. En su lugar, debe crear algunos tipos diferentes de listas de correo electrónico, cada una con diferentes propuestas de valor y propósitos. Por ejemplo, podría tener una lista de correo de boletín, una lista de correo para enviar ofertas especiales y otra lista de correo para enlaces de referencia. Separar sus clientes potenciales lo ayudará a realizar un seguimiento de cuáles buscan activamente realizar compras, cuáles están realmente interesados en el blog y cuáles están abiertos a ofertas especiales. Siéntase libre de experimentar con tantos tipos de listas diferentes como desee, hasta que finalmente tenga la proporción ideal que está buscando.

<u>Comprometerse con el Cliente</u>

Una vez que tenga acceso a los correos electrónicos del cliente, puede enviarles comunicaciones cuando lo desee. Sin embargo, es importante recordar que cuando un cliente le envía un correo electrónico, es una señal de confianza. Están buscando que les proporciones algún tipo de valor. Debe tratar sus correos electrónicos con respeto y abstenerse de enviarles demasiados correos electrónicos al día. En su lugar, intente utilizar su lista de correo electrónico como la capacidad de interactuar con los clientes en un nivel más profundo.

Por ejemplo, puede usar su lista de correo del boletín como una oportunidad para compartir noticias sobre su sitio web a medida que crece. Si tiene nuevos productos para revisar, puede hablar sobre eso, o puede compartir lo que ha estado sucediendo detrás de escena. Principalmente, desea interactuar con sus lectores dándoles comunicaciones personales. Esto creará la imagen de que eres más que un sitio web sin rostro y establecerá una conexión más fuerte.

Además de eso, también puede usar su lista de correo como una oportunidad para enviar preguntas y encuestas a sus lectores, obteniendo una mejor idea de lo que quieren ver más en su sitio web. Esto tiene un doble beneficio, el primero es que sus clientes sienten que escuchan y se preocupan por su opinión y el segundo es que puede personalizar mejor su sitio web para satisfacer las necesidades de los consumidores.

Mantenga los Correos Electrónicos Privados

Una de las cosas más importantes para recordar es que un correo electrónico debe permanecer confidencial. Cuando un cliente le confía su correo electrónico, tiene la impresión de que tiene la intención de usar su correo electrónico solo para sus propios fines comerciales. Esto significa que debe abstenerse de cualquier comportamiento poco ético, como vender sus datos a otras empresas.

Además de abstenerse de vender sus datos personales, también debe asegurarse de no contaminar de manera cruzada sus correos electrónicos. Por ejemplo, si está ejecutando dos sitios web separados, uno que vende equipo de pesca y el otro que vende equipo de senderismo, ambos bajo dos marcas diferentes, entonces debe tratar las listas de correo electrónico como separadas. Puede haber una tentación de enviar correos electrónicos cruzados, optando por enviar algunos de sus correos electrónicos con temas de pesca a la lista de correo de senderismo, pero esto solo causará problemas por varias razones.

La primera razón es que un cliente no optó por registrarse en la lista de correo de pesca, eligió en la lista de senderismo. Cuando reciben una lista de pesca, se confundirán sobre por qué la están recibiendo. El mensaje no será bien recibido y lo más probable es que se elimine de inmediato.

El segundo problema es que el cliente puede darse cuenta de que la misma compañía le envía por correo una marca diferente. Esto tiene el potencial de irritarlos o hacer que pierdan su confianza en usted, ya que específicamente querían comunicarse con una marca. Esto genera mala voluntad que en última instancia puede conducir a la pérdida de confianza o, lo que es peor, a la pérdida de un cliente.

Es esencial que siempre recuerde mantener todas sus listas de correo separadas entre sí, por respeto a su cliente. Mantenga sus datos confidenciales y nunca contamine de forma cruzada.

Crea tus Autorespondedores

Una gran característica del uso de un sistema de gestión de listas de correo como MailChimp es el hecho de que permiten la automatización. Las respuestas automáticas le permiten responder acciones específicas, como un registro, automáticamente, enviando un correo electrónico prefabricado a su cliente. Entonces, si está ofreciendo un libro electrónico gratuito, por ejemplo, querrá usar un correo electrónico de respuesta automática que enviará automáticamente el enlace de descarga a cualquier nuevo cliente. ¡Esto le ahorra el valioso tiempo de tener que hacerlo usted mismo y, lo que es más importante, le brinda a un cliente una gran experiencia porque obtiene el artículo de valor casi al instante!

También puede usar autorespondedores para todo tipo de tareas. Por ejemplo, si desea enviar un tipo personalizado de correo electrónico, agradeciendo a una persona por unirse, una semana después de recibir su obsequio, solo para recordarle su sitio web, puede personalizar un autoresponder para hacerlo. ¡También puede usar el autoresponder para enviar sus publicaciones de blog más populares de una serie, dando a su lector información valiosa, llegando directamente a su bandeja de entrada!

Pero como todas las cosas relacionadas con el correo electrónico, asegúrese de no exagerar. Lo último que desea hacer es inundar accidentalmente a su cliente potencial con demasiados correos electrónicos en un corto período de tiempo.

Asegúrese de que sus autorespondedores estén separados de manera uniforme y que haya al menos unos días entre cada correo electrónico automático. De lo contrario, ¡podría arriesgarse a que hagan clic en el botón para cancelar la suscripción!

Elija su Enfoque de Marketing por Correo Electrónico

Hay muchos enfoques diferentes que puede adoptar con el marketing por correo electrónico. Puede enfocarse en una campaña de correo electrónico a largo plazo, destinada a ver conversiones durante un período de tiempo constante o puede enfocarse en bombardeos a corto plazo, enviando solo unos pocos correos electrónicos a un cliente, pero cada correo electrónico contiene una venta más difícil. La elección es realmente tuya. Pero en cuanto al enfoque, deberá tener en cuenta tanto el contenido como la frecuencia.

Como regla general, si el contenido está destinado a dar como resultado una venta directa, debe enviarlo con poca frecuencia. Enviar uno o dos métodos de venta directa dentro de un mes sería una excelente manera de comenzar. Luego, puede registrar a aquellos que convierten y agregar sus correos electrónicos a una lista específica, ya que tienen un historial comprobado de ser los que convierten.

Si el contenido no está destinado directamente a la venta, puede conformarse con un correo electrónico semanal sin demasiado miedo. Crear un programa de contenido para sus correos electrónicos lo ayudará a planificar cuáles desea enviar y a quién.

Los enfoques agresivos están bien, siempre que mantenga suficiente tiempo entre correos electrónicos. Encontrar ese punto óptimo puede ser difícil, pero afortunadamente, tiene el poder de las métricas para evaluar su rendimiento. Si ve que enviar tres correos electrónicos de venta directa en un mes da como resultado una pérdida del 60 por ciento de suscriptores, debe cambiar su frecuencia de envío, mejorar el valor de su propuesta de correo electrónico o, mejor aún, encontrar suscriptores de mayor calidad. Si descubre que no está perdiendo muchos suscriptores con su frecuencia actual, o que está experimentando un número aún mayor de conversiones, lo más probable es que haya encontrado la frecuencia de correo electrónico perfecta. Sigue así hasta que las cosas comiencen a cambiar.

Las campañas publicitarias por correo electrónico no son una ciencia exacta. Cada cliente es diferente, pero gracias a las métricas podrá determinar qué tan eficientes son sus campañas. Podrá decidir qué correos electrónicos funcionan mejor y cuáles tienen un rendimiento inferior. Por lo tanto, no se preocupe demasiado por lograr que su campaña de correo electrónico sea perfecta al principio, porque realmente, es un juego de ajustes a medida que avanza solo. Realiza cambios aquí o allá, arreglando y mejorando su rendimiento con cada correo electrónico que envía.

Evite Comprar Clientes Potenciales

Cuando recién comienza, puede encontrar algunos servicios que ofrecen venderle clientes potenciales de correo electrónico de alta calidad. Tienen listas de correo electrónico patentadas en el campo "X", y por una tarifa pequeña (o grande), todo puede ser suyo, para hacer lo que quiera. El problema con estas listas de leads es que no hay forma de verificar si estos leads son buenos. La mayoría de las veces, son solo viejos correos electrónicos recopilados a través de los años por algún gran recopilador de datos. No hay garantía de que estos clientes potenciales sean de alta calidad o estén remotamente interesados en recibir correos electrónicos de usted.

La mayoría de las veces, estas listas de correo electrónico son solo piezas de basura que venden los vendedores ambulantes que buscan ganar dinero rápidamente en línea. Muchas veces, han recopilado los datos de alguna compañía, habiendo pagado centavos por unos pocos miles de correos electrónicos inútiles. Los clientes no responderán a esos correos electrónicos y lo más probable es que la mayoría de ellos sean solo cuentas de correo electrónico hechas para recolectar spam de todos modos.

El hecho es que no hay nada que reemplace sus propios esfuerzos y energía cuando se trata de generar leads de alta calidad. Sí, puede llevar más tiempo, y sí, puede ser más costoso en términos de costos publicitarios, pero al final del día, cada cliente potencial que genere por su cuenta será suyo durante el tiempo que desee. No incurrirá en ninguna tarifa de marketing adicional para enviar correos electrónicos directamente a estos clientes potenciales. Vale la pena el precio de entrada.

Prueba

1. ¿Qué hace que una lista de correo electrónico sea tan importante?
    a. Puedes comercializar directamente con los consumidores
    b. Los correos electrónicos se pueden vender por efectivo
    c. A los consumidores les encanta inscribirse en cosas
    d. Tanto B como C
2. ¿Con qué frecuencia debe solicitar correos electrónicos de los visitantes?
    a. Sólo una vez
    b. Tan a menudo como puedas,
    c. Tres o cuatro veces
    d. Nunca
3. ¿Qué es un imán de lead?
    a. Un producto o servicio que los consumidores obtienen a cambio de sus correos electrónicos
    b. Un tipo de anuncio de Facebook
    c. Un producto físico que se vende en su sitio web.

    d. Ninguna de las Anteriores
4. ¿Qué tipo de correos electrónicos deben enviarse a los clientes?
    a. Boletines informativos
    b. Promociones de productos
    c. Promociones de Contenido
    d. Todas las antetiores
5. A los clientes no les importa si reciben spam o no
    a. Verdadero
    b. Falso

Capítulo 11: ¿Qué Estrategias de Marketing de Afiliación Puede Emplear?

Una vez que tenga todos los elementos básicos juntos, es hora de que comience a centrarse en la estrategia. Una estrategia buena y efectiva puede darle una ventaja, mejorar el valor de su sitio web y aumentar las ventas. Recuerde, un objetivo no es una estrategia. Claro, es posible que tenga un número final en mente, alguna idea de cuánto dinero desea ganar a largo plazo, pero solo porque tenga un objetivo no significa que tenga los métodos necesarios para alcanzar ese objetivo.

Este capítulo se centrará en algunas estrategias diferentes que puede utilizar a medida que trabaja para alcanzar sus objetivos como vendedor afiliado. Echemos un vistazo a algunos métodos diferentes que pueden ayudar a agudizar y mejorar tanto la experiencia del cliente como sus ventas.

Rastrea el Movimiento de Tus Usuarios

Al utilizar un sistema de seguimiento conocido como mapa de calor, puede seguir la actividad en tiempo real de los usuarios en su sitio web. Puede ver dónde han estado sus movimientos del mouse, creando focos de "calor" en su pantalla, las áreas más calientes en la pantalla son las que tienen la mayor cantidad de atención del mouse. Un mapa de calor lo ayudará a capturar la imagen más precisa de lo que les interesa exactamente a los usuarios en su sitio web. Puede usar esta información para producir más contenido que sea similar a las partes más populares de su informe, así como para entregar menos contenido en áreas que se están enfriando.

Un mapa de calor también le ayuda a comprender las conversiones. Si observa que un banner publicitario específico o un enlace de afiliado tiene una gran cantidad de calor, pero pequeñas cantidades de clics reales, algo podría estar mal. O no está presentando el tipo correcto de publicidad para estos enlaces, el gráfico no es lo suficientemente atractivo o hay algún otro factor que los detiene al menos hacer clic.

Si bien puedes aprender mucho de los mapas de calor, siguiendo el movimiento de tus usuarios, no podrás descubrir directamente por qué interactúan con tipos específicos de contenido más que otros. Simplemente no puede preguntarles sus pensamientos y opiniones. Lo único que puede hacer es inferir de los puntos de datos y llegar a sus propias conclusiones. Pero aun así, el valor de un mapa de calor es increíblemente alto. ¡Te dará la capacidad de adaptarte y reaccionar ante la forma en que las personas ven tu sitio web desde hoy!

Encontrar un servicio de mapas de calor tampoco es muy difícil. Hay muchos servicios en línea que ofrecen el uso de mapas de calor gratuitos, así como otros que ofrecen actualizaciones pagas para obtener acceso a mejores métricas. Realmente es solo una cuestión de encontrar el software adecuado para usted.

Juzgue a cada afiliado según su página de destino

Una cosa importante a tener en cuenta es que cuando venda productos afiliados, las personas que hagan clic en los enlaces serán dirigidas fuera de su sitio web a la página de inicio del anunciante. Esto significa que hay ciertas cosas que están fuera de tu alcance, como el diseño web y una buena copia del anuncio. Entonces, si bien es posible que tenga un sitio web brillante con una buena copia y diseño, su página de destino de afiliado podría no ser tan atractiva. Si ese es el caso, podría apagar rápidamente a sus clientes cuando aterrizan.

Por lo tanto, es importante que juzgue a cada afiliado según su página de destino. Es mejor encontrar productos con páginas de destino funcionales y bien diseñadas. De lo contrario, podría terminar desperdiciando la mayor parte de sus esfuerzos. Afortunadamente, la mayoría de los anunciantes saben que esta es una parte esencial de la ecuación, por lo que están dispuestos a gastar su tiempo y energía en crear excelentes páginas de destino, pero de vez en cuando puede terminar encontrando un negocio que no paga nada. atención al diseño web. Si ese es el caso, lo más probable es que desee evitar vender esos productos, incluso si se ajustan perfectamente a su nicho.

Comprender los factores que Afectan las Tasas de Conversión de la Página de Destino

Hay muchas cosas que pueden afectar las tasas de conversión de la página de destino. Ya sea en su sitio web o en sus anunciantes, los clientes buscan resultados específicos al navegar en línea. El primero y más grande es la velocidad de carga. El cliente promedio solo está dispuesto a esperar unos 2 segundos para que un sitio web termine de cargarse. ¡Después de 3 segundos, verá una tasa de pérdida de casi el 40% de su tráfico! Por lo tanto, deberá pasar tiempo trabajando y supervisando las velocidades de carga de su sitio web. Asegúrese de hacer todo lo que esté a su alcance para que el sitio web se cargue lo más rápido posible. Dedique un tiempo a estudiar qué tipo de complementos necesitará para obtener una velocidad de carga rápida. Luego, asegúrese de utilizar un probador de velocidad en línea, como Google Speed Test, para determinar qué tan rápido se carga su sitio en diferentes partes del país y del mundo. Estos evaluadores a menudo pueden determinar qué áreas le causan la mayor cantidad de problemas en términos de velocidad de carga, lo que le da una idea de lo que necesita solucionar.

Otra cosa a considerar con las tasas de conversión de la página de destino es el costo. No puede esperar que cada persona que llegue a su página de destino realice una conversión porque las personas son naturalmente reacias a gastar dinero. Por lo tanto, tenga en cuenta ese factor al mirar sus tasas de conversión. Los puntos de precios más altos causarán niveles de conversión más bajos, mientras que los puntos de precios más bajos pueden aumentar sus posibilidades de conversión. Por supuesto, no puede elegir cuáles son los precios de estos productos, así que no se preocupe demasiado. Solo sepa tener expectativas realistas basadas en el costo de los productos que está vendiendo.

La copia del anuncio es la siguiente parte más importante de la tasa de conversión de una página de destino. Deberá crear una copia de anuncios que se venda, una copia que los motive lo suficiente como para hacer clic en el botón Comprar ahora. Esta no es la tarea más fácil, pero se hará mucho más fácil si tienes una copia bien escrita. Por lo general, querrá concentrarse lo más estrictamente posible en un solo producto. Dividir la atención en una página de destino nunca es una buena idea porque aumenta las posibilidades de que el consumidor quede paralizado por las opciones que tiene delante. En su lugar, cree una página de destino que se centre en un solo producto a la vez. Es posible que necesite crear cinco páginas de destino diferentes si está vendiendo cinco productos diferentes, ¡pero eso es algo bueno! Mantener sus productos divididos entre sí significa que cada lector está completamente cautivado por el producto único que tiene delante. Mantenga todas las copias de anuncios enfocadas en las virtudes y los beneficios del producto individual y verá una mayor tasa de conversiones que si estuviera ofreciendo una gran variedad de opciones en una sola página.

Concéntrese en el Tráfico de Alta Calidad para sus Páginas de Destino

Recuerde, quiere tráfico de alta calidad más que cualquier otra cosa. Esto significa que desea que las personas que están específicamente en su mercado objetivo visiten sus páginas de destino. ¿Por qué? ¡Porque las personas dentro de tu nicho son las que realmente se convertirán! Las personas que están fuera del nicho no ahorrarán, e incluso si lo hacen, el costo de hacer que cambien es significativamente mayor que las personas dentro de su mercado objetivo.

Piénsalo. ¿Qué es más natural, hacer que un pescador salga a pescar o llevar a alguien que odia el aire libre y convencerlo de que vaya a pescar con usted? El tiempo y la energía son recursos limitados en el mundo empresarial. No querrás desperdiciar toda tu energía y esfuerzos en personas que nunca se convertirán. Por lo tanto, es de suma importancia que se concentre solo en dirigir el tráfico de alta calidad a sus páginas de destino.

Entonces, ¿qué significa esto en términos prácticos? Significa renunciar a la idea de que desea que tantas personas como sea posible visiten su sitio web. En cambio, desea que tantas personas de alta calidad como sea posible visiten su sitio web. Puede alentar estas visitas de alta calidad asegurándose de que sus fuentes de tráfico siempre estén relacionadas con su nicho de destino. Trabaja para mantener tu contenido enfocado consistentemente solo en tu nicho. En otras palabras, manténgase en su carril tanto como sea posible. No cree incentivos para que los visitantes de baja calidad se dirijan a su sitio web. Esto significa ajustar su publicidad para que esté altamente dirigida.

Prueba

1. ¿Qué es un mapa de calor?
    a. Una representación visual de los clics y la atención de su sitio web.
    b. Un mapa de temperaturas en los Estados Unidos
    c. Un tipo de táctica de marketing
    d. Una campaña de publicidad
2. ¿Cuál es la parte más esencial de una buena página de destino?
    a. Buena copia del anuncio
    b. Una imagen de alta calidad del producto.
    c. Tanto a como B
    d. Tiempos de carga rápidos
3. Cualquier tráfico es buen tráfico
    a. Verdadero
    b. Falso
4. ¿Qué hace que un visitante sea de alta calidad?
    a. Son parte de su objetivo demográfico
    b. Vinieron de una referencia de redes sociales

c. Ellos compran indiscriminadamente productos con poca investigación
d. Todas las Anteriores

Capítulo 12: Cómo Tener Éxito en el Marketing de Afiliación

El éxito en el marketing de afiliación es posible, siempre que esté dispuesto a dedicar tiempo y esfuerzo. El primer paso para alcanzar el mayor éxito es definir exactamente lo que consideraría el éxito. ¿Quieres $ 2,000 al mes en ventas? $ 5,000? $ 10,000? Todo esto es posible, pero requerirá una disciplina férrea y una dedicación seria. Y en muchos de estos casos, requerirá una cantidad de tiempo considerable antes de que pueda alcanzar estos hitos. Pero son posibles. Mientras esté dispuesto a tratar esto como un trabajo real y centrar su energía lo más posible en buenas prácticas comerciales, eventualmente podrá alcanzar su objetivo. Veamos algunas formas en que puede reforzar su éxito como vendedor afiliado.

Vender Bienes y Servicios que Conoces

Una de las formas más fáciles de aumentar sus ventas es simplemente apegarse a productos que le apasionan seriamente. Cuanto más comprenda sobre un producto, más tendrá ojo para el marketing y, lo que es más importante, más podrá responder preguntas y anticipar dudas. Ya hemos hablado de esto antes en capítulos anteriores, pero vale la pena repetirlo aquí. Si puede aprovechar su propia pasión y amor por un producto, tendrá una mayor oportunidad de vender ese producto a otras personas, porque su pasión se traducirá a través de las páginas. Por el contrario, si está vendiendo un producto que realmente no le importa y le resulta molesto, esa energía lo ralentizará.

Mantenga Dinámicos sus Activos en Línea

Ya sea su blog, su lista de correo o sus plataformas de redes sociales, debe recordar que el movimiento es una de las cosas más importantes. Hay tantas diversiones en Internet que la mayoría de las personas dejarán de prestar atención rápidamente a un producto o sitio web si no hay mucha actividad. Mantenga un cronograma de contenido rígido para todas las áreas de sus activos en línea. Ya sea Facebook, Instagram o una simple campaña de correo electrónico. Debes ser lo más activo posible para que las personas no se olviden de ti. En esta economía en línea, ser olvidado, incluso por unas pocas semanas, ¡podría potencialmente costarle en ventas!

Use Herramientas y Programas para Ayudarlo

Una vez que comience a familiarizarse con el marketing de afiliación, debe buscar herramientas y complementos que puedan ayudarlo en su trabajo. Los sistemas de administración de contenido como WordPress son increíblemente flexibles y ofrecen una gran cantidad de excelentes complementos de terceros que pueden mejorar su sistema de marketing de afiliación. Ya sea que se trate de un administrador de anuncios, un sistema de formulario de contacto o incluso simplemente un programa analítico mejorado, puede aumentar significativamente su eficiencia mediante el uso de estas herramientas.

Sin embargo, es esencial tener en cuenta que una herramienta y un programa no pueden reemplazar los conceptos básicos del marketing de afiliación. Sea cauteloso cuando se trata de aceptar las reclamaciones de programas específicos que pueden ayudarlo a ganar decenas de miles al mes, simplemente registrándose en su servicio. A menudo, estos programas son caros y realmente solo buscan aprovechar a las personas que buscan atajos rápidos. Como regla general, una buena herramienta o programa mejora sus esfuerzos de marketing de afiliación; no se trata simplemente de "generar efectivo rápidamente". Evite a cualquiera que reclame o tenga garantías sobre los beneficios que se obtienen al usar sus productos. A menudo, estas personas tienden a ganar dinero solo con la venta de sus productos, no con el marketing de afiliación real.

Evita las Tácticas de Blackhat

Blackhat es un término que se refiere al uso de lagunas y vulnerabilidades en los sistemas, así como al pirateo directo. En su tiempo estudiando marketing de afiliación, puede encontrarse con personas que afirman que tienen tácticas brillantes de sombrero negro que aumentarán sus ventas por diez. A menudo apuntan a algún tipo de explotación incompleta o táctica descaradamente poco ética que puede aumentar sus ventas a corto plazo. El problema con las prácticas de blackhat es doble. La primera es que simplemente viola las reglas de comportamiento ético, tomar atajos ilegales o inmorales afectará su credibilidad en el futuro.

El segundo problema es que las redes afiliadas a menudo están familiarizadas con las muchas hazañas diferentes que los vendedores afiliados de black hat intentan usar. Dado que son muy sabios con estos métodos, podrán determinar rápidamente si usted está participando en un comportamiento poco ético y reducirán sus ganancias lo antes posible. Algunos incluso podrían considerar litigios, ya que los métodos de blackhat son una violación de sus términos y condiciones.

Por lo tanto, si está buscando formas de aumentar sus ventas y se encuentra con un profesional independiente que ofrece servicios de blackhat a cambio de una tarifa, sería mejor evitarlos. El peor de los casos es que son un estafador, solo buscan ganar dinero, y el mejor de los casos es que realices algunas ventas y luego cierres tus cuentas con tu programa de afiliados.

No Te Detengas con un Sitio Web

Una vez que haya visto el éxito con su primer sitio web, puede considerar iniciar otro. El hecho es que el potencial para ganar dinero en cada nicho puede ser limitado ya que solo hay un pequeño grupo de clientes en comparación con intereses más grandes y más extensos. Si bien un nicho puede proporcionarle clientes dispuestos que harán estas compras, eventualmente alcanzará un límite de cuánto puede hacer. En última instancia, el costo de adquirir nuevos clientes se volverá demasiado costoso y tendrá un rendimiento decreciente en sus esfuerzos de marketing.

Este no es siempre el caso, pero nunca se sabe. Es posible que en algún momento en el futuro, la estrategia actual de su sitio web comience a tambalearse. O bien cambia el sabor o llega más competencia, dejándote en el polvo.

Al igual que con la inversión en el mercado de valores, no solo desea poner todos sus huevos en una sola canasta y esperar a que despegue su inversión. La diversificación es una excelente manera de proteger sus activos y garantizar que no perderá repentinamente una gran cantidad de ingresos mensuales.

Crear múltiples sitios también tiene el potencial de aumentar significativamente sus ingresos. Si encuentra dos o tres nichos diferentes que son rentables, podría duplicar o triplicar sus ganancias mensuales, simplemente ejecutando y manteniendo los tres sitios web al mismo tiempo. Esto no es lo más fácil de lograr en el mundo, ¡pero vale la pena!

Entonces, ¿cuándo es un buen momento para comenzar a crear ese segundo sitio afiliado? Una vez que obtenga un beneficio constante de su primer sitio web. Para entonces, tendrá toda la experiencia necesaria para crear y operar un sitio web de nicho y el abrir un segundo no será tan difícil como el primero. Pero recuerde, no puede acercarse a hacer un segundo sitio web a la ligera. Debes tomarlo tan en serio como has tomado el primero. ¡Si puede tomarlo en serio, verá que sus ganancias comienzan a aumentar aún más a medida que recauda ingresos mensuales de dos sitios diferentes!

Aprenda a Vender Productos Relacionados

Una buena publicación de blog puede vender un grupo de productos diferentes al mismo tiempo. Algunos productos pueden estar relacionados entre sí de forma indirecta, especialmente si forman parte del mismo nicho. Crear una estrategia de contenido diseñada para incorporar una multitud de productos diferentes al mismo cliente se conoce como venta cruzada. Algunos especialistas en marketing pueden integrar la venta cruzada creando guías de compras o listas de verificación de productos para actividades específicas. Si bien es esencial mantener sus páginas de destino agradables y separadas, es un juego diferente en sus páginas de blog básicas. Una red más amplia en su contenido menos específico puede resultar en un mayor nivel de ventas, ya que los clientes que ya han comprado el producto A pueden echar un vistazo a los productos B y C, que de alguna manera están relacionados con el producto A y darse cuenta de que lo quieren. .

Crea un Equipo Central para Hacer Crecer tu Negocio

A medida que aumenten sus ganancias, debería considerar seriamente contratar a más personas para unirse a su equipo. Una vez que pueda pagarles un salario por hora de las ganancias que está obteniendo, estará en una buena posición. ¿Por qué gastar el dinero en los miembros del equipo? En pocas palabras, cuantas más personas trabajen con usted, más valor se aportará a su negocio, lo que a su vez le permite aumentar sus niveles de ganancias aún más.

Escalar un negocio requiere más mano de obra. Simplemente no puedes hacerlo solo. Bueno, podrías, pero estarías pasando mucho tiempo y quemándote en tareas específicas que casi cualquier persona podría hacer. Un buen emprendedor aprende a contratar a otras personas para que puedan concentrarse en lo que realmente importa para el negocio. Claro, es posible que pueda "ahorrar" dinero al no contratar personas adicionales, pero también está limitando su potencial de ingresos.

Supongamos, por ejemplo, que en lugar de operar un segundo sitio web de nicho por su cuenta, contrataría a un gerente que maneje toda la producción de contenido para el segundo sitio. Usted hace todo el trabajo para configurar todo, hace la investigación de nicho, elabora el plan de negocios, pero le paga a alguien un salario para que realice todas las operaciones diarias. Ahora, puede liberarse para concentrarse principalmente en su primer sitio web, mientras ellos están ocupados trabajando para que su segundo sitio web sea rentable. Luego, además de eso, obtienen un salario, ¡mientras que tú eres el que cosecha la mayoría de las ganancias para el segundo sitio web! ¡Esto ahora ha aumentado sus ingresos significativamente, pero su carga de trabajo se ha mantenido relativamente igual!

Merece la pena contratar trabajadores adicionales para que se unan a su equipo principal, siempre que pueda pagarlos con sus ganancias. Esto ayudará a reducir la cantidad de gastos que paga de su bolsillo. Lo último que quiere hacer es ir en negativo porque ha contratado personal en el momento equivocado. Si su negocio de marketing de afiliación va bien, entonces debería poder apoyar al personal con esos beneficios. Si aún no está llegando a ese nivel, piense dos veces antes de ir más lejos en el hoyo y desembolsar más dinero para más personal.

Por supuesto, hay una excepción a esta regla, y es si te encuentras sin las habilidades necesarias para una parte importante del modelo de negocio de marketing de afiliación. Por ejemplo, si no eres un buen escritor, sin duda tendrás que contratar a alguien experto para que pueda generar contenido sólido y útil para tu sitio web. Estos costos son solo parte de la inversión inicial requerida cuando se trata de marketing de afiliación. De lo contrario, espere hasta obtener algunos beneficios antes de adquirir más talento.

<u>Reinvierta las Ganancias en Su Negocio</u>

Cuando comienzas a ver ganancias, tienes dos opciones. Puede guardar el dinero, disfrutar del fruto de su trabajo y gastarlo como desee. O puede tomar una parte de esas ganancias y reinvertirlas en el negocio. Esto ayudará significativamente con la ampliación, aumentando sus costos publicitarios y en general, creando un mayor potencial de ingresos. Pero debes tener cuidado aquí, ya que aún debes cosechar algunas de las recompensas por lo que has hecho. Encuentre una proporción ideal de cuánto desea embolsar y cuánto desea reinvertir. No reinvierta todo su dinero, ya que no hay garantía de que verá un retorno. Si ese es el caso y no ve ninguna ganancia, básicamente solo perdió todo su tiempo en este esfuerzo. Tomar una porción para usted lo ayudará a mantenerse motivado y enfocado en expandir aún más su potencial de ingresos. ¡Pero no tomes demasiado! Todavía querrás hacer crecer tu negocio tanto como puedas, así que trata de encontrar una proporción ideal. Una buena regla general sería reinvertir al menos la mitad de lo que gana y guardar el resto. Esto le permitirá escalar bastante rápido, al tiempo que conserva una parte de las ganancias para que pueda hacer lo que quiera.

Renegociar los Términos con el Anunciante.

Los anunciantes buscan hacer ventas. Su objetivo principal es ver a los editores vender tantos productos como puedan para que puedan obtener una gran parte de las ganancias sin hacer nada. Recompensan al editor con una comisión, y ambas partes están satisfechas. Al comienzo de la relación con el anunciante, tienen todo el poder. Ellos son los que tienen derecho a decir sí o no a trabajar con usted. Establecen los términos porque no tienes credibilidad en sus ojos. Más importante aún, pueden establecer el acuerdo para que funcione a su favor. Esto significa que toman la mayoría de las ganancias y te dejan con una comisión más pequeña. Esto es justo porque hasta que lo demuestres, no tienen ningún incentivo para pagarte una comisión más alta.

Sin embargo, el hecho de que hayan hecho el acuerdo original no significa que deba permanecer así para siempre. Una vez que comience a vender suficientes productos, podrá mostrar no solo su credibilidad con sus anunciantes sino también su forma de vender. Cada venta que traes para ellos los hace más productivos y, por lo tanto, más felices. Si comienza a vender una cantidad suficientemente grande de estos productos, la estructura de energía comenzará a cambiar. Tendrá una influencia más considerable con el anunciante porque está ganando para ellos y generando un montón de ventas. Esto le da suficiente peso para renegociar su estructura de comisión con ellos.

Algunos anunciantes pueden simplemente decir que no, pero uno bueno sabrá que tiene la capacidad de ofrecer resultados. Como no tiene que trabajar exclusivamente con ellos y puede seleccionar cualquier otro anunciante que desee, querrán conservar sus servicios. Una vez que tenga un historial y una demostración comprobados de que puede generar muchas ventas, debe intentar renegociar sus términos para que las comisiones sean más favorables. Lo peor que puede pasar es que simplemente digan que no. Lo mejor que puede suceder es que reconozcan sus esfuerzos y le den una porción más grande del pastel. ¡Esto aumenta su resultado final sin ningún trabajo adicional en su mitad!

Además de eso, una vez que tenga un historial probado, puede tomar sus datos y llevarlos a los programas de afiliados más exigentes. Esto le otorgará acceso a anunciantes potencialmente de mayor calidad y mejores estructuras de comisiones, así como mejores productos para vender. En otras palabras, si puede demostrar su valía a través del trabajo duro y la determinación, las opciones y posibilidades para ganar dinero aumentan exponencialmente.

No Solo Cree Sitios web, Cree Marcas

Cualquiera puede crear un sitio web. Solo necesitas una tarde y acceso a Wordpress. Un sitio web en sí mismo no es nada especial. Lo que hace que un sitio web sea especial es la marca que se le atribuye. Una buena marca tiene una fuerte identidad visual que está presente en todo el contenido que crea. Por lo general, un tipo simple de logotipo o un estilo de letras icónico ayudará a los clientes a reconocer su marca. Luego, cada vez que encuentren contenido que haya creado, reconocerán rápidamente su marca. Si tienen sentimientos positivos hacia su marca, como la confianza, esto aumenta las posibilidades de que interactúen con su contenido. Mejor aún, también puede recordarles ciertos productos que encontraron anteriormente, y los motivará a regresar a su sitio y realizar una compra.

Una marca es una combinación de actitud, estilo y colores. Cada sitio web que cree para su marketing de afiliación debe tener una marca fuertemente definida. Elija un color primario, secundario y terciario para su marca, luego asegúrese de usar solo esos colores en su sitio web. Esto puede parecer pequeño al principio, pero los colores son como reconocemos principalmente las marcas. Piensa en los colores de Coca-Cola; todo lo que necesita hacer es ver el familiar rojo y blanco, e instantáneamente, está pensando en la Bebida incluso antes de ver las palabras.

También querrás tener un logotipo. Algo hecho a medida y llamativo, capaz de capturar rápidamente la atención de alguien que mira tu contenido, ya sea a través de redes sociales o mediante un anuncio. Estos logotipos son esenciales porque le permitirán marcar su contenido con marcas de agua. Con la naturaleza del intercambio en línea, habrá personas que tomarán contenido visual suyo y comenzarán a distribuirlo, sin incluir enlaces a su sitio. Este no es un acto necesariamente malicioso, de hecho, la mayoría de las personas tienden a hacer esto. Al tener un logotipo con marca de agua en su contenido visual, las personas se darán cuenta de su marca y, si les gusta lo que han hecho, buscarán su marca y la llevarán a su sitio web.

La última pieza de identidad de marca es la actitud. Cada marca proyecta algún tipo de imagen, algún tipo de idea destinada a evocar una emoción o sentimiento. Esta es una de las partes más intangibles de la marca, pero es necesaria si desea que las personas tengan una lealtad a su sitio web que va más allá de simplemente gustarle sus productos. La actitud puede transmitirse compartiendo su visión única con el mundo en su página. Se puede encontrar en la forma en que escribe sobre temas específicos y en cómo comparte sus sentimientos sobre los temas. Si quieres transmitir un estilo de vida divertido y deportivo, querrás que todo tu contenido refleje esa actitud. Si está trabajando principalmente como un sitio web de empresa a empresa, entonces querrá mantener un tono profesional. La actitud lo ayudará a mantenerse en la marca y, lo que es más importante, a mantener su tono constante en todos los ámbitos

Prueba

1. ¿Cuándo es el mejor momento para comenzar un segundo sitio web?
   a. Inmediatamente después de hacer el primero.
   b. Una vez que comience a ver ganancias de su primera
   c. Nunca
   d. Despues de unos años
2. ¿Qué hace que la diversificación sea tan necesaria para el marketing de afiliación?
   a. Los gustos del mercado pueden cambiar en cualquier momento, disminuyendo sus ventas.
   b. Las compañías afiliadas quieren ver un editor con múltiples sitios web
   c. Los ingresos pueden potencialmente duplicarse agregando más sitios a su cartera
   d. Tanto A como C
3. ¿Cuánto beneficio debería reinvertir en su negocio al principio?
   a. Todo ello

b. Mitad
   c. 10%
   d. Nada
4. Cuando ha hecho un trato con un anunciante, no hay forma de cambiar los términos más adelante.
   a. Verdadero
   b. Falso
5. ¿Qué hace a una buena marca?
   a. Colores reconocibles
   b. Un buen logo
   c. Consistencia en el tono
   d. Todas las anteriores

Capítulo 13: Cómo Aumentar su Tráfico Web

El tráfico es el elemento vital de su sitio web. Tendrá que encontrar formas constantes de generarlo a diario, especialmente si desea realizar la mayor cantidad de ventas posible. Veamos algunas de las formas más probadas en el tiempo en que puede aumentar su tráfico web.

Publicación de Invitados

La publicación de invitados es una de las formas más fáciles de aumentar su tráfico. Todo lo que necesitas hacer es encontrar un blog que esté escribiendo en el mismo nicho en el que estás escribiendo y contactarlos. Pregúnteles si estarían dispuestos a alojar una de sus piezas en su sitio web, o si estarían interesados en escribir para su blog. De cualquier manera, podrá aumentar sus posibilidades de generar tráfico al acceder a la base de usuarios de ese blog. Luego, una parte de esos lectores se convertirá a seguir su blog y con el tiempo, verá un aumento constante en el tráfico.

No todos los blogs especializados estarán interesados en la publicación de invitados. Algunos pueden ser competidores directos para usted y probablemente no estarán abiertos a que usted escriba en su sitio web, ya que desviaría el tráfico de sus ventas. Asegúrese de que los blogs a los que apunta no compitan directamente con usted. Hay muchos sitios web de fanáticos que están dirigidos por personas que simplemente disfrutan hablando sobre el nicho sin ningún ángulo de venta. Esos son los que tienen la mejor oportunidad de trabajar con usted como blogger invitado.

<u>Apariciones de Invitados</u>

Si ha dedicado una buena cantidad de tiempo y energía a crear contenido bueno y sólido para su sitio web, puede posicionarse como una autoridad en ese tema. Si ese es el caso, puede comunicarse con blogs de video, canales de YouTube o podcasts que cubren estos temas específicos y ver si estarían dispuestos a recibirlo para hablar sobre un tema específico. Esta puede ser una excelente manera de obtener su nombre y dirigir el tráfico de regreso a su sitio web. Y además, en el mundo hambriento de contenido actual, la mayoría de los creadores de contenido siempre están buscando cosas nuevas. Una entrevista o coanfitrión invitado a uno de sus programas es solo otra forma de expandir su contenido, por lo que lo más probable es que estén abiertos a tenerte.

Search Engine Optimization SEO (Posicionamiento en Buscadores)

El SEO es una de las herramientas más importantes a la hora de generar tráfico. De hecho, de todas las herramientas de las que hablamos en este capítulo, el SEO es la más importante que puede usar. El SEO permite a las personas encontrar orgánicamente su sitio web cuando buscan términos relacionados con su nicho de mercado. Un buen SEO significa que aparecerás en la parte superior de las listas de motores de búsqueda, apareciendo en la página principal de Google o Bing. Un mal SEO significa que no te descubrirán en absoluto, sin importar cuán relevante sea tu sitio web para sus búsquedas.

La optimización de motores de búsqueda no es terriblemente difícil de hacer, pero requiere mucha educación al respecto. Las prácticas de SEO cambian constantemente, y siempre hay cosas nuevas que puedes aprender sobre el tema. Si desea tener éxito como un vendedor afiliado, no se equivoque, absolutamente debe aprender SEO. Afortunadamente, hay tantas herramientas y recursos en línea que no tendrá problemas para aprender todas las mejores prácticas para el año en curso.

No cometas el error de pensar que el SEO es opcional. Las personas utilizan abrumadoramente motores de búsqueda para encontrar nuevos sitios web. Piensa en la frecuencia con la que usas Google u otro motor de búsqueda. Lo más probable es que use estos sitios web a diario, solo para que pueda encontrar el contenido que sea relevante para sus preguntas. La optimización del motor de búsqueda permitirá que su sitio web aparezca más cerca de la página principal, lo que naturalmente aumentará el flujo de tráfico que necesita para sobrevivir. Por lo tanto, pase el tiempo necesario aprendiendo todo sobre las mejores prácticas de SEO y luego aplíquelas tanto como pueda. Hará muchas más ventas que si lo dejara solo.

Otra cosa a tener en cuenta es que, sin duda, se encontrará con servicios que ofrecen optimización SEO. Estos costosos servicios a menudo harán todo tipo de promesas sobre aumentar su clasificación, obtener una cantidad sustancial de tráfico, etc. Sería mejor mantenerse alejado de estos servicios hasta que tenga una buena comprensión clara del SEO. La mayoría de estos servicios ofrecen asistencia de nivel básico, pero cobran bastante por ello, o peor aún, utilizan métodos poco éticos e ineficientes para aumentar su clasificación en el corto plazo. Claro, existen algunos servicios legítimos que ayudarán con el SEO, pero en última instancia necesitará una comprensión convencional de la práctica antes de poder determinar qué servicios realmente necesita. Puedes hacer la mayoría de las cosas de SEO tú mismo y ahorrar una fortuna en el proceso.

Comercialización en Foros y Otras Comunidades.

Los foros en línea son un excelente lugar para que las personas interesadas en nichos específicos se reúnan y discutan varios temas sobre dicho nicho. Como vendedor, es posible que pueda encontrar un hogar natural en estas comunidades, compartiendo ideas interesantes y fomentando el diálogo sobre sus productos. Sin embargo, al igual que con las redes sociales, el marketing a través de foros debe tomar una mano sutil y gentil. El objetivo no es solo vender tanto como puedas a las personas a través de estos foros. La mayoría de la gente echa un vistazo a un póster como ese y sabe ignorarlos para siempre.

Debe estar dispuesto a participar en estos foros no solo como un vendedor, sino también como miembro. Hable sobre otras cosas que no sean su propio negocio, haga preguntas, comparta ideas y contenido que no le pertenezca. En otras palabras, ser un miembro participante de la comunidad que quiera agregar valor a la vida de los demás. Puedes poner tus enlaces importantes en tu firma para que cuando hagas una publicación, las personas siempre puedan visitar tus enlaces, incluso si no estás hablando específicamente de tu propio negocio. Esta es una mejor manera de promocionar sus productos pasivamente y no molestará a nadie.

Usar Anuncios para Obtener Tráfico

Los anuncios pagados son una de las formas más seguras de generar tráfico. Gracias al poder de los sistemas de marketing como Google Adwords y el marketing de Facebook, podrá dirigirse a grupos demográficos particulares y a los tipos de personas que estarían interesadas en los productos que tiene que vender. Todo lo que necesita es pasar un tiempo aprendiendo cómo usar anuncios, crear un presupuesto y luego estará listo para comenzar. Desea publicar anuncios tanto como pueda, ya que es una de las formas más seguras de aumentar su tráfico. No solo mejorará su tráfico con anuncios pagados, sino que también será de mayor calidad ya que los sistemas de publicidad están orientados a ello. Esto aumenta la posibilidad de obtener seguidores que visiten repetidamente su sitio web.

Tráfico Gratis versus Pago

El tráfico gratis puede ser excelente ya que, después de todo, es gratis, pero el hecho es que la mayoría del tiempo el tráfico gratuito será de menor calidad que el tráfico pagado. ¿Por qué es esto? Porque el tráfico gratis no está dirigido. Hay muchas cosas que pueden llevar a una persona a visitar su sitio web, y si no hicieron clic en un anuncio ultra-orientado destinado a llegar solo frente a un grupo específico de personas, existe la posibilidad de que el tráfico sea de baja calidad .

Por otro lado, los anuncios dirigidos solo atraen a la más alta calidad de lectores, ya que ha trabajado para crear anuncios que les interesarían ver más contenido. Este no es siempre el caso, ya que puede terminar teniendo algunos clientes potenciales de baja calidad que se escapan, pero en su mayor parte, el tráfico pagado está más enfocado que el gratis.

Sin embargo, a medida que desarrolle sus estrategias de marketing, es posible que se enfoque en más y más métodos para generar tráfico gratis. El atractivo de lo gratuito es muy importante, después de todo, si no paga por el tráfico y obtiene algunas conversiones, básicamente obtiene dinero gratis, ¿verdad? Si bien eso puede ser cierto, no se deje engañar. Los métodos pagados para generar tráfico son mucho más eficientes que los métodos gratuitos. ¿Por qué es esto? Porque con los sistemas publicitarios solo estás pagando por los resultados. Solo paga cuando alguien hace clic en el enlace que lleva a su sitio web. Tiene métricas con publicidad paga, la capacidad de ver qué tan bien están funcionando las campañas. Con publicidad gratuita, no tiene tales métricas. Simplemente publica contenido, crea el SEO y espera lo mejor. Con el tiempo, podrá analizar de dónde proviene su tráfico y ver qué métodos están funcionando, pero hay una gran cantidad de conjeturas involucradas.

Al final del día, el tráfico gratis es útil, pero no puede confiar en él para hacer el trabajo pesado. Cualquier empresa requiere una inversión financiera. Cuando eres nuevo, las oportunidades para el tráfico gratis serán pocas y muy intermedias. Deberá pagar para atraer tanto tráfico nuevo como pueda permitirse. Esto ayudará a aumentar su seguimiento inicial al principio y, en última instancia, conducirá a mayores niveles de ventas. No confíes únicamente en el tráfico gratis. Simplemente no tiene el mismo poder que la publicidad paga. Sí, cuesta más, pero generará más ingresos.

Seguimiento del Éxito y Refinación de Campañas

A medida que ejecuta campañas publicitarias, verá resultados variables, dependiendo de los tipos de anuncios que ejecutó, qué tan grande era el presupuesto, el público objetivo, etc. Una de las características más útiles de los sistemas modernos de publicidad en línea como Facebook es la capacidad para refinar sus campañas a medida que avanza. Cada vez que ejecuta una campaña publicitaria, aprenderá una gran cantidad de información valiosa. Podrá analizar su tasa de conversión y ver cuánto cuesta convertir a cada cliente.

Al principio, es posible que sus campañas publicitarias no sean muy eficientes. O el costo de adquisición de clientes es demasiado alto, o simplemente no ve ninguna conversión. ¡No te desanimes! Cuanto más publique anuncios, más podrá refinar sus campañas y mejorar su orientación. Trate cada anuncio publicado como un experimento. Si una ejecución falla o no proporciona los resultados que estaba buscando, tenga en cuenta esos datos y realice los cambios. Realice algunos ajustes a la vez, hasta que finalmente pueda determinar qué no funciona correctamente. Puede descubrir que todo lo que necesita hacer para arreglar una publicación de anuncios es obtener una mejor imagen para su anuncio.

Las métricas y el análisis de datos son vitales para ejecutar campañas publicitarias adecuadas. Y solo puede obtener esas métricas ejecutando campañas. No intente hacerlo perfecto directamente desde el comienzo. En cambio, adopte una actitud de constante refinamiento. Refine, refine, refine, hasta que finalmente pueda producir anuncios de alto funcionamiento que produzcan muy buenos resultados. Esto puede ser costoso al principio, pero en realidad es solo el precio de hacer negocios. Una vez que pueda encontrar ese punto óptimo en sus anuncios, podrá generar muchos más ingresos de los que perdió.

Comenzando su Primera Campaña

Ejecutar su primera campaña publicitaria puede ser un poco intimidante, ¡pero no se preocupe! El objetivo es aprender cómo maximizar los resultados a través de pruebas repetidas. En lugar de intentar conseguirlo perfectamente la primera vez, solo concéntrate en aprender los fundamentos. Dedique todo el tiempo que pueda a leer sobre las mejores formas de mejorar la copia de su anuncio, qué imágenes funcionan mejor para los anuncios y qué sistemas de anuncios desea utilizar. Luego, coloque una pequeña cantidad de dinero, solo para una prueba de funcionamiento. No desea gastar unos cientos de dólares en un anuncio que no se va a convertir. En cambio, apunte primero a pequeño, vea si puede obtener algunos resultados con solo unos pocos dólares, tal vez 5 o 10, y luego ajuste a medida que avanza. Si observa que su anuncio funciona bien, ¡felicidades! Todo lo que necesitas hacer es ampliar, y estarás bien. Pero si encuentra que su anuncio no está funcionando tan bien, solo continúe ajustándolo hasta que lo haga. Es mejor gastar $ 100 en 10 anuncios publicitarios que gastar $ 100 en un anuncio único al principio. Simplemente realice un seguimiento de los resultados y realice cambios cada vez, hasta que obtenga exactamente lo que está buscando.

Utilice la Segmentación de Anuncios

A veces, un cliente mira su anuncio, visita su sitio y luego mira, mira lo que tiene que ofrecer sin realizar una compra. Esto es lamentable, pero es de esperar. La mayor parte de su tráfico no se convertirá inicialmente. Hay muchas razones por las que no lo hacen. La primera podría ser que simplemente se distrajeron. Algo más captó su atención y abandonaron su sitio, prometiendo que volverían y lo echarían un vistazo más tarde. A veces simplemente no tenían los fondos para realizar la compra.

Si estos son los casos, ¡entonces no todo está perdido! Con la ayuda de sitios web como Facebook, en realidad puede reorientar a estas personas y continuar promocionándolas. Como ya se han comprometido con su sitio web la primera vez, significa que ya están abiertos a lo que está ofreciendo. Todo lo que necesita hacer es ejecutar un anuncio de reorientación y esperar ver algún tipo de acción en su nombre.

Reorientar simplemente requiere que tenga un píxel de Facebook instalado en su sitio web. Este píxel es una cookie que rastreará el comportamiento del consumidor. Podrá saber si se han convertido o no, así como supervisar las otras respuestas que recibieron. Una vez que abandonen la página de Facebook, podrá crear una audiencia usando ese píxel, reorientando a las personas que visitaron pero no se convirtieron.

Configurar un píxel no es difícil, ya que Facebook los ofrece de forma gratuita. Todo lo que necesita hacer es instalar una aplicación adecuada en su WordPress u otro sistema de administración de contenido, y Facebook comenzará a monitorear automáticamente el tráfico de aquellos que ingresan desde sus anuncios. Esto le permitirá no solo crear anuncios de reorientación, sino también crear audiencias similares, ampliando su mercado objetivo.

¿Vale la pena reorientar? ¡Absolutamente! Como dijimos antes, hay muchas razones por las que alguien optaría por no realizar una compra de inmediato. Si no tienen los fondos o el tiempo para investigar el producto en este momento, podrían tener esa disponibilidad más adelante. Todo lo que necesitan es un simple recordatorio. Si no interactúan con su anuncio reorientado, sabe que no podrá volver a convertirlos. Sin embargo, si interactúan con su anuncio, en realidad aumenta significativamente sus posibilidades de realizar una compra. ¡Reorientar es el mejor amigo de un vendedor!

Prueba

1. ¿Qué tráfico es mejor para cuando empiezas?
    a. Tráfico pago
    b. Tráfico gratis
    c. Tráfico de redes sociales
    d. Tráfico de referencias
2. ¿Cuál es la mejor práctica para el marketing en foros?
    a. Crea una firma con enlaces a tu contenido
    b. Intenta vender todo lo que puedas a cualquiera que escuche
    c. Concéntrarse en responder preguntas y brindar asistencia a otros
    d. Tanto A como C
3. ¿Qué significa SEO?
    a. Posicionamiento en buscadores
    b. Venta, expansión y organización
    c. Solo empresarios serios
    d. Buscador en línea
4. Debe ejecutar su primer anuncio exactamente bien

a. Verdadero
b. Falso

5. ¿Qué es la reorientación publicitaria?
   a. Orientar a las personas que ya visitaron su sitio web con anuncios
   b. Refinar el proceso de anuncios para que funcione mejor
   c. Tanto A como B
   d. Gastar menos en anuncios a través de mejores prácticas de SEO.

Conclusión

El marketing de afiliación tiene un potencial tremendo, prácticamente ilimitado, siempre que esté dispuesto a dedicar tiempo y esfuerzo. Este no es un esquema rápido para hacerse rico, sino que es un método probado y comprobado para obtener ingresos en línea. Todo lo que necesitas hacer es mantenerte comprometido, encontrar un buen nicho y pasar todo el tiempo que puedas creando tanto contenido bueno como experiencias de clientes. ¡Mientras sigas así, ganarás mucho dinero en línea! ¡Buena suerte!

Respuestas de las Pruebas

A continuación, se muestra la clave de respuestas a las secciones de pruebas en el libro. Las respuestas correctas están en negrita.

Capítulo 1:

1. El nombre de la empresa que realmente vende el producto se llama:
   a. Editor
   b. **Anunciante**
   c. Vendedor
   d. Detallista
2. El marketing de afiliación tiene un costo inicial enorme
   a. Verdadero
   b. **Falso (¡La mayoría de las veces, puede comenzar un esfuerzo de marketing de afiliación con un presupuesto reducido!)**

3. ¿Cuál es el papel del editor en el marketing de afiliación?
    a. Compra el producto
    b. Crear enlaces a productos con la esperanza de ver una venta.
    c. Comprar un producto y luego revenderlo en su propio sitio web
4. Un editor recauda una comisión cuando
    a. El cliente participa en una acción específica (comprar o hacer clic en un enlace)
    b. El cliente visita el sitio web del editor.
    c. El cliente comparte el contenido del editor.

Capítulo 2:

1. ¿Qué es el marketing de afiliación de ticket alto?
    a. Venta de productos caros

    b. Recolectar grandes comisiones
    c. Tanto A como B
    d. Generando una gran cantidad de tráfico
2. Los clientes son más reacios a realizar compras de alto costo.
    a. Verdadero
    b. Falso
3. No puedes ganar dinero vendiendo artículos de bajo precio
    a. Verdadero
    b. Falso (absolutamente puede ganar dinero vendiendo artículos de bajo precio, solo necesita concentrarse más en el volumen.)

Capítulo 3:

1. Un sitio web no es necesario para un marketing de afiliación exitoso
    a. Verdadero
    b. Falso (aunque técnicamente es

posible, no hay ninguna razón para que comiences el marketing de afiliación sin un sitio web.)

2. Los programas de afiliados a menudo buscan
   a. Tráfico web
   b. Resultados de ventas
   c. Credibilidad
   d. Todas las anteriores
3. ¿Qué es lo más necesario para tener éxito en el marketing de afiliación?
   a. Una actitud profesional (¡Recuerde, la única forma real de ganar dinero en este negocio es tratarlo exactamente como un negocio! ¡Los esfuerzos a medias no lo llevarán a ninguna parte!)
   b. Un buen sitio web
   c. Tráfico
   d. Todas las anteriores

Capítulo 5:

1. Al comenzar, automáticamente califico para la mejor tarifa de comisión
    a. Verdadero
    b. **Falso (al comenzar, no tiene un historial establecido, por lo que, desafortunadamente, tendrá que aceptar tasas de comisión inferiores a las estelares.)**
2. ¿Qué cualidades tiene un buen anunciante?
    a. Buenos productos
    b. Sitios web bien diseñados
    c. Precios bajos
    d. **Tanto A como B**
3. ¿Cómo puede determinar si un programa de afiliados es confiable?
    a. Revisa su propio sitio web
    b. **Mira las revisiones de terceros (¡Cerciórese**

siempre de asegurarse de que la revisión de terceros no reciba algún tipo de soborno por las recomendaciones, de lo contrario, sus presentaciones podrían verse comprometidas!)
c. Confía en su instinto
d. Solo lo prueba y ve si funciona

Capítulo 6:

1. ¿Cuáles son los tres tipos principales de contenido?
   a. **Educación, inspiración y entretenimiento.**
   b. Infografías, videos y publicaciones de blog
   c. Facebook, Instagram, y Twitter
   d. Educación, entretenimiento e información

2. La consistencia no es importante cuando se trata de la programación de contenido
   a. Verdadero
   b. Falso
3. Si no eres bueno escribiendo, deberías
   a. Rendirte
   b. Contrata a un escritor (Contratar a un escritor puede ser barato y fácil. ¡Espero que no consideres las otras dos opciones!)
   c. Roba otro contenido y vuelve a empaquetarlo como propio
   d. Tanto A como C
4. ¿Por qué es tan importante el contenido?
   a. Dirige el tráfico a su sitio web
   b. Establece autoridad en un nicho
   c. Tiene el potencial de generar ventas.
   d. Todas las anteriores

Capítulo 7:

1. Las redes sociales son mejores para
   a. Crear relaciones con fans y seguidores
   b. Venta de productos constantemente
   c. Compartiendo Contenido
   d. Tanto A como C
2. La mejor plataforma para usar es
   a. Facebook
   b. Twitter
   c. Snapchat
   d. La plataforma que más utiliza su grupo demográfico objetivo
3. La gente quiere que les vendan cuando usa las redes sociales
   a. Verdadero
   b. Falso (Recuerde, las personas están constantemente inundadas de esfuerzos de marketing. Lo último que quieren tratar cuando usan las redes sociales son los argumentos de venta)

Capítulo 8:

1. ¿Qué importancia tienen los análisis para su negocio?
   a. **Extremadamente importante (si no realiza un seguimiento de su rendimiento, ¿cómo sabrá si alguna vez lo está haciendo mejor? ¡Priorice los análisis y procure monitorearlos cada semana!)**
   b. Moderadamente importante
   c. Algo importante
   d. Nada importante
2. La exageración está perfectamente bien cuando se trata de marketing
   a. Verdadero
   b. **Falso**
3. Síndrome de Objeto Brillante significa
   a. **Constantemente distraído por nuevas ideas**

    b. Querer ganar más dinero en línea

    c. Fascinación por los espejos.

    d. Aprender nuevos métodos de marketing.

4. La mejor manera de trabajar como vendedor afiliado es solo

    a. Verdadero

    b. Falso

<u>Capítulo 9:</u>

1. ¿Cuál es el mejor tema para un nicho?

    a. Lo que sea que se venda

    b. Una pasión, interés o pasatiempo que amas

    c. Equipo de pesca

    d. Todas las anteriores

2. ¿Por qué es importante la pasión a la hora de elegir un nicho?

    a. Disfrutarás genuinamente de lo que estás haciendo

b. Comprenderá más sobre los productos que está vendiendo.
   c. Tendrá un mejor nivel de comunicación con los clientes.
   d. Todas las anteriores
3. Un mercado desatendido significa
   a. No hay una gran cantidad de opciones para los consumidores en ese nicho
   b. Hay un bajo nivel de competencia en el campo.
   c. Tanto A como B
   d. Hay demasiada competencia para entrar
4. Las personas compran productos porque tienen un problema que necesitan resolver
   a. Cierto (recuerde, al final del día, todos los productos son métodos para resolver problemas. Incluso el

      entretenimiento resuelve el problema del aburrimiento).

    b. Falso

Capítulo 10:

1. ¿Qué hace que una lista de correo electrónico sea tan importante?
   a. **Puedes comercializar directamente a los consumidores**
   b. Los correos electrónicos recopilados se pueden vender por efectivo
   c. A los consumidores les encanta inscribirse en cosas
   d. Tanto B como C
2. ¿Con qué frecuencia debe solicitar directamente los correos electrónicos de los visitantes?
   a. **Solo una vez (si presiona demasiado, corre el riesgo de alejarlos para siempre. En cambio, pregúnteles directamente una vez a través de una ventana**

emergente y luego deje que encuentren su página más adelante).
   b. Tan a menudo como puedas,
   c. Tres o cuatro veces
   d. Nunca
3. ¿Qué es un imán de Lead?
   a. **Un producto o servicio que los consumidores obtienen a cambio de sus correos electrónicos**
   b. Un tipo de publicación de Facebook
   c. Un producto físico que se vende en su sitio web.
   d. Ninguno de las anteriores
4. ¿Qué tipo de correos electrónicos deben enviarse a los clientes?
   a. Boletines informativos
   b. Promociones de producto
   c. Promociones de contenido
   d. **Todas las anteriores**
5. A los clientes no les importa si reciben spam
   a. Verdadero
   b. **Falso (no solo hay muchas leyes que regulan el spam,**

sino que la mayoría de las personas también tienen la capacidad de darse de baja de los correos electrónicos con un solo clic de un botón. ¡No los tiente a usar esa opción en sus correos electrónicos!)

Capítulo 11:

1. ¿Qué es un mapa de calor?
    a. **Una representación visual de los clics y la atención de su sitio web.**
    b. Un mapa de temperaturas en los Estados Unidos
    c. Un tipo de táctica de marketing
    d. Una campaña de publicidad
2. ¿Cuál es la parte más importante de una buena página de destino?
    a. Buena copia del anuncio
    b. Una imagen de alta calidad del producto.
    c. Tanto A como B

d. Tiempos de carga rápidos (Tiempos de carga rápidos (si bien los otros dos son importantes, los tiempos de carga rápidos ocupan el primer lugar. Simplemente no puede permitirse perder el 40% de su tráfico debido a los tiempos de carga lento).
3. Cualquier tráfico es buen tráfico
   a. Verdadero
   b. Falso
4. ¿Qué hace que un visitante sea de alta calidad?
   a. Son parte de su objetivo demográfico
   b. Vinieron de una referencia de redes sociales
   c. Ellos compran indiscriminadamente productos con poca investigación
   d. Todas las anteriores

Capítulo 12:

1. ¿Cuándo es el mejor momento para comenzar un segundo sitio web?
    a. Inmediatamente después de hacer el primero.
    b. **Una vez que comience a ver ganancias de su primera (no desea saltar demasiado rápido a un segundo sitio web, pero una vez que vea ganancias, debe comenzar a tomar medidas para crear una nueva).**
    c. Nunca
    d. Después de unos años
2. ¿Qué hace que la diversificación sea tan necesaria para el marketing de afiliación?
    a. Los gustos del mercado pueden cambiar en cualquier momento, disminuyendo sus ventas.
    b. Las compañías afiliadas quieren ver un editor con múltiples sitios web
    c. Los ingresos pueden potencialmente duplicarse

agregando más sitios a su cartera

   d. **Tanto A como C**
3. ¿Cuánto beneficio debería reinvertir en su negocio al principio?

   a. Todo ello
   b. **La mitad (Esta es simplemente la mejor manera de expandir rápidamente su negocio. Menos y no podrá escalar tan rápido. Más y corre el riesgo de perder su inversión total, lo que puede hacer que sus esfuerzos para ganar dinero en línea no sean más que un largo juego de ruleta.)**
   c. 10%
   d. Nada
4. Cuando ha hecho un trato con un anunciante, no hay forma de cambiar los términos más adelante.

   a. Verdadero
   b. **Falso (siempre puede intentar aumentar sus**

comisiones, especialmente si tiene un alto ingreso)
5. ¿Qué hace a una buena marca?
   a. Colores reconocibles
   b. Un buen logo
   c. Consistencia en el tono
   d. Todas las anteriores

Capítulo 13:

1. ¿Qué tráfico es mejor para cuando empiezas?
   a. Tráfico pago
   b. Tráfico gratis
   c. Tráfico de redes sociales
   d. Tráfico de referencia
2. ¿Cuál es la mejor práctica para el marketing en foros?
   a. Crea una firma con enlaces a tu contenido
   b. Intenta vender todo lo que puedas a cualquiera que escuche
   c. Concéntrese en responder preguntas y brindar asistencia a otros

d. Tanto A como C
3. ¿Qué significa SEO?
   a. Posicionamiento en buscadores
   b. Venta, expansión y organización
   c. Solo empresarios serios
   d. Buscador en línea
4. Debe ejecutar su primer anuncio exactamente bien
   a. Verdadero
   b. Falso (Recuerde, puede intentarlo de nuevo hasta que finalmente tenga un buen anuncio refinado. No se presione demasiado para hacerlo bien la primera vez).
5. ¿Qué es la reorientación publicitaria?
   a. Orientar a las personas que ya visitaron su sitio web con anuncios
   b. Refinar el proceso de anuncios para que funcione mejor
   c. Tanto A como B

d. Gastar menos en anuncios a través de mejores prácticas de SEO.

Libro 4: Guía Para Generar Ingresos Pasivos Versión Marketing en Redes Sociales

Cree Ingresos Pasivos Con El Comercio Electrónico Usando Shopify, Amazon FBA, Marketing De Afiliación, Arbitraje Minorista, Ebay Y Redes Sociales

Por

Income Mastery

Introducción

A medida que aumenta la conectividad a través de Internet, también aumenta nuestra capacidad de hablar entre nosotros, compartir nuestras ideas y hacer nuevos amigos, todo desde la comodidad de nuestro hogar. Si bien a los medios de comunicación les gusta discutir las trampas y los peligros de las redes sociales, no debemos olvidar que esta conectividad sin precedentes nos otorga un poder tremendo. Como dueños de negocios, artistas y comercializadores, ahora tenemos la capacidad de llevar nuestros productos, nuestras ideas y nuestros sueños a quienes respondan positivamente. En 2019, hay más oportunidades que nunca para comercializar a través del poder de las redes sociales. Todo lo que se necesita es comprender las fuerzas que impulsan las redes sociales y una sincera seriedad para conectarse con las personas que buscan sus servicios.

Este libro lo llevará a través de los muchos pasos necesarios para convertirse en un comercializador de redes sociales, desde compartir los conceptos básicos para encontrar un nicho en línea hasta aprender los entresijos del uso de las plataformas de redes sociales más populares. Aprenderá a utilizar eficazmente Facebook, Instagram, YouTube y otros medios de comunicación social para aumentar el rendimiento de su marca, así como encontrar personas que buscan productos como el suyo. Si usted es propietario de una pequeña empresa, un artista o un operador independiente que busca aumentar las ventas, obtener seguidores y conectarse con personas de ideas afines, ¡siga leyendo!

Capítulo 1: Razones principales para usar las redes sociales al crear un negocio en línea

Es posible que tenga algunas dudas sobre el uso de las redes sociales. Tal vez haya escuchado en las noticias todo este discurso sobre cuán malas pueden ser las redes sociales para las personas, o tal vez simplemente no se apresura a adoptar una nueva tecnología. Cualquiera sea el motivo de la vacilación, es comprensible. Pero si bien hay tantas historias por ahí que son tan rápidas de anunciar el destino de la humanidad gracias a las redes sociales, hay una cosa que a menudo damos por sentado: la conexión.

Antes de que apareciera Facebook, las personas no se veían ni escuchaban unas de otras a menos que llamaran o vivieran en la misma área. Con el advenimiento de las redes sociales, las amistades perdidas hace mucho tiempo se reavivó de repente. Los miembros de la familia que perdieron contacto encontraron una manera de hablar entre ellos de manera rápida y efectiva. Los números de teléfono cambian, las personas se mueven por todo el país, pero sus nombres permanecen igual. Las redes sociales reunieron a las personas de una manera completamente nueva. Se hicieron conexiones que ahora durarán para toda la vida.

Hay desafíos que enfrentaremos, debido a las consecuencias no deseadas de un mayor nivel de conectividad, pero el hecho es que las personas ahora pueden conectarse de formas nunca vistas en siglos pasados. Hay mucho de qué emocionarse cuando se trata de redes sociales, especialmente si usted es propietario de un negocio. Ahora puede vender sus productos a casi cualquier persona en línea, independientemente de su ubicación. No tiene que depender de costosos anuncios de radio o televisión para presentar su producto frente a las personas. El marketing nunca ha sido mejor, gracias a las redes sociales. ¡A continuación hay varias razones más para usar las redes sociales con fines de marketing!

Razón 1: Crea Conciencia

Sencillamente, tener una presencia activa en línea a través de varios medios de comunicación social aumenta la posibilidad de que su mensaje llegue a un cliente potencial. Internet es un lugar amplio y una gran cantidad de personas lo usan a diario, por lo que el simple hecho de que esté utilizando activamente las redes sociales aumenta en gran medida las posibilidades de que las personas se den cuenta de su negocio y su marca.

Razón 2: Controlas tu Imágen

Cada negocio tiene una reputación, tanto fuera de línea como en línea. Cuando un individuo busca información sobre una empresa, busca en línea. Si no tiene establecida una presencia en las redes sociales, no podrá tomar el control de su propia imagen ni de la narrativa que rodea su negocio. En cambio, lo que sea que la gente escriba sobre usted a través de sitios web de terceros, como Yelp o Google Reviews, será lo único que encontrará. Al tener una presencia establecida en las redes sociales, puede trabajar activamente para crear la imagen para su empresa que desee y asegurarse de que las personas vean lo que usted quiere que vean, en lugar de las imágenes aleatorias disponibles.

Razón 3: Fomenta el Compromiso

Las redes sociales están puramente diseñadas para el compromiso entre la empresa y el consumidor. Antes de la llegada de cosas como Facebook o Twitter, el compromiso solo ocurría cuando un cliente estaba dentro de la tienda, hablando con los propietarios o empleados. Ahora, un cliente o persona interesada puede interactuar con el negocio en cualquier momento que desee. Si tienen preguntas o inquietudes, puede responderlas lo antes posible. Puede ejecutar promociones o crear tendencias de marketing que hagan que las personas compartan sus enlaces entre sí, aumentando el tamaño de su mercado potencial.

Razón 4: Conoce a tu Público Objetivo

Comprender a su cliente es una de las partes más importantes de la gestión de un negocio. Ya sea que se trate de innovación, técnicas de marketing exitosas o simplemente crear un buen producto, tener una visión profunda de la mente de su cliente es clave. A través de las redes sociales, puede conocer a su público objetivo simplemente observando sus hábitos de publicación y cómo responden a sus propias publicaciones. Además de eso, incluso podrá medir el próximo interés en los productos sondeándolos o simplemente mostrando vistas previas de lo que está por venir. Esto lo ayudará a planificar con anticipación en términos de marketing para el lanzamiento de un nuevo producto.

Razón 5: Permanece en la Mente de tus Clientes

En la economía conectada actual, miles de productos, ideas y servicios pasan frente a los ojos del usuario a diario. Puede ser fácil para un cliente olvidarse de los servicios y productos que ofrece, simplemente debido al diluvio de otras cosas que compiten por su atención. Sin embargo, cuando tenga una presencia regular en las redes sociales, constantemente goteando publicaciones y conversaciones sobre sus productos, su empresa y su visión para el futuro, se mantendrá sutilmente en la mente de sus clientes. ¿Cuántas veces has visto un anuncio de un producto y has pensado, "oh sí, me olvidé de eso?" Hay muchas cosas que compiten tanto por la atención como por el dólar del cliente. Al usar las redes sociales para capturar continuamente su atención, incluso si es solo por un corto tiempo, comenzará a construir credibilidad como marca. Y, cuando el cliente está listo para comprar o usar un servicio, ¡ese goteo constante puede ser lo que lo lleve a su negocio!

Razón 6: No es una Gran Inversión

El marketing puede costar algo de dinero serio. Trabajar con una agencia de publicidad independiente no es barato, ni comprar espacio publicitario para televisión o radio. Sin embargo, la publicidad en redes sociales ha revolucionado el mundo publicitario porque es significativamente más barata que los esfuerzos publicitarios tradicionales. Además de eso, la inversión de tiempo es relativamente baja, gracias a los servicios de automatización, puede programar publicaciones y anuncios en lotes, ahorrándole valiosas horas de trabajo. Los sistemas analíticos que utilizan las plataformas de redes sociales también le permitirán aprovechar al máximo su inversión publicitaria, ya que puede evaluar constantemente el rendimiento de sus anuncios. La inversión es significativamente menor en comparación con otros métodos tradicionales de publicidad.

Razón 7: Es fácil de Aprender

Uno de los propósitos de este libro es ayudarlo a comprender cuán fácil es aprender el marketing en redes sociales. Si bien puede parecer complicado, especialmente si no eres del tipo que usa las redes sociales, es importante recordar que todos estos sistemas están diseñados por compañías que buscan hacer la experiencia de usuario más fácil. Todo lo que se necesita es disciplina para mantenerlo hasta que las redes sociales se conviertan en una segunda naturaleza para ti. No es tan complicado como parece.

Capítulo 2: Estableciéndose como un Influencer

En términos de redes sociales, un influencer es un individuo que tiene un seguimiento lo suficientemente fuerte como para poder influir en cómo otras personas ven los productos, ideas y servicios. Se considera que tienen fuertes habilidades de marketing simplemente por lo cerca que trabajan con sus propios fanáticos. Un influencer tiene una fuerte relación con sus seguidores, a menudo interactuando con ellos de una manera más profunda que les habla. Esto crea un poderoso vínculo de confianza. Entonces, todo lo que un influencer tiene que hacer es dar su sello de aprobación a un producto y sus seguidores rápidamente harán clic en el botón Comprar.

Los avales tradicionales de celebridades no son tan eficientes como las personas influyentes, principalmente porque las celebridades no tienen relaciones bilaterales con sus fanáticos. La relación es completamente unilateral. Entonces, si bien una celebridad podría lanzar una nueva parrilla en la televisión, los fanáticos de esa celebridad podrían sentir cierto escepticismo, porque no es más que un respaldo pagado. Sin embargo, es diferente con un influencer, ya que la relación va en ambos sentidos. El influencer se comunica estrecha y personalmente con el fanático y, como tal, gana esa confianza adicional.

Convertirse en un influencer usted mismo es una excelente manera de ganarse la confianza de su base de fans y aumentar la lealtad entre ellos. Además, también te convierte en una voz autorizada en el campo que has elegido. Esto aumenta las posibilidades de que nuevos clientes vean su negocio y sus productos.

Los secretos de Convertirse en un Influencer

Secreto 1: Cuidado y Conexión

El secreto central para ser un influencer es un principio: la conexión humana. Por encima de todo, un influencer es alguien que tiene una fuerte relación con sus seguidores. Sin esa relación, no tendrás influencia sobre nadie. Entonces, realmente, lo más importante para recordar es que debes apreciar y cuidar a tus seguidores. Cuando se hacen preguntas, responda a ellas con seriedad y honestidad. Cuando se hacen comentarios, ya sean negativos o positivos, responda adecuadamente. Sé amable y atento con aquellos que toman tiempo de su día para comunicarse con usted.

Secreto 2: Se Trata de Ellos, No de Ti

Cuando se comercializa en línea, es muy fácil volverse egocéntrico. La idea de que el marketing en redes sociales puede ayudar a generar ingresos a veces puede ser demasiado emocionante para el propietario de un negocio y, como tal, pasan la mayor parte, si no todo el tiempo, hablando de sus propios productos. Sin embargo, esta no es una excelente manera de hacer amigos. Piénselo, ¿quiere pasar tiempo hablando con alguien que solo habla de sí mismo? El narcisismo de marketing debe evitarse a toda costa. En lugar de conectar constantemente tus propias cosas en cada publicación, enfócate en hacer preguntas, generar compromiso y aprender sobre tus seguidores. Tener una conversación que va y viene. No pierdas su tiempo y el tuyo publicando constantemente sobre tus productos una y otra vez. En todo caso, solo te hace ver preocupado solo con tu negocio y no con tus seguidores.

Secreto 3: Proporcionar Valor

Influir se trata realmente de proporcionar valor a los clientes y seguidores por igual. El valor se define simplemente como cualquier cosa que el objetivo demográfico les resulte útil en su vida diaria. Puede ser cualquier cosa, desde entretenimiento, educación, hasta responder preguntas difíciles que tengan. Los seguidores siempre están buscando la mayor cantidad de valor en línea. Dependiendo de su mercado, pueden encontrar diferentes cosas más valiosas que otras. Por ejemplo, un negocio de control de plagas proporcionará una cantidad significativa de valor al crear publicaciones sobre cómo lidiar con ciertos tipos de plagas. Sus clientes no buscan videos divertidos o fotos de gatos, sino que buscan soluciones a los problemas de plagas que están teniendo.

Al proporcionar valor a sus seguidores,

creará más confianza y generará buena voluntad de su parte. Esto también aumenta tanto su autoridad como su credibilidad, lo que amplía su papel como influencer. Al enfocarse en crear publicaciones valiosas que informen, eduquen o entretengan a sus seguidores, les indicará que se preocupa por ellos.

Secreto 4: Conéctate con Otros Influencers

Es probable que no esté solo en el mercado en el que está trabajando. Si ese es el caso, lo más probable es que haya otras personas influyentes en ese campo. Pero no mire a estos otros influencers como competencia, más bien, mírelos como aliados potenciales. Cuando se trata de promoción en línea, nunca puedes tener demasiados amigos. Siempre que tenga algo que ofrecer a otra persona influyente, como credibilidad o información, debe comunicarse y tratar de establecer una relación con ellos. Algo tan simple como seguirlos, comentar sus publicaciones o en ciertas plataformas, como Twitter, retuitearlos puede funcionar para crear una relación con ellos. Con el tiempo, ambos podrán ayudarse mutuamente y ampliar su audiencia. Esto se puede hacer de varias maneras, como ejecutar una promoción exclusiva para los seguidores de ese influencer, escribir una publicación de invitado o pedirles que escriban una publicación de invitado para usted o incluso ir a su podcast o programa de YouTube.

Por supuesto, es importante mirar a los otros influyentes en ese campo como personas y no solo como un medio para un fin. No esperes que hagan cosas por ti solo porque lo preguntaste. En cambio, trabaje para proporcionarles valor también y cree una relación mutuamente beneficiosa. Construye una amistad y haz lo que puedas para ayudarlos en sus esfuerzos.

Secreto 5: Sé una persona

Si bien ciertamente tiene un negocio que administrar, si desea convertirse en un influyente, debe estar dispuesto a al menos ponerle cara a la marca. Esto ayudará a las personas a verte más como una persona y menos como otra compañía sin alma para exprimir la mayor cantidad de dinero posible de los clientes. Sea honesto y personal, comparta sus propios sentimientos y opiniones. Por supuesto, hay algunas advertencias sobre esto. No desea compartir demasiado y, desde luego, no quiere violar ningún tema incómodo con sus opiniones. En cambio, trate de encontrar un equilibrio entre la empresa y la persona. La gente debería ver que su negocio es una extensión de su propia creatividad, sus sueños y su pasión.

Errores a evitar definitivamente

Error 1: Comportamiento inapropiado

No hay forma más rápida de que un influencer pierda su estado que un comentario o comentario inapropiado en línea. Lo más importante para recordar es que una vez que algo está en línea, está ahí para siempre. Algunas personas pueden publicar algo ofensivo por solo unos segundos antes de que la razón se apodere y lo eliminan rápidamente. Sin embargo, es probable que alguien haya tomado una captura de pantalla. No querrás ser alguien que pierda casi toda su credibilidad y buena voluntad por un solo comentario. Por lo tanto, es de suma importancia que evite cualquier tipo de comportamiento negativo hacia otros en línea. Sin insultos, comentarios desagradables ni nada que pueda percibirse de esa manera. Siempre tome un minuto para reflexionar antes de enviar algo inflamatorio en línea y pregúntese si hay alguna recompensa por lo que está eligiendo. Por lo general no lo hay.

Error 2: Falta de Divulgación

Las relaciones entre el público y las personas influyentes requieren una gran cantidad de confianza en ambos lados. Algunos influencers pueden terminar promocionando productos a los que se les ha pagado, ya sea a través de endosos o simplemente cortando un cheque. No revelar ningún tipo de compensación por promoción es inherentemente deshonesto. Una audiencia merece saber si sus acciones son de su propia voluntad o si alguien más le está pagando o compensando por hacerlo. Si no revela esta información y sus seguidores se enteran, esa confianza se romperá y se lo considerará como un complice. Por supuesto, cuando administra una empresa, es posible que no se encuentre con este problema con demasiada frecuencia, pero a veces la empresa buscará intercambiar opiniones entre sí, ofreciéndole 5 estrellas a cambio de que usted haga lo mismo. Esos tipos de arreglos no son éticos y deben evitarse si desea tener confianza y conexión con su audiencia.

Error 3: Deshonestidad

Junto con la falta de divulgación, no hay nada peor que un influencer que está siendo deshonesto con sus seguidores. Como propietario de un negocio, existe la expectativa de que sus reclamos sean verificables y respaldados por evidencia real. Cuando un cliente le compra un producto y descubre que usted ha exagerado o mentido abiertamente sobre las capacidades del producto, corre el riesgo de perder toda credibilidad. Lo más importante que puede tener un negocio en línea es la credibilidad. Las personas corren riesgos cuando compran en línea, especialmente cuando se trata de un negocio por primera vez. Sea lo más honesto posible cuando promocione o discuta los productos. Si hubo un retraso importante en el envío de un pedido, sea directo al respecto. El diálogo siempre es mejor que el silencio, incluso si no compartes buenas noticias con tus seguidores.

Error 4: Compromiso de Compra

Algunas personas que desean convertirse en personas influencers pueden decidir que sería beneficioso si aumentaran la cantidad de seguidores que tienen. Al usar un sistema de terceros, pueden decidir comprar seguidores o un número determinado de "me gusta" para una publicación. Esto puede parecer una excelente manera de hacer que parezca que tienes muchos seguidores, pero en realidad, no está haciendo mucho por ti. Los seguidores que no sean personas reales no podrán participar, compartir su contenido y ayudar a promocionar su trabajo. En otras palabras, si tienes 1000 seguidores falsos, no eres un influencer porque esos seguidores no harán nada. Evite los servicios y las empresas que ofrecen aumentar su presencia en las redes sociales o convertirlo en un influyente a través de estas tácticas sospechosas. En el mejor de los casos, aumentará los números pero no tendrá nada sustantivo y, en el peor de los casos, podría ser atrapado por las plataformas de redes sociales que tienen reglas explícitas contra tales prácticas.

Después de todo, convertirse en un influencer requiere un plan estratégico, paciencia y la voluntad de comprometerse profundamente con las personas durante el proceso de varios años. No hay un camino rápido para convertirse repentinamente en un influencer a quien todos buscan orientación. Sucede con un seguidor a la vez. Sea paciente, concéntrese en crear valor y, sobre todo, busque una conexión genuina con las personas que lo siguen. Una sola persona convertida en tu tribu, que te sigue y busca orientación de tu marca es más valiosa que diez seguidores habituales.

Capítulo 3: Iniciar un negocio en línea usando las redes sociales

Si está comenzando desde cero, tal vez comenzando un negocio en línea por primera vez, puede encontrar que la gran cantidad de opciones es abrumadora. Internet tiene muchas herramientas para comenzar y, gracias a la infinidad de guías, tutoriales y sitios web, puede terminar sintiéndose perdido en la avalancha de información. Este capítulo es para ayudar a servir como una guía general para iniciarse en el mundo de los negocios en línea, con un enfoque en el desarrollo de una presencia en las redes sociales a largo plazo.

Encontrar su Nicho (y su Mercado)

Un negocio en línea tiene una ventaja significativa sobre las tiendas locales de ladrillo y mortero: el nicho. Cuando se trata de comenzar una tienda de ladrillo y mortero, deberá considerar cosas como la ubicación de la tienda, lo que es popular en esa ciudad, lo que más vende, etc. Con el alquiler tan costoso, si elige el tipo de producto incorrecto , ni siquiera podrá cubrir el costo del edificio.

Sin embargo, para el marketing en línea, las cosas son mucho más fáciles. Dado que no hay una población "local" de la que preocuparse en línea, puede estar seguro de que si encuentra el nicho adecuado, podrá dirigir clientes de todo el mundo a su tienda. El truco, sin embargo, es encontrar un nicho que venda bien, atraiga a los clientes y sea lo suficientemente único como para evitar la competencia directa con compañías más grandes que pueden subvencionarte y promocionarte.

Encontrar un nicho de mercado es probablemente la parte más difícil de administrar un negocio en línea. Si el mercado es demasiado pequeño, no moverá suficientes productos para obtener ganancias. Si el mercado es demasiado grande, sin duda tendrá competidores más grandes que serán más baratos y más eficientes. Por lo tanto, es de suma importancia ubicar el nicho adecuado a través de una serie de pasos simples que lo ayudarán a construir un negocio próspero.

Encontrar un Nicho

Paso 1: Identifica tu Propia Pasión

Comercializar y vender es difícil si no tienes una verdadera pasión por los productos que estás vendiendo. Dirigir un negocio es un compromiso serio y si no te apasiona lo que estás haciendo, es posible que te sientas harto de eso después de un tiempo. Además, la tarea de marketing y compartir a través de las redes sociales sonará vacía, ya que no te encantan los productos que estás lanzando.

Por lo tanto, la forma más efectiva de crear un negocio en línea es encontrar algo que realmente le interese. La pasión se muestra, especialmente cuando se trata de publicidad. Si no puede entusiasmarse con un producto, ¿cómo podría hacerlo el cliente?

Paso 2: Evaluar la Competencia

Uno de los principales inconvenientes del comercio en línea es el hecho de que no está solo. Podría haber otros competidores en su campo y pueden tener significativamente más recursos o credibilidad que usted. Lo que no desea es mudarse a un espacio que esté superpoblado o dominado por una gran corporación que acaparará la mayor parte del pastel. En cambio, desea encontrar áreas donde la competencia es bastante baja, pero la demanda del producto de nicho es relativamente alta. Esto no es fácil y requerirá un poco de investigación por tu parte.

La evaluación de la competencia simplemente requiere el uso de motores de búsqueda y palabras clave para encontrar tiendas en línea para productos. La primera página del motor de búsqueda siempre será su mayor competidor en el campo. Por ejemplo, si está pensando en comenzar un negocio de piscinas inflables, querrá buscar términos que un cliente buscaría, como piscinas inflables en venta o piscinas inflables baratas. Estos términos de búsqueda son lo que llamamos palabras clave. Las palabras clave son la forma principal en que un negocio se encuentra a través de un motor de búsqueda.

Al utilizar palabras clave en su búsqueda, puede encontrar competidores potenciales y evaluar la fortaleza y el tamaño del mercado. Con la ayuda de herramientas analíticas, como Google Trends, incluso puede ver cuántas personas han estado buscando ese término en el transcurso de los últimos meses. Una palabra clave que tiene una gran cantidad de competidores indica que debe establecer un nicho en otro lugar. Una palabra clave que genera una competencia media a baja y una gran cantidad de personas que buscan el término pueden indicar que puede establecer un mercado en esa área.

La investigación de palabras clave es una parte necesaria no solo para identificar a su competencia sino también a su mercado objetivo. Si mucha gente está buscando lo que tienes, pero hay una pequeña cantidad de sitios web que ofrecen ese bien o servicio, has identificado un mercado desatendido. Este es el lugar perfecto para configurar su tienda y comenzar a trabajar para satisfacer las necesidades del mercado.

Paso 3: Diferencia tu Producto

Una forma de encontrar su nicho es enfocarse en la diferenciación de su producto de los demás en el mercado. Descubrir cómo hacer algo más barato, más eficiente o diferente con el mismo producto lo ayudará a diferenciarse de los cientos de otros productos similares. Cuanto más pueda diferenciar su producto, más nicho se convertirá. Esto lo ayudará enormemente a marcar su producto. Al crear algo diferente y utilizar la publicidad para ayudar a los consumidores a saber qué hace que su producto sea diferente de sus competidores, lo distinguirá de los demás. La diferenciación es imprescindible, especialmente si está entrando en un mercado lleno de dura competencia.

Paso 4: Limite su Mercado

Un nicho se trata de apuntar a un mercado estrecho, preferiblemente uno que está desatendido en el espacio en línea. Esto significa que tendrá que reducir sus datos demográficos y centrarse en atacar solo a un grupo específico de personas. Si bien sería maravilloso tener un producto que sea atractivo para todos, la verdad es que obtendrá más millaje de especificidad. Al crear un grupo demográfico específico y estrecho al que planea apuntar, tendrá una mejor oportunidad de obtener clientes de calidad que convertirán y comprarán sus productos. El nicho de marketing se trata de encontrar a las pocas personas que comprarán, en lugar de poner su anuncio frente a un gran grupo que simplemente lo ignorará. Esto puede parecer un poco contradictorio al principio, pero piénselo. Tiene un presupuesto publicitario limitado y una cantidad de tiempo limitada. Al reducir el mercado y apuntar solo a un grupo demográfico específico, obtendrá el máximo retorno de su inversión.

Estrechar requiere investigación. Buscar informes de los consumidores, descubrir qué género hace la mayor cantidad de compras en el campo, determinar la edad y los hábitos de gasto requiere un poco de trabajo, pero eso te ayudará a perfeccionar y crear lo que se conoce como avatar. Un avatar es una personificación del cliente ideal. Esta es la persona que desea encontrar en línea, la que desea ver sus anuncios y comprar sus productos. Por ejemplo, si está ejecutando una pequeña tienda especializada en cebos para la pesca, su avatar podría terminar siendo un hombre de mediana edad con una carrera estable, que pasa la mayor parte de su tiempo viendo programas de pesca y gastando sus ingresos disponibles en artes de pesca.

Gracias a los métodos de hiper-focalización de varios sistemas de redes sociales, puede comunicarse con este tipo de personas y conectarse con ellas, transmitiendo su mensaje y ahorrando tiempo y dinero. Poner un anuncio de pesca frente a 10,000 personas que no pescan no es tan valioso como poner tu anuncio frente a 100 personas que lo hacen.

Tenga algunos avatares específicos en su cabeza cuando comience a trabajar. Al crear una campaña publicitaria, pregúntese, ¿a qué avatar está tratando de llegar? Algunos productos pueden atraer a diferentes grupos y grupos demográficos por diferentes razones, lo que a su vez influirá en sus campañas publicitarias. En lugar de tener un anuncio genérico diseñado para llegar a tres grupos, puede desarrollar tres anuncios específicos para cada avatar.

Poner en Marcha las Redes Sociales

Una vez que haya hecho el trabajo preliminar, haya determinado qué productos va a vender y quiénes son sus datos demográficos, es hora de comenzar a prepararse para sus plataformas de redes sociales. Deberá configurar un perfil en todas las plataformas que desee utilizar. Cubriremos cómo comercializar en cada una de las principales plataformas de redes sociales en capítulos posteriores, pero hay principios simples y universales que cubren la creación de un perfil en casi cualquier lugar.

Consejo de Perfil 1: Use una Marca Consistente

Debe tener un logotipo y un banner de alta calidad que se use en cada perfil que configure. Un cliente debe poder pasar de su página de Facebook a su página de Twitter y recibir las mismas imágenes en ambos. La marca visual es importante para lograr que los clientes creen una asociación sólida entre los colores que usa y los productos que vende. Esto significa que debe mantenerse constante en todos los ámbitos. Si usa un banner en un perfil, debe usarlo en todos los demás perfiles.

Consejo de Perfil 2: Tenga un Mensaje Claro

En los apartados referentes, debe tener una descripción clara y concisa de su empresa o su producto. Concéntrese principalmente en los beneficios que confieren e intente mantener las descripciones lo más cortas posible. El mensaje debe transmitirse de un vistazo. La mayoría de las personas hará clic rápidamente en un enlace o mirará una "página acerca de" durante solo unos segundos, así que obtenga la información crucial lo más rápido posible.

Consejo de Perfil 3: Mantente Profesional

Su perfil debe incluir todos los detalles profesionales relevantes, como la ubicación de su tienda (o el sitio web), las horas en que opera, etc. Evite bromas, detalles sin sentido o instrucciones vagas.

Consejo de Perfil 4: Tenga Palabras Clave en su Descripción

Las palabras clave, como se mencionó anteriormente, son una de las partes más importantes del marketing en línea. Cuando las personas buscan en línea, a menudo escriben cadenas específicas de palabras clave con la esperanza de encontrar lo que están buscando. Al incluir palabras clave orgánicamente en sus descripciones, puede ayudar a dirigir los motores de búsqueda hacia su empresa. Pero es importante tener un equilibrio con las palabras clave, ya que algunas personas se van por la borda, queriendo incluir la mayor cantidad posible en una descripción, pero la mayoría de los motores de búsqueda están buscando tales trucos y tienden a ignorarlos. Entonces, una descripción de su negocio podría decir "Aquí vendemos solo el mejor cebo de pesca para mero". Esto es excelente porque incluye una palabra clave que incluye detalles específicos "cebo de pesca para mero". Si alguien escribiera "Aquí vendemos todos los el mejor cebo de pesca, cebo para mero, cebo para mero y todos los demás tipos de cebo para mero ", no solo parece pegajoso, sino que tampoco engaña a ningún motor de búsqueda. Intente incorporar palabras clave específicas de la manera más natural y orgánica posible.

<u>Consejo de Perfil 5: Hazlos Todos a la Vez</u>

Como verá en este libro, puede elegir entre muchas opciones de redes sociales. Cuando haya seleccionado las plataformas en las que desea operar, sería una buena práctica crear todas sus páginas y perfiles de una sola vez. De esa manera, puede mantener las cosas consistentes, copiar y pegar las descripciones de una página a otra. Recordará dónde colocó todos los logotipos y pancartas y no tendrá problemas con la dilación cuando se trata de hacer más perfiles más adelante. Lo más importante es que podrá comparar todos los perfiles al mismo tiempo y asegurarse de que todos sean uniformes y consistentes con su marca.

Una Palabra sobre Palabras Clave

Las palabras clave son la columna vertebral de todo tipo de marketing en línea, pago, redes sociales o de otro tipo. Si desea tener éxito en sus esfuerzos comerciales, simplemente debe aprender a dominar las palabras clave en todos los aspectos.

Los motores de búsqueda son cómo se encuentra cualquier cosa en línea. Como mencionamos anteriormente, cuando una persona está buscando algo, primero escribirá una frase establecida en un motor de búsqueda. Luego, el motor buscará la información más relevante que pueda encontrar y luego presentará una compilación de resultados, clasificando desde los más relevantes y populares hasta los menos relevantes y populares. La primera página de Google, por ejemplo, es uno de los lugares más importantes en los que puede aparecer un resultado de búsqueda. Las personas que buscan un tema generalmente seleccionan los primeros resultados en Google. Solo aquellos que no pueden encontrar lo que buscan pasan la primera página.

Si desea que lo encuentren cuando las personas están buscando, debe aprender a buscar las palabras clave adecuadas. Las palabras clave pueden ser la vida o la muerte de su producto, independientemente de dónde lo promocione. Incluso la publicidad paga se basa en las palabras clave correctas para dirigirse al público apropiado. Entonces, si desea encontrar el éxito, tendrá que aprender a investigar palabras clave de manera efectiva.

Lo primero a considerar con las palabras clave es la popularidad. Cualquier mercado que llene probablemente tendrá palabras clave genéricas y grandes que son utilizadas por compañías más grandes y fuertes que usted. Dado que los motores de búsqueda buscan no solo relevancia sino también popularidad, esto significa que esas compañías generalmente se mantienen en la parte superior de la página principal. No desea intentar competir por ese espacio, es simplemente demasiado difícil para que una pequeña empresa pueda hacerlo. En su lugar, desea trabajar para encontrar frases específicas que la gente esté buscando, que tengan una competencia considerable. Pero,

¿cómo encontramos exactamente estas palabras clave? Mediante el uso de programas de búsqueda de palabras clave.

La investigación de palabras clave debe ser una parte importante de su estrategia de marketing. Debería estar dispuesto a dedicar un poco de tiempo para encontrar las palabras clave adecuadas que utilizará en sus descripciones de productos, en sus anuncios y en su sitio web. Para ayudarlo en este proceso, querrá utilizar herramientas profesionales diseñadas para ayudarlo a rastrear palabras clave. Estas herramientas le mostrarán cuántas personas están buscando dichas palabras clave, lo ayudarán a planificar qué palabras clave usar y, lo que es más importante, recomendarán palabras clave basadas en la información que ya tiene.

Estas herramientas generalmente deben comprarse, pero ese es simplemente el precio de hacer negocios. Si tiene las palabras clave adecuadas para sus productos, podrá generar tráfico orgánico a través de los motores de búsqueda hacia sus productos. Esta práctica se conoce como

Search Engine Optimization (Optimización para Buscadores) o SEO, para abreviar. El SEO a menudo obtiene una reputación extraña entre aquellos que no están familiarizados con la práctica. O bien, se dice que el SEO está muerto debido a los cambios en la forma en que funcionan los motores de búsqueda, o la gente asume que el SEO requiere algún tipo de piratería no ética y de sombrero negro.

En verdad, SEO simplemente está optimizando su contenido, las descripciones de sus productos y su sitio web para que las personas tengan más facilidad para encontrarlo cuando realizan búsquedas en línea. Al elegir las palabras clave correctas, utilizando buenas frases cortas y largas que sean relevantes para la descripción del producto, estará superando a la competencia.

Es importante pasar tiempo leyendo sobre las prácticas de SEO. Hay muchas cosas que puede hacer para ayudar a mejorar la visibilidad de su contenido y, a medida que se actualizan los motores de búsqueda, las prácticas pueden cambiar. Sin embargo, sería prudente mantenerse alejado de los servicios que ofrecen "optimización SEO" y hacer todo tipo de grandes promesas. La mayoría de las veces, estos servicios tienden a utilizar acciones anticuadas o poco éticas que no ayudan con nada más que malgastar su dinero.

Si bien existen empresas que pueden ayudar legítimamente a optimizar sitios web y contenido para SEO, es mejor que al menos aprenda los conceptos básicos, para que pueda identificar si dichos servicios son necesarios. Muchos de los conceptos básicos se pueden hacer usted mismo. Lo más importante, con la naturaleza de los sistemas de clasificación en constante cambio utilizados por los motores de búsqueda, deberá mantenerse actualizado constantemente, para que sepa si su SEO actual sigue siendo efectiva.

Al final, las palabras clave son el alma de una buena publicidad. Si no puede determinar qué palabras clave atraerán a su grupo demográfico objetivo, se perderá mucho tráfico orgánico y tendrá dificultades a la hora de desarrollar un mercado objetivo para la publicidad paga. Encuentre una buena herramienta para palabras clave, aprenda cómo usarla correctamente y luego dedique todo el tiempo que pueda a recopilar las palabras clave adecuadas para su empresa y su contenido.

La Importancia de la Consistencia y el Tono

Mantener un mensaje coherente en todas las plataformas es importante si desea transmitir un tipo específico de imagen de su marca a las personas. Recuerde, en la economía en línea de hoy, la marca es extremadamente importante. Si desea poder vender sus productos, deberá desarrollar una marca sólida. Y la clave para una buena marca es la consistencia. Esto se reduce a cosas simples, como la elección de colores entre anuncios. Es importante determinar qué colores representan su marca, y luego, cuando los tenga, úselos como sus colores primarios en el diseño visual. Una vez que se ha elegido un tipo de letra para su marca, siga usando ese tipo de letra para cualquier anuncio con letras.

Desea mantenerse constante para que las personas comiencen a identificar rápidamente su marca. Piensa en los icónicos colores y letras de Coca-Cola. En el momento en que ve esa combinación, su cerebro comprende casi instantáneamente que está viendo un anuncio de Coca-Cola. Cambiar los colores constantemente, usar diferentes tipos de letra y falta de consistencia puede confundir a sus clientes. A veces, incluso pueden confundirte con una marca diferente. Esto dificultará todos sus esfuerzos para fomentar la confianza hacia su marca, simplemente porque el cliente no se dará cuenta de que su anuncio está asociado con su empresa, lo que significa que todo el trabajo de su marca fue en vano. Manténgase consistente con sus imágenes, mantenga los mismos colores y tipografía, pase lo que pase.

El tono es otra parte importante de una marca efectiva. Su producto satisfará algunas necesidades del mercado y, como resultado, el tono debe coincidir con el grupo demográfico al que se dirige. Si está vendiendo algo divertido, entonces un tono ligero y casual es importante. Hacer bromas, compartir memes y bromear es una parte importante de esa imagen de marca. Pero si está vendiendo algo que se dirige a personas serias y profesionales, entonces publicitaría de manera profesional.

Lo más importante con el tono es que se mantiene en todas sus plataformas. El cambio de tono de una plataforma a otra puede ser discordante y confuso para los lectores que lo siguen en múltiples sitios de redes sociales. Por ejemplo, si eres tonto e irreverente en Facebook, pero extremadamente serio en Twitter, las personas recibirán mensajes contradictorios sobre tu empresa. En su lugar, trate de mantenerse lo más consistente posible, de mantenerse al día con el mensaje de su empresa y evite comprometer la forma en que se presenta de alguna manera.

Capítulo 4: Monetizando a tu Audiencia

Para monetizar una audiencia, primero debe poder demostrar que sus productos o servicios aportan valor a sus vidas. El concepto central de todo buen marketing es que debe proporcionar valor y, a su vez, las personas responderán a ese valor haciendo compras. El marketing no es un juego de suma cero. Cuando una persona compra un producto, es porque cree que el producto mejorará sus vidas de alguna manera. Entonces, realmente, la monetización es un escenario de ganar-ganar. El cliente gana porque obtiene algo que proporcionará valor a sus vidas y usted gana porque gana una venta.

Sin embargo, la mayoría de las personas son exigentes con su dinero. Para convencerlos de que compren sus productos, deberá moverlos a través de un embudo, obteniendo primero su atención y luego su confianza, lo que luego conduce a una venta potencial.

Internet es un gran lugar y hay miles de cosas que compiten por la atención de un cliente potencial. Pero la atención es casi similar a una moneda en el mundo del marketing en línea. Si desea monetizar a su audiencia, primero necesitará que presten atención a sus productos, anuncios y lanzamientos. Esto se puede hacer de dos maneras: creación de contenido o publicidad dirigida.

<u>Creación de Contenido</u>

El contenido relevante ayuda a captar la atención de los clientes potenciales y pone su marca directamente frente a ellos. Las personas siempre buscan valor en línea y el contenido que les proporciona la mayor cantidad de valor significa que también prestarán más atención a ese contenido. Si desea ser un excelente comercializador, significa que deberá estar dispuesto a crear ideas interesantes, relevantes y atractivas que eduquen, entretengan o atraigan a su audiencia.

Este tipo de contenido puede variar mucho, pero en su mayor parte, está disponible gratuitamente para su consumo en línea. Si el contenido no es gratuito, entonces es un producto. El razonamiento detrás de esto es simple: si crea contenido gratuito e interesante, no solo está captando la atención de su público objetivo, sino que también está generando confianza y buena voluntad. Si una persona se convierte en fanática del contenido que proporciona, tendrá muchas más posibilidades de convertirse en una venta que si no estuviera familiarizado con su marca por completo.

Por supuesto, el contenido debe ser de buena calidad y relevante para los intereses de su audiencia, si va a poder generar confianza. Crear contenido que esté fuera de sus intereses demográficos objetivo corre el riesgo de atraer a miembros de la audiencia que no podrán realizar la conversión, desperdiciando efectivamente sus esfuerzos.

¿Cuáles son algunos tipos de contenido que pueden ayudar a educar y monetizar a su audiencia? Hay mucho de donde escoger:

Blogs

Un blog es una excelente manera de obtener una cantidad constante de tráfico web para visitarlo. Crear un blog es bastante simple y puede tenerlo como parte de su sitio web, lo que permite a los visitantes hacer clic en él de forma natural para obtener más información sobre la empresa y las personas que lo respaldan. Cuando piense en crear contenido de blog, simplemente trate de concentrarse en ayudar a sus clientes tanto como sea posible. No trate su blog como una plataforma para anunciar, porque eso realmente no ayuda a nadie. Ya están en su sitio web, por lo que saben de qué se trata su empresa. En lugar de eso, bríndeles valor escribiendo buen contenido que los atraiga o los eduque. Si puede mantener a un seguidor visitando constantemente su blog, semana a semana, es probable que terminen convirtiéndose en algún momento.

Podcast

Un podcast es similar a un blog, aunque requiere un poco más de tiempo y un poco de inversión en términos del micrófono y otros equipos necesarios para ejecutar un espectáculo. Sin embargo, si puede crear podcasts interesantes y atractivos que generen seguidores, tendrá una tasa de conversión mucho mayor que si escribiera un blog. Los anunciantes de podcasts como MidRoll descubren que las personas que escuchan anuncios en sus podcasts pueden tener una tasa de conversión de hasta el 61%, lo cual es fenomenal.

Contenido de Video

El contenido de video es otra excelente manera de proporcionar valor a los consumidores. Al crear videos que brinden soluciones a problemas específicos o contenga bocetos entretenidos que la gente disfrute, podrá crear seguidores de su propia marca. Por supuesto, el inconveniente aquí es que, de todas las formas de creación de contenido, hacer que el contenido de video sea el más complicado. Sin embargo, si es práctico con una cámara y tiene algunas ideas de lo que la gente en su mercado está buscando en un video, debe intentarlo. Crear un canal de YouTube donde las personas puedan encontrar videos útiles puede convertirse rápidamente en conversiones, especialmente si tiene buenas demostraciones de sus productos disponibles para que puedan verlos.

Contenido Visual

El arte, las ilustraciones, las infografías y los memes son excelentes tipos de contenido que pueden no convertir directamente a las personas, pero que le proporcionarán un flujo constante de imágenes para compartir en las redes sociales. Tomarse el tiempo para desarrollar realmente este tipo de contenido le proporciona material visual que puede usar todo lo que quiera. Además de eso, al compartirlos a través de las redes sociales, existe la posibilidad de que otros publiquen o vuelvan a publicar lo que ha hecho, lo que amplía su alcance y tiene la posibilidad de atraer a más personas a su página o sitio web de redes sociales.

¿Qué sucede si no puedo producir nada de este contenido?

Si carece de las habilidades, el tiempo o incluso la creatividad para crear el contenido anterior, tiene dos opciones. El primero es que te centras completamente en la publicidad dirigida. Si bien es posible que pueda generar muchas ventas de esa manera, se está perdiendo la capacidad de atraer pasivamente a sus seguidores. La segunda opción sería contratar a un profesional independiente para que te ayude a desarrollar contenido. Gracias a la economía de los conciertos en línea, los sitios web como Upwork permiten a los propietarios de negocios contratar freelancers para desarrollar contenido para ellos por una tarifa fija. Luego, puede usar ese contenido como propio y usarlo para ayudar a generar más interés en sus productos.

Publicidad Dirigida

La segunda forma de monetizar a su audiencia es usar publicidad dirigida. Si bien las redes sociales en sí son buenas formas orgánicas para crear conciencia sobre su producto y tener conversaciones con clientes potenciales, existen algunos inconvenientes. Lo más importante es que los medios sociales a menudo quieren que las empresas compren espacio publicitario, ya que así es como ganan dinero. Facebook proporciona un tremendo servicio gratuito al mundo, pero generan ingresos principalmente mediante la venta de espacios publicitarios a los anunciantes. Esto significa que no quieren que las empresas utilicen sus servicios de forma gratuita.

Los algoritmos están diseñados para evitar que las empresas permitan que las publicaciones no pagadas lleguen a una amplia audiencia. Entonces, si bien crear un flujo constante de contenido es útil para la conversión pasiva, la verdad es que, sin publicidad paga y dirigida, realmente no tendrá un impacto tan fuerte en las redes sociales. La buena noticia es que la publicidad en redes sociales es bastante barata y solo paga cuando los espectadores hacen clic en el anuncio, algo conocido como pago por clic o PPC.

La publicidad dirigida es la mejor manera de monetizar activamente a su audiencia. Al poner anuncios directos frente a ellos con fuertes llamados a la acción, implorándoles que miren sus productos y realicen compras, podrá comenzar a convertir a sus seguidores. La mejor parte de la publicidad dirigida es que desbloquea los análisis, lo que le permitirá ver cómo funciona cada anuncio, incluso hasta la edad y el sexo de las personas que hicieron clic en sus anuncios. Cubriremos cómo ejecutar anuncios de Facebook en el sexto capítulo.

Ganar Confianza

La conciencia es una parte de la ecuación cuando se trata de monetización. La segunda parte es la confianza. Para que pueda vender productos o servicios en línea, también debe poder ganarse la confianza del usuario. En general, la confianza proviene de una marca establecida, un buen historial y políticas destinadas a ayudar a calmar el nerviosismo de un nuevo comprador.

El hecho es que comprar cosas de una nueva tienda en línea es un riesgo. Un cliente no sabe realmente si lo que está ordenando realmente aparecerá, qué sucederá con su información personal, etc. Todos hemos escuchado historias de horror de transacciones en línea que han salido mal de una forma u otra. Como propietario de un negocio, uno de sus mayores objetivos debe ser ganar la confianza de los clientes potenciales.

Esto se puede hacer de varias maneras. La forma más fácil de ganar confianza son las reseñas de los clientes que son fácilmente accesibles para quienes realizan investigaciones. Un grupo de calificaciones de cinco estrellas en un sitio web, una cita de un sitio web de revisión confiable o incluso una revisión de video de un influyente popular puede ser muy útil. Esté atento a las formas de incorporar revisiones positivas de su producto en su comercialización, como una forma de tranquilizar a su cliente.

Otra forma de ganar confianza es tener una garantía simple de devolución de dinero. La mayoría de los productos o servicios los ofrecen como una forma de atraer a un cliente para que realice la compra, pero también como una forma de demostrar que la satisfacción del cliente es de suma importancia. Claro, algunos clientes pueden ser lo suficientemente quisquillosos como para hacer una compra y luego exigir que se les devuelva su dinero, pero en su mayor parte, está destinado a ayudar a los consumidores a encontrarlo como un negocio en el que puedan confiar. Esa confianza vale unos pocos retornos al mes.

Crear una Lista de Correo Electrónico

Uno de los aspectos más importantes no solo del marketing en redes sociales, sino en todos los tipos de marketing es lo que se conoce como Lead Generation (Generación de Oportunidades en español). Cuando desee vender su producto, necesitará tener una ventaja, algo que lo dirija hacia el cliente adecuado para vender. Hay muchas maneras diferentes de generar clientes potenciales, principalmente mediante el uso de publicidad paga para encontrar el grupo demográfico adecuado que estaría interesado en sus productos. Pero, ¿cómo retiene clientes potenciales? A través de una lista de correo electrónico.

La lista de correo electrónico es una de las partes más básicas y vitales para monetizar una audiencia. Si bien su audiencia crecerá a través del trabajo que hace, creando y compartiendo contenido, querrá encontrar una manera de contactarlos directamente, con el propósito de publicitar productos. La forma más rápida y directa de contactar a cualquier persona en línea es a través de su correo electrónico.

Sin embargo, el correo electrónico también es algo que la mayoría de los usuarios mantienen de cerca. A menos que se registre para un servicio, las personas generalmente no comparten sus direcciones de correo electrónico con los anunciantes. Esto es lógico, porque como todos saben, recibir spam puede ser irritante. Si se suscribe al servicio incorrecto, puede verse afectado por una avalancha de ofertas especiales que desordenan su bandeja de entrada y dificultan la búsqueda de las cosas que realmente importan.

Entonces, ¿cómo logran exactamente los anunciantes obtener los correos electrónicos de su audiencia? Bueno, pueden hacerlo de varias maneras. El primero es adquirir el correo electrónico como parte de un paso de conversión. Por ejemplo, si el cliente ha decidido comprar uno de sus productos, puede darle la opción de suscribirse a su boletín informativo, que luego le otorga permiso para usar su correo electrónico con fines de marketing.

Otro método para obtener correos electrónicos es ofrecer algún tipo de trato a cambio de una suscripción al boletín. El método más común es crear un producto gratuito que se les envíe después de que se registren. Dichos productos pueden ser físicos o digitales. La mayoría de las empresas descubren que ofrecer un libro electrónico gratuito generalmente genera clientes potenciales interesados en registrarse.

Una vez que tiene un correo electrónico, ahora tiene permiso para enviarles ofertas especiales, actualizaciones y noticias sobre su empresa y sus productos. En otras palabras, se le ha dado un nuevo método de comercialización. Lo mejor de todo, dado que la persona es claramente parte de su grupo demográfico objetivo, no tiene que preocuparse de que su correo electrónico caiga en oídos sordos.

Una colección de correos electrónicos que ha reunido se conoce como una lista de correo electrónico. La expansión de su lista de correo electrónico debe ser una de sus principales prioridades al crear su motor de marketing, solo superada por obtener conversiones directas. Crear una lista de correo electrónico tampoco es difícil, a continuación se detallan los pasos necesarios para crear una.

Paso 1: encuentre un servicio de lista de correo electrónico

La tarea de recopilar, rastrear y enviar correos electrónicos puede ser una tarea engorrosa si se hace solo, pero afortunadamente, existen servicios profesionales que permiten crear listas de correo electrónico. Estos servicios son generalmente gratuitos, hasta que llegue a una cierta cantidad de correos electrónicos, después de lo cual se le pedirá que actualice.

Estos servicios permiten formas de almacenar correos electrónicos recopilados, así como ejecutar campañas, rastreando no solo la cantidad de correos electrónicos que envía, sino cuántas personas hacen clic en ellos, a qué hora, quién hace clic en los enlaces dentro de los correos electrónicos, etc. muchos servicios para elegir, pero como recién está comenzando, le recomendamos usar MailChimp, ya que funcionan bien para principiantes.

Paso 2: Crea una Lista

Dentro de su servicio de lista de correo electrónico, podrá crear una lista específica. Aquí será donde irán todos los correos electrónicos registrados. Deberá asegurarse de dividir todas sus listas por categoría, especialmente si está operando múltiples esfuerzos comerciales. Nombre la lista después de la marca que representará con sus correos electrónicos.

Paso 3: Crea un Incentivo

La gente no regalará sus correos electrónicos por nada. Casi todos saben que cuando envían un correo electrónico, estarán en el lado receptor de los correos electrónicos de marketing. Sin embargo, la buena noticia es que si están interesados en lo que su empresa tiene para ofrecer, podrían estar dispuestos a aceptar esos correos electrónicos e incluso leerlos. Deberá crear un incentivo que sea lo suficientemente atractivo para su grupo demográfico objetivo como para darle su correo electrónico.

Esto a menudo implica la creación de algo especial, ya sea un libro electrónico, un código de descuento especial o algún otro incentivo que recibirán a cambio de registrarse en su lista de correo electrónico. Este incentivo no tiene que ser grande o llamativo, pero debería ser lo suficientemente atractivo para su grupo demográfico objetivo como para motivarlos a realizar el intercambio. Luego, tendrá su correo electrónico para agregar a su lista y recibirán un buen regalo de su parte.

Tenga cuidado cuando se trata de desarrollar un incentivo. Algunos especialistas en marketing se vuelven demasiado ambiciosos cuando se preparan y pueden terminar creando un incentivo que es simplemente demasiado atractivo o demasiado general. Esto puede generar clientes potenciales de baja calidad, personas que se inscribirán por el mero hecho de recibir el regalo y luego cancelar la suscripción de inmediato. También debe evitar crear un incentivo que atraiga a personas fuera de su grupo demográfico objetivo. Recuerde, el propósito de crear una lista de correo electrónico es para fines de marketing. Si tiene un montón de correos electrónicos que están fuera de su grupo demográfico objetivo, lo más probable es que no vea ninguna conversión de ellos.

Paso 4: Crea una Página de Destino

La página de destino es donde ofrecerá el incentivo a cambio del correo electrónico. Por lo general, la página de destino es solo un formulario de registro simple que ensalza la virtud del producto gratuito y luego tiene un llamado a la acción, instando al lector a registrarse ahora.

Las páginas de destino se pueden crear utilizando empresas de alojamiento de páginas de destino o simplemente creando las suyas propias a través de su sitio web. Elijas lo que elijas realmente depende de ti, pero deberás asegurarte de haber conectado tu servicio de lista de correo electrónico al formulario de registro, para que cualquier correo electrónico capturado se coloque directamente en tu lista de correo electrónico.

El diseño de la página de destino debe ser simple y específicamente diseñado para obtener la dirección de correo electrónico. No intentes hacer nada más con la página. De hecho, la mayoría de las páginas de destino ni siquiera tienen un encabezado o una barra de navegación que lo aleje del sitio web. En cambio, simplemente se enfocan en mostrar una buena exhibición del producto gratuito, dan las razones por las cuales una persona lo querría y luego les indica que se registren. Menos es más con una página de destino, cuantos más detalles hay, más distraído podría estar un lector. En cambio, manténgalo simple, corto y al grano.

Paso 5: Cree una Suscripción Efectiva en su Sitio Principal

Una vez que haya realizado la página de destino, que tiene el único fin de dirigir el tráfico, también deberá crear la capacidad de optar por su lista de correo en el sitio principal. Esto puede ser tan simple como colocar un pequeño formulario de registro en la parte inferior de su página de inicio, ofreciendo el producto a cambio de un correo electrónico o incluso puede ser un banner emergente.

Por muy molestos que puedan ser, los anuncios emergentes tienen cierta efectividad, siempre que no sean agresivos, difíciles de cerrar o de colores ofensivos. Existen servicios gratuitos que ayudan a crear anuncios emergentes para su lista de correo, como Sumo. Esto ayuda a crear ventanas emergentes efectivas y realizar un seguimiento de las métricas, para que pueda saber si las personas están haciendo clic en un registro.

A pesar de toda la sabiduría convencional sobre el asunto, la verdad es que las buenas ventanas emergentes funcionan. Siempre que los anuncios que diseñe no sean irritantes, tiene una buena posibilidad de obtener un porcentaje de clics de alrededor del 2% de las personas que visitan su página, lo cual es bastante bueno para algo que es totalmente gratuito.

Paso 6: Dirija a la audiencia a la página de destino

Una vez que haya creado el incentivo y la página de destino, todo lo que queda es trabajar en la captura de correos electrónicos. Es posible que desee compartir su oferta especial con su audiencia actual publicando el enlace en sus redes sociales. Con suerte, esto generará tráfico hacia su página y le permitirá registrarse. Pero una vez que haya informado a su audiencia central sobre esta nueva oferta especial, querrá continuar expandiendo esa preciosa lista de correo electrónico.

La mejor manera de aumentar el tamaño de su lista de correo electrónico es a través de publicidad dirigida, utilizando uno de los sistemas de publicidad en redes sociales, como Facebook. Esta es una publicidad pagada, pero hará maravillas en la generación de clientes potenciales que luego puede comercializar directamente, ¡gratis!

Una vez que haya hecho su lista de correo electrónico y se haya poblado con suficientes personas para comenzar a comercializar, es posible que tenga la tentación de comenzar a enviar correos electrónicos, pero hay algunas cosas que se deben y no se deben hacer para el marketing directo por correo electrónico.

HACER: Enviar Ofertas Especiales

Las personas necesitan recibir algún tipo de valor de su boletín informativo, o de lo contrario se darán de baja rápidamente. Enviar valiosas ofertas especiales solo por correo electrónico es una excelente manera de no solo aumentar las ventas, sino que también ayuda a sus clientes a ver que su correo electrónico es valioso. Esto ayudará a alentarlos a permanecer suscritos y reducirá la cantidad de personas que se dan de baja después de enviar un correo electrónico.

NO HACER: Spam hacia Ellos

Una vez que tenga la dirección de correo electrónico de un cliente, debe tratarla como un regalo precioso y frágil. Si lo trata con demasiada brusquedad, se romperá y se perderá la confianza del cliente en usted. Enviar correos electrónicos constantes, tres o cuatro veces al día, no promocionará su negocio, solo los molestará. Incluso si estos correos electrónicos contienen ofertas especiales, ninguna persona querrá recibir tanto correo electrónico al día. En cambio, trate de tratar al cliente con respeto y mantenga la cantidad de correos electrónicos que envíe al mínimo.

HACER: Comparta Noticias sobre su Empresa

Los correos electrónicos no siempre tienen que ser para vender. Algunas personas se registran porque están genuinamente interesadas en el crecimiento de la empresa, su visión o pasión. Es útil para fines de marca compartir buenas e interesantes noticias de su empresa con los clientes, para que vean qué cosas positivas está haciendo.

NO HACER: Comprar Correos Electrónicos de Otras Compañías

El marketing por correo electrónico está orientado a los permisos, pero es posible que algunas empresas estén dispuestas a venderle listas de correo electrónico. Esta práctica sombría puede ser problemática por muchas razones, pero la más importante es que la invasión de la privacidad rápidamente causará preocupación entre quienes reciben sus correos electrónicos sin consentimiento. Se darán de baja rápidamente y lo más probable es que sientan agitación hacia su marca. Y además, los clientes potenciales proporcionados por estas personas que ofrecen vender ciertas listas de correo electrónico tienden a ser de muy baja calidad.

HACER: Usar Análisis para Rastrear el Rendimiento del Correo Electrónico

Cuando envía correos electrónicos, debe poder ver cuántas personas los abren, cuántos enlaces hacen clic y cuántas personas. Estos números le permiten rastrear el rendimiento de los correos electrónicos y hacer ajustes a los correos electrónicos que está realizando. A veces, el mal diseño del correo electrónico, los enlaces no válidos o las ofertas poco interesantes pueden sabotear sus esfuerzos para obtener conversiones. Al realizar un seguimiento, podrá vigilar de cerca qué correos electrónicos tienen el mejor rendimiento y cuáles tienen el peor rendimiento.

NO HACER: Retener correos electrónicos para siempre

Idealmente, desea tener una mayor tasa de participación de los usuarios que se han suscrito a su lista de correo electrónico. Con el paso de los años, a medida que envía campañas y correos electrónicos, puede terminar dándose cuenta de que hay un grupo inferior de usuarios que simplemente no participan. No abren correos electrónicos, no hacen clic en enlaces, sin embargo, no se han dado de baja por alguna razón. Debería eliminar a estos suscriptores de su lista de vez en cuando, solo para asegurarse de que sus análisis no terminen sesgados por una gran base que probablemente ya ni siquiera revise su correo electrónico.

Capítulo 5: Utilizando Facebook para Marketing

De todas las diferentes plataformas de redes sociales, Facebook es el más grande, el más utilizado y el más fuerte cuando se trata de publicidad dirigida. Es posible que prefiera utilizar otros tipos de plataformas, como Twitter o Pinterest, lo cual está bien, pero al menos debería tener una página de Facebook desarrollada para su negocio.

Facebook tiene más de 2 mil millones de usuarios que utilizan activamente la plataforma al mes. Además, la mayoría de esos usuarios utilizan principalmente Facebook a través de aplicaciones móviles, como teléfonos o tabletas. Con una comunidad en línea tan fuerte, sería una mala idea simplemente ignorar Facebook.

Crear una página de Facebook

Hacer una página de Facebook es diferente a crear un perfil de usuario. La página será el perfil de su negocio. Las personas a las que les gusta una página de Facebook se convierten en seguidores, lo que significa que cuando publique, su publicación aparecerá en su muro. Aunque, como se discutió anteriormente, los algoritmos evitan que su publicación llegue a todos los que le han gustado su página, especialmente si intenta publicar varias veces en un día.

La página de Facebook es necesaria si desea ejecutar anuncios de Facebook, ya que estará vinculada a su cuenta de anunciante. La página también le permite hacer una serie de cosas diferentes y útiles para ayudar a conectarse y relacionarse más con sus seguidores y clientes.

Crear una página es simple, todo lo que necesita hacer es seleccionar el menú desplegable de Facebook y seleccionar crear una página. A partir de ahí, se le darán todas las instrucciones necesarias para crear una página para su negocio. Después de completar toda la información, configurar su perfil y poner los enlaces adecuados, puede pasar a la siguiente parte importante de su página: obtener Me gusta.

Obtener más Me Gusta en Facebook

Cuando se trata de administrar un negocio, los me gusta de Facebook son bastante importantes. Una página hace varias cosas para su negocio, como:

- Comparte la actividad del individuo en su muro, posiblemente compartiendo tu página con otras personas.

- Le permite orientarlos directamente con publicaciones promocionadas y anuncios de Facebook.

- Ayuda a crear un público similar para un alcance más amplio con la publicidad de Facebook.

Entonces, si los Me gusta pueden ser valiosos, ¿cuál es la mejor manera de obtenerlos? El primer paso sería simplemente informar a los clientes actuales, amigos y aquellos que estarían interesados en su nueva página. Puede invitar a personas a que le guste su página específicamente, lo que puede ayudar a aumentar sus números generales al principio. Sin embargo, debes tener cuidado con esto. Puede ser fácil ir por la borda y conseguir que a un gran número de amigos les guste tu página, pero primero pregúntate, ¿realmente se convertirá esta persona? ¿Estarán dispuestos a comprar mis productos? Desea que la mayoría de sus Me gusta provengan de seguidores de calidad, es decir, personas que responderán e interactuarán con usted.

Esto significa que es posible que no desee invitar a todos sus amigos de Facebook a hacer Me gusta en su página. Obtener unos cientos solo para comenzar no es una mala idea, pero no lo lleve más lejos. Después de su primer impulso inicial, solo concéntrese en invitar a personas relevantes a que les guste su página.

Otra excelente manera de obtener Me gusta es poner constantemente contenido que otros compartirán. Esto puede ser tu propio contenido o memes creados por otros y están en circulación. Cuando comparta contenido, tenga cuidado de no reclamar ninguno de los contenidos como propio, pero siéntase libre de contribuir en la circulación de bromas, memes y otras imágenes entretenidas.

Es importante mantenerse constante en su publicación, pero no se exceda. En general, querrás publicar solo 1 publicación al día. Crear múltiples publicaciones en el mismo no ayudará a aumentar la exposición, gracias a los algoritmos de Facebook. En cambio, trate de hacer una publicación de calidad al día, cinco o seis días a la semana. Esto asegurará el mayor nivel de alcance que puede generar nuevos Me gusta.

Y no olvide, el objetivo de Facebook no es simplemente generar me gusta. Muchos especialistas en marketing a veces se obsesionan demasiado con la idea de que deberían concentrar su energía y tiempo en obtener la mayor cantidad de Me gusta posible. Si bien los me gusta tienen su uso, no son el paso final. El paso final es conseguir una venta. Un me gusta no es más que una herramienta para conseguir esa venta. Deben llegar con el tiempo, de manera orgánica y a través de simples promociones de su parte. No cedas en el bombo enfocándote en obtener tantos me gusta como sea posible. Llegarán con el tiempo a medida que su producto crezca tanto en tamaño como en popularidad.

Crear un Grupo de Facebook

Un grupo de Facebook es similar a una página de negocios, con la excepción de que funciona más como un tablero de chat. Todos los miembros del grupo son libres de publicar contenido, preguntas o ideas. Además, los grupos se pueden configurar como privados, públicos o incluso secretos, lo que significa que las personas ni siquiera saben de su existencia hasta que se les invita. Esto puede permitirle, como propietario de un negocio, brindar a sus clientes una línea directa para discutir su producto no solo con usted, sino también con otros usuarios del producto. Los grupos son una excelente manera de obtener el compromiso de aquellos que están interesados o apasionados por sus productos.

Configurar un grupo de Facebook es más fácil que crear una página para su negocio. Simplemente haga clic en el menú desplegable y seleccione Crear un grupo. Desde allí, tendrá la opción de nombrar al grupo, invitar a personas y establecer la configuración de privacidad. Luego, puede ir a la configuración de Editar grupo para completar los detalles importantes, como la descripción del grupo, el tipo, etc.

Un grupo de Facebook es bueno para responder preguntas e inquietudes de los clientes. Pero no debe tratarse como una forma de comercializar a las personas directamente. La mayoría de las personas no tienen interés en ser comercializadas directamente, especialmente si se unen a un grupo para discutir ideas y conversar con personas de ideas afines. En cambio, mire a un grupo de Facebook como una oportunidad para fomentar el diálogo, tener buenas conversaciones y preocuparse por las necesidades de los demás. Ayudará a construir una comunidad alrededor de su producto y le mostrará a las personas que los ve como algo más que bolsas de dinero.

Messenger

Facebook Messenger es el servicio de mensajería instantánea que permite a las personas contactarlo directamente. Esta función de chat en vivo puede ser excelente para responder preguntas rápidamente o abordar inquietudes sobre las características de un producto. Facebook requiere que Messenger esté instalado como una aplicación separada en su teléfono, si desea poder chatear en su teléfono móvil, por lo que se recomienda que descargue la aplicación si desea poder responder preguntas rápidamente.

Sin embargo, algunas preguntas pueden responderse automáticamente. Es posible que no tenga tiempo para responder las preguntas de cada persona, especialmente si la información está disponible para que la consuman. Si ese es el caso, entonces puede considerar usar un Chatbot.

Un Chatbot es un sistema de inteligencia artificial especialmente desarrollado que se puede instalar en la aplicación de mensajería de su página comercial. Luego, después de hacer preguntas específicas o si se deben hacer pedidos, el chatbot podrá responder de manera efectiva, ahorrándole tiempo y aumentando el tiempo que su negocio está disponible para conversar con los clientes. Podría estar profundamente dormido a las 3 de la mañana, pero un ave nocturna envía un mensaje preguntándose si realiza envíos internacionales. El Chatbot, si tiene los parámetros correctos, puede responder rápidamente con la respuesta correcta. El cliente está satisfecho porque recibió una respuesta rápida y usted está satisfecho porque puede seguir durmiendo toda la noche.

Hacer un chatbot no es difícil, pero requiere un compromiso de tiempo. Deberá encontrar un sistema de chatbot establecido para usar, a menos que tenga un don para programar por su cuenta. Se encuentran disponibles servicios como Chatfuel, ManyChat o Flow XO, que generalmente ofrecen servicios gratuitos para principiantes. Si encuentra que desea que un chatbot aumente el tiempo de respuesta, estos servicios ayudarán y, a menudo, requieren habilidades de programación absolutamente nulas para integrarse en su messenger.

Capítulo 6: Uso de Anuncios de Facebook

Los anuncios de Facebook pueden ser excepcionalmente potentes cuando se usan correctamente. Gracias a la capacidad de recopilación de datos de Facebook, puede dirigirse a personas que estarían interesadas en su producto y, como resultado, aumentar sus posibilidades de obtener una venta que a través de cualquier otro medio de publicidad. Pero esto no significa que solo pueda incluir algunos parámetros en un anuncio de Facebook y ejecutarlo para hacer una fortuna. El uso adecuado de los anuncios de Facebook requiere previsión, planificación y, sobre todo, la capacidad de estudiar análisis y ajustar adecuadamente.

Preparándose

Configurar anuncios de Facebook requiere que cree una cuenta de administrador de negocios. El Business Manager será la página de inicio donde podrá conectar anuncios a sus páginas de Facebook, publicar anuncios y, lo más importante, revisar los análisis que se proporcionan después de una publicación de anuncios exitosa. Para configurar esto, solo necesita visitar business.facebook.com y crear la cuenta de Manager. Una vez que se haya creado la cuenta y haya vinculado su cuenta a la página de su tienda, estará listo para comenzar a crear su primer anuncio.

Crear un Objetivo de Campaña

Al seleccionar la opción Crear nueva campaña, se le presentará una serie de objetivos diferentes. Estos objetivos son el objetivo final de su campaña publicitaria. Facebook realizará un seguimiento y funcionará de manera diferente según el objetivo que seleccione. Los objetivos se dividen en tres categorías: conciencia, consideración y conversión.

Objetivos de Conciencia

La conciencia tiene dos opciones, el conocimiento de la marca y el alcance. El reconocimiento de marca se centra en encontrar personas que tengan la mayor posibilidad de estar interesados en su anuncio. Esto significa que mostraría el anuncio frente a personas que no solo están interesadas en la marca, sino que también tienen la mayor posibilidad de recordar sus otros anuncios. Luego, Facebook buscaría mostrar su anuncio frente a las personas que tienen la mayor posibilidad de recordar su anuncio dentro de dos días. Aquellos que tienen la mayor posibilidad de recordar su anuncio tendrán una mejor oportunidad de conversión más adelante.

En otras palabras, las campañas de reconocimiento de marca ayudan a que su producto y marca lleguen a la mente de una persona. Más adelante, cuando aparezca una publicidad dirigida y seria con un llamado a la acción frente a ellos, gracias a las bases establecidas por su campaña de concientización, será más fácil convertirlos.

La otra opción es solo llegar. El alcance es una simple cuestión de mostrar su anuncio al mayor número de personas. Esto puede ser excelente si solo desea que se muestre su marca a tantas personas como personas al mismo tiempo. Al igual que el conocimiento de la marca, querrá usar el alcance si solo quiere que las personas simplemente se den cuenta de que su marca existe.

Objetivos de Consideración

Las categorías de consideración son objetivos que requieren algún tipo de acción por parte de un cliente, sin embargo, la acción no termina en una conversión. En cambio, estas consideraciones están destinadas a educar o establecer una relación con un cliente, acercándolos a la decisión de comprar. Las consideraciones disponibles son:

Tráfico

El objetivo del tráfico es qué seleccionar cuando simplemente desea dirigir a las personas a una página específica, probablemente su sitio web. Si desea aumentar los visitantes de su blog o sitio web, sin requerir tipos específicos de acciones de conversión, el tráfico es la selección correcta.

Compromiso

En términos de Facebook, el compromiso significa adquirir Me gusta, hacer que las personas compartan tus publicaciones o incluso hacer que reclamen una oferta especial. Si desea obtener más comentarios y compartir una publicación específica de Facebook, debe usar la opción Boost Post. Se mostrará una publicación mejorada en todos los muros de sus seguidores de página, lo que naturalmente aumenta el número de personas que comparten publicaciones o comentan sobre ellas.

Instalaciones de Aplicaciones

Esta es una opción sencilla, al hacer clic en el anuncio llevará al espectador directamente a la tienda de aplicaciones en su teléfono móvil. Esta es solo una manera simple y fácil de promocionar una aplicación si está vendiendo o regalando una.

Vistas de Video

Las vistas de video funcionan de manera similar al compromiso, con la excepción de que el punto es lograr que las personas vean el contenido de su video.

Generación de Leads (Generación de oportunidades)

La generación de leads es una parte necesaria de cualquier tipo de estrategia de marketing. A veces tendrá personas que se convertirán de inmediato, lo cual es excelente, pero otras veces, puede tener personas que expresen interés, pero por alguna razón no apriete el gatillo de la venta allí mismo. La generación de leads le permite obtener la información personal de un posible comprador, para que pueda enviarles un correo electrónico más adelante. Este objetivo le permite crear un formulario de contacto para que los posibles clientes potenciales puedan completarlo. Normalmente, ofrecería algún tipo de trato a cambio de este tipo de información, como un libro electrónico gratuito o tal vez un descuento. Todo lo que una persona necesitaría hacer sería hacer clic en el botón "registrarse" provisto por el anuncio de Facebook para obtener el beneficio. Esto generará oportunidades de venta que puede seguir más adelante, promocionándolas directamente o incluso redirigiéndolas con más anuncios más adelante.

Mensajes

El objetivo de los mensajes alienta a los usuarios a conectarse con su empresa a través de la aplicación Messenger y hacer preguntas directamente. Esto puede ser útil si tiene un producto que puede provocar algunas preguntas inmediatas, o si está ejecutando un evento y quiere que las personas sepan que pueden contactarlo para cualquier inquietud o consulta.

Objetivos de Conversión

Los objetivos de conversión son esencialmente el objetivo final de cualquier plan de marketing, hacer que el cliente potencial se convierta en un cliente mediante la compra del servicio o producto. Hay tres objetivos de conversión diferentes disponibles para usar en toda su campaña publicitaria.

Conversión

La conversión directa se rastrea a través de algo conocido como Facebook Pixel. Si desea tener un anuncio que lleve a un cliente a su tienda en línea, donde luego realiza una compra, deberá instalar el píxel en su sitio web para poder rastrear este comportamiento. Un Pixel es esencialmente un rastreador, una cookie en línea que sigue al cliente a medida que se mueve del anuncio al sitio web. Este píxel puede rastrear sus acciones, que luego informan a Facebook y forman una página de análisis, para que pueda ver cuántas personas compraron específicamente artículos después de hacer clic en el anuncio.

Crear un píxel es fácil, solo tiene que ir a la sección Administrador de eventos de la página de inicio de su Administrador comercial de Facebook y seleccionar la opción Crear un píxel. Una vez que se ha creado el píxel, deberá inyectarlo en su sitio web, lo cual es un poco más complicado, dependiendo del sitio de alojamiento web que esté utilizando. Si está utilizando Wordpress, Shopify u otros creadores de sitios como Squarespace, habrá diferentes métodos para colocar el código en el sitio web. Consulte con el administrador de su sitio o investigue un poco para averiguar cómo colocar el código en su propio sitio web.

Una vez que el píxel esté en su lugar, tendrá la opción de rastrear eventos específicos, como los clics en la página o cuando se realiza una compra. Así es como los anuncios de conversión de Facebook medirán la efectividad. Sin el píxel, no podrá correlacionar directamente los clics en su anuncio con las ventas realizadas. Por ejemplo, si tuviera 100 personas haciendo clic en sus anuncios y 10 personas compraran algo, la tasa de conversión sería del 10%. Sin embargo, sin la capacidad de rastrear las acciones de sus clientes, no tendría forma de saber si esas ventas realmente provienen de su anuncio. Podría haber sido simplemente una coincidencia. Es por eso que los píxeles de Facebook son necesarios si desea publicar anuncios que dirijan a las personas a realizar compras en su sitio web.

Ventas por Catálogo

También puede vender sus productos directamente a través de Facebook, creando un catálogo. Allí, podrá exhibir y comercializar directamente sus productos sin tener que dirigir a los clientes a su sitio web primero. Si tiene un sitio web de escaparate, como Shopify, incluso puede conectarlo al catálogo, lo que facilita la transición de Facebook a la caja. Este objetivo simplemente pone el catálogo justo en frente de la audiencia para que puedan ver las mercancías que tiene que vender e incluso navegar para ver si hay algo que les interese.

Como puede ver, hay bastantes opciones cuando se trata de seleccionar un objetivo de Facebook. ¡No se sienta abrumado! Aprender a navegar por los anuncios de Facebook es más una habilidad que cualquier otra cosa y cada habilidad lleva tiempo antes de que puedas dominarla. Comience lentamente, dé un paso a la vez hasta que pueda ejecutar anuncios básicos sin problemas. Después de eso, puede comenzar a experimentar y ver las opciones más avanzadas que están disponibles con los anuncios de Facebook.

¿Qué hace un gran anuncio?

Crear un gran anuncio de Facebook no es difícil de hacer. Para empezar, necesitará un elemento visual que sea llamativo, interesante y que muestre claramente lo que está anunciando. Si no eres diseñador gráfico, no te preocupes, tienes muchas opciones. Si usted es una persona de bricolaje, intente usar Canva, un sitio web que ayuda a crear anuncios atractivos sin la necesidad de un título en diseño gráfico. De lo contrario, siempre puede contratar a un profesional independiente en un sitio web como Fiverr, que podrá armar rápidamente un anuncio atractivo para usted, utilizando las especificaciones que les proporcione. Sería bueno tener al menos tres o cuatro tipos diferentes de anuncios realizados, para que pueda probarlos más tarde.

Un buen diseño visual es clave, pero eso no es lo único que hace que un buen anuncio sea. También necesitará un texto claro y conciso que captará la atención del lector.

Solo tiene unos segundos antes de que una persona pierda interés, especialmente cuando se está desplazando, así que asegúrese de que lo que escribe sea un llamado de atención. Un eslogan inteligente, una pregunta curiosa o simplemente una combinación de palabras que atraiga a su grupo demográfico objetivo puede ser muy útil. Con descripciones de producto aburridas y aburridas o algo peor, algún tipo de jerga corporativa que significa que nada asegurará rápidamente que el lector siga avanzando. Un buen diseño visual hace que vean su anuncio, pero una presentación rápida y efectiva los ayudará a hacer clic en el anuncio real.

Una vez que tenga un buen diseño visual y una buena copia, todo lo que queda es un claro llamado a la acción. El anuncio debe, de alguna manera, llamar al lector a hacer algo. Ya sea para registrarse, visitar el sitio web, comprar ahora o leer esto, debe tener un claro llamado a la acción que motive al lector a hacer clic. Piense en una forma rápida y contundente de llamarlos a la acción. Por ejemplo, si está vendiendo zapatos ortopédicos para correr, puede hacer su llamado a la acción escrito como "¡Comience a correr sin dolor hoy!" O "¡Libere sus pies ahora!" Estos son cortos y efectivos porque transmiten el núcleo de su mensaje e instan ellos a tomar medidas.

Estos tres elementos combinados le permitirán crear una buena serie de anuncios para que los publique. Sin embargo, no sabrá qué tan efectivo es cada anuncio hasta que comience a experimentar para liberarlos y ver cómo funcionan. Al final del día, no importa cuán bien diseñado esté su anuncio, si no funciona bien cuando se ejecuta, no es un buen anuncio. Es por eso que debe intentar utilizar las pruebas A / B tanto como sea posible cuando comience.

Prueba A / B, es una opción proporcionada por Facebook Ads donde ejecuta dos anuncios diferentes al mismo tiempo y luego los compara después de que finalizan su ejecución, para determinar cuál funciona mejor. Las pruebas A / B, también conocidas como pruebas divididas, son vitales si desea tener los mejores anuncios posibles. Al comenzar, debe estar dispuesto a utilizar la opción A / B, ejecutando el anuncio A y el anuncio B simultáneamente, para ver qué diseño funciona mejor. Esto le brinda flexibilidad y, lo que es más importante, comentarios en tiempo real de los miembros relevantes de la audiencia que ni siquiera se dan cuenta de que están participando en una especie de encuesta. El anuncio que tenga mejor rendimiento debería ser su anuncio principal por el momento.

Ejecución de Anuncios en Varias Plataformas

El sistema de anuncios de Facebook le permite orientar múltiples plataformas. En general, siempre querrá que se publiquen anuncios en computadoras de escritorio y dispositivos móviles. También tendrá la opción de seleccionar ejecutar un anuncio en Instagram, ya que Facebook también posee ese sitio web de redes sociales. Pero la pregunta es, ¿deberías? No hay una respuesta difícil y rápida a esta pregunta. En general, los usuarios de Instagram tienden a ser más jóvenes, por lo que si su producto no se dirige a un grupo demográfico más joven, podría ser una pérdida de tiempo. Sin embargo, simplemente no hay forma de conocer la efectividad de su campaña publicitaria sin probarla primero, por lo que es posible que solo desee hacer una prueba para ver cómo funcionan los anuncios de Instagram en comparación con publicarlos solo en Facebook. El análisis podrá informarle cuál funcionó mejor y puede terminar sorprendido con lo que ve.

Creando una audiencia

Antes de poder publicar un anuncio de Facebook, necesitará tener una audiencia a la que orientarse. Una audiencia, en términos publicitarios de Facebook, es una colección de hechos, intereses y datos demográficos que conforman su cliente ideal. En otras palabras, tomará el avatar que ha creado y luego lo convertirá en un grupo específico de personas para orientar con anuncios de Facebook.

Hacer una audiencia es un proceso fácil, ya que su primera audiencia se creará a través del proceso de creación de anuncios. Al principio se le proporcionará una lista de detalles para incluir en la orientación, cosas básicas, como género, edad, ubicación, idioma y luego intereses específicos.

Al agregar intereses, trate de ser lo más específico posible. Cuanto más específico sea, mejor idea le dará a los algoritmos de Facebook de la persona ideal para poner el anuncio delante. Asegúrese de usar las palabras clave adecuadas que ha investigado.

Además de agregar intereses, también puede agregar tipos de conexión. Por ejemplo, si desea ejecutar una promoción que solo verán las personas a las que les haya gustado su página de Facebook, puede seleccionar ese perímetro. Esto, por supuesto, reducirá un poco el tamaño de su audiencia, y a veces si el tamaño de la audiencia es demasiado pequeño, Facebook no podrá publicar anuncios para usted.

Intenta equilibrar las cosas para que puedas tener una audiencia bien definida, una que no sea demasiado amplia o demasiado estrecha. Cuanto más cerca pueda obtener la pequeña aguja que mide el tamaño de la audiencia al verde, mejor.

Una vez que haya jugado con la creación de su primera audiencia, querrá asegurarse de guardar la audiencia, utilizando la sección Guardar esta audiencia. Esto acelerará el proceso de creación de anuncios en el futuro, permitiéndole ingresar rápidamente a su audiencia prefabricada desde el principio.

Sin embargo, hay muchas más opciones cuando se trata de crear una audiencia. Uno de los más importantes sería crear una audiencia similar. Una vez que haya publicado un anuncio exitoso que dirija a las personas a su sitio web, su píxel de Facebook podrá informar a Facebook de sus intereses, hábitos de visualización del sitio web y actividades del consumidor. Luego puede usar esta información para crear lo que se conoce como audiencia similar. Facebook sale y crea una base de datos de cuentas de Facebook que son similares a las personas que visitaron su sitio web, esencialmente creando un perfil de clientes completamente nuevos que estarían abiertos a su anuncio.

Las audiencias similares son muy poderosas cuando se usan junto con un píxel de Facebook. La capacidad de recopilar datos y luego replicarlos le da una ventaja importante cuando se trata de encontrar nuevos clientes para convertir. Cuando se combina con campañas simples destinadas a aumentar el tráfico a su sitio web, puede identificar potencialmente a más personas a las que apuntar en una fecha posterior.

Análisis de Facebook

La analítica es extremadamente importante cuando se trata de publicidad paga. La capacidad de ver quién interactúa con su contenido, quién hace clic y cuánto tiempo se quedaron lo ayudará a dar forma a sus futuras campañas y a expandirse a nuevos mercados. Lo que es más importante, le ayuda a refinar la orientación de su audiencia, lo que se traduce en más ventas. Lo último que desea es gente que no convierta los clics en sus anuncios, porque cada clic le cuesta dinero. Con el análisis, puede trabajar para mejorar sus números evaluando los datos proporcionados. Echemos un vistazo a lo que podemos descubrir cuando usamos análisis de Facebook.

Accediendo al Análisis

Para conocer el análisis de sus anuncios de Facebook, deberá ir a la sección Informes de anuncios de Facebook Business Manager. Esto lo llevará a las diversas campañas publicitarias que ha ejecutado y le informará sobre el rendimiento de la campaña. Verá varias estadísticas diferentes, que son el núcleo de la comprensión del rendimiento de su anuncio.

Resultados

Esta sección mostrará los resultados finales de su objetivo, si estaba intentando obtener algo como clics o descargas de enlaces. En última instancia, este es el número más importante, desea que sea lo más alto posible.

Alcance

El alcance se define como la cantidad de personas que vieron el anuncio al menos una vez.

Impresiones

Las impresiones son cuántas veces se mostró el anuncio en total. Las impresiones no son necesariamente únicas, podrían ejecutarse frente a la misma persona varias veces.

Costo por Resultado

Aquí es donde descubrirá lo que realmente ha pagado por clic o por impresión. Dado que Facebook utiliza un sistema de ofertas, para fijar el precio de sus anuncios, es posible que el costo de los clics varíe. Apuntar a un campo extremadamente competitivo puede generar clics más caros, mientras que apuntar a un campo más pequeño y menos saturado puede generar resultados más baratos. En general, este es un número que querrá mantener lo más bajo posible.

Estas son solo las secciones básicas de informes que ve cuando observa el rendimiento de los anuncios. Verá que todos los anuncios se publican en un período de tiempo específico enumerados de esta manera, juntos, para que pueda comparar y contrastar rápidamente, viendo cuáles funcionan mejor o eran más baratos. Sin embargo, gracias a los métodos extremadamente avanzados que usa Facebook, puede ver resultados demográficos más específicos para comprender exactamente qué tipo de persona se relaciona con su anuncio. Profundizando, podrá ver qué géneros hicieron más clic, a qué edad los datos demográficos interactuaron con su anuncio e incluso su ubicación.

Esto puede ayudarlo a desarrollar anuncios mejores y más enfocados. Es posible que los anuncios específicos sean más populares con ciertos grupos de edad o género que otros, lo que le permite dividir sus anuncios en dos, creando uno nuevo destinado únicamente a solucionar la brecha de género. O simplemente puede eliminar un género o edad de su soporte publicitario, sabiendo que no están tan interesados en su producto.

La analítica de Facebook es profunda y complicada. Sería bueno pasar tiempo revisando los datos, aprendiendo todo lo que pueda sobre exactamente lo que se graba y cómo puede usarlo para su propio beneficio cuando se trata de vender más anuncios de manera eficiente.

Reorientación

Una vez que haya terminado la ejecución de un anuncio, tendrá todos los datos que necesita para realizar una campaña de reorientación. Internet es un lugar muy ocupado y hay muchas distracciones disponibles en línea. Una persona podría hacer clic en su anuncio, echar un vistazo a su producto y decir "¡se ve muy bien!" Solo para recibir un mensaje de texto o correo electrónico, lo que hace que se olviden por completo de su producto. La reorientación le ayuda a atrapar a estos clientes que están cerca de convertir pero que por alguna razón u otra simplemente no lo hicieron.

Y hay muchas razones por las que un cliente dispuesto no se convertiría. La falta de fondos, las limitaciones de tiempo, el olvido o simplemente decir "Lo compraré más tarde" pueden impedirle no solo obtener una venta, sino también obtener un cliente fiel.

Sin embargo, gracias a los píxeles de Facebook, puede ver la cantidad de personas que visitaron su sitio y no convirtieron. Esto le permite crear una audiencia personalizada, dirigida a las personas que visitaron el píxel pero que por alguna razón u otra se fueron sin comprar nada. La reorientación es útil para recordar a las personas que ya expresaron interés que su producto todavía existe.

Dado que la bomba ya ha sido cebada, se ha creado conciencia, la reorientación le otorga tasas de conversión más altas, siempre que los anuncios que esté ejecutando sean efectivos. Algunas compañías incluso hicieron ofertas especiales al reorientar a aquellos que hicieron clic, ofreciendo envío gratuito o un descuento a cambio de una venta. ¡Esos pequeños detalles pequeños a veces pueden ser lo suficientemente fuertes como para motivar a un cliente a que finalmente haga clic en el botón "comprar" y le ofrezca una venta!

Al final, los anuncios de Facebook son uno de los tipos más poderosos de herramientas de marketing que puedes usar en línea. El sistema es grande y puede ser un poco abrumador al principio, pero solo tómate tu tiempo. Ejecute algunos anuncios de práctica y no se preocupe demasiado por ver un retorno de inmediato. Cuanto mejor se convierta en usar el sistema, más resultados verá. Algunos propietarios de negocios se desaniman porque simplemente publicaron uno o dos anuncios, no vieron resultados y luego se preguntaron si valía la pena. Pero la publicidad se trata de refinamiento y prueba nuevamente. A veces no obtendrás buenos resultados, ¡pero está bien! Porque todavía estás recopilando datos en el proceso. Para obtener esas ventas, necesitará tener la mayor cantidad de datos posible, debe saber qué funciona y qué no. ¡Así que asegúrate de mantenerlo a largo plazo!

Capítulo 7: Utilizando Instagram para marketing

Mientras que otras plataformas de redes sociales se centran principalmente en una mezcla entre contenido visual y escrito, Instagram solo se enfoca en contenido visual. Desde imágenes hasta videos cortos, Instagram es el rey del contenido visual. Se publican 60 millones de fotos cada día en Instagram, y a los usuarios les encanta desplazarse hacia abajo sin parar, buscando fotos interesantes que les gusten y hagan comentarios.

Los influyentes también son los más frecuentes en Instagram. Si bien Facebook es más para la colección personal y Twitter es para crear un diálogo entre grupos de personas, Instagram está más enfocado en el creador de contenido. Muchas modelos de Instagram pasan sus días tomando fotos, viviendo vidas glamorosas y hablando con sus seguidores, creando una marca fuerte que les permite vivir de su trabajo.

Si se usa correctamente, Instagram puede tener un excelente efecto en su negocio. Compartir miradas internas, vistas previas de productos y demostraciones son formas increíblemente simples de promocionar su empresa. Sin embargo, para que estos sean efectivos, por supuesto, deberá comenzar a desarrollar un seguimiento. Aquí hay algunas formas de aumentar el número de seguidores en Instagram.

Crear un Perfil Comercial

Antes de hacer nada, deberá configurar su perfil actual para que sea un perfil comercial. Esto es simple de hacer, solo necesita crear un perfil regular, luego, en el área de configuración, busque el cambio a la opción de perfil comercial. Esto conectará su perfil de Instagram a su cuenta de Facebook y desde allí puede ejecutar anuncios y acceder a los datos de la cuenta.

Agrega el Enlace

Obtienes un enlace en Instagram, el que está presente en tu perfil. Ese enlace debe conducir a la parte más relevante de su negocio, como el sitio web de su tienda.

Esto es crucial, porque cuando las personas lo sigan, tendrán la oportunidad de hacer clic en ese enlace de forma orgánica, lo que llevará a su sitio web. Así que elige el mejor enlace posible que puedas.

<u>Usar Hashtags</u>

Hashtags Los hashtags son excepcionalmente útiles para que las personas lleguen a tus publicaciones. No cometa el error de intentar crear nuevos hashtags, es un privilegio que tienen las personas con seguidores establecidos. En cambio, mire los hashtags populares que son tendencia y luego etiquete su contenido adecuadamente. Las personas a menudo buscan por hashtags y las publicaciones se clasifican por estas etiquetas. Trate de seguir las tendencias para atraer tráfico orgánico. Una vez que haya identificado lo que es tendencia, cree publicaciones que sigan después de esa tendencia y use los hashtags apropiados. Instagram Insights, una función de perfil de negocios, te ayudará a rastrear la efectividad de los hashtags que has estado ejecutando, mostrando cuánto tráfico está llegando a tu perfil basado solo en hashtags.

Sin embargo, asegúrese de estar completamente consciente de lo que significa un hashtag antes de intentar utilizarlo. Ha habido casos desafortunados de una compañía que intenta cooptar un hashtag sin darse cuenta de lo que significa, solo para que sea un desastre terrible. Uno de esos pasos en falso fue cuando DiGiorno, una compañía de pizzas congeladas, decidió usar #whyIstayed en Twitter y dio la razón por la que se quedaron. "Tenías pizza", escribieron, sin darse cuenta de que #whyIstayed era sobre violencia doméstica e involucraba a personas que compartían las razones por las que permanecían en relaciones peligrosas y abusivas. Esto fue criticado universalmente y la compañía de pizza se vio obligada a disculparse por su insensibilidad sobre el tema. Deja que eso sea una lección para ti, siempre asegúrate de entender el propósito detrás de un hashtag antes de usarlo. No solo mire los diez hashtags más populares, detállelos y luego póngalo en su publicación.

Crear Contenido

Volver a publicar o usar el contenido de otras personas, siempre y cuando se les atribuya, es una estrategia perfectamente normal en Instagram, pero esa no es una excelente manera de generar seguidores interesados. Crear contenido bueno y original destinado a ser compartido puede hacer maravillas para desarrollar un buen grupo de seguidores. El contenido no necesariamente tiene que estar relacionado directamente con su negocio tampoco. Puede ser motivador, hermoso, divertido o simplemente perspicaz.

También puede seguir las tendencias actuales, mirar hashtags y luego trabajar para crear contenido basado en esas etiquetas. También puede seguir las tendencias estacionales, cuando comienzan a aparecer las principales vacaciones. No hay nada de malo en seguir después de un movimiento popular, siempre que lo que esté creando sea útil, entretenido o educativo. Esto ayudará a generar seguidores de calidad.

Sigue a personas relevantes

En algunas plataformas de redes sociales, como Twitter e Instagram, seguir a alguien de regreso se considera una cortesía. Entonces, cuando recién comienzas, debes comenzar a encontrar personas que sean miembros de tu grupo demográfico objetivo y seguirlos. Con suerte, también deberían seguirte, lo que aumenta el tamaño de tu seguidor y te da la oportunidad de interactuar con ellos. Sin embargo, tenga cuidado de hacer esto demasiado, ya que hay un límite para cuántas personas puede seguir en un día determinado. Ese número es de alrededor de 100 a 200 por día, 20 por hora. Siga a unas pocas personas cada pocas horas, para que no se arriesgue a que su cuenta no pueda seguir a otras. Estas medidas se crearon como una forma de evitar que los spammers y las prácticas comerciales sospechosas generen masas de seguidores.

Otra cosa a tener en cuenta es que tampoco debe molestarse en seguir personas famosas o personas influyentes si espera que lo sigan. Estas personas tienden a tener un grupo significativamente más pequeño de personas a las que siguen. Esto no quiere decir que no debas seguirlos, si quieres observar qué contenido están lanzando y cómo operan, está bien. Pero la cortesía de seguimiento generalmente no ocurre cuando se apunta a los usuarios más populares.

Comenta y participa

Comentar y participar en conversaciones con otros usuarios es una excelente manera de crear visibilidad para su plataforma. Sus comentarios deben ser genuinos, positivos y amigables, para alentar un mayor diálogo con las personas. Intenta hacer tantos amigos como puedas comentando las publicaciones de otros y contribuyendo a una conversación. Esto puede aumentar las posibilidades de que las personas que lo siguen aprecian sus pensamientos y opiniones.

Compartir Detrás de Escena

Las historias de Instagram te permiten compartir lo que sucede detrás de escena de tu negocio. Mostrar su proceso creativo, los videos de los productos que se están diseñando o simplemente compartir bocetos conceptuales puede ser muy útil para involucrar a las personas que ya están interesadas en su producto. Las historias de Instagram son imágenes o videos que solo permanecen activos durante 24 horas antes de ser eliminados. Estas son excelentes maneras de conectarse con su base de fans actual, mostrándoles breves destellos en la vida de su empresa. Esto crea una mayor sensación de compromiso por parte del seguidor, porque lo que están viendo es exclusivo. Será alrededor de 24 horas y eso es todo. Esto puede ser algo muy especial, así que asegúrate de que a medida que crezcan tus seguidores, aproveches las Historias de Instagram para compartir lo que sucede detrás de escena.

Ejecutar Anuncios

Como Facebook posee Instagram, publicar anuncios en Instagram es muy fácil. Puede crear fácilmente anuncios para Instagram a través de Facebook y ejecutarlos exclusivamente en esa plataforma. Los principios para hacer un anuncio de Instagram son casi idénticos a los principios para hacer un anuncio de Facebook con una excepción central: las imágenes. Dado que Instagram se centra principalmente en un medio visual, querrás crear imágenes personalizadas que harán que una persona deje de desplazarse sin cesar y vea tu publicación. Esto significa que tendrá un diseño gráfico que llamará la atención por encima de todo. Es posible que deba dedicar un poco de tiempo a crear buenos anuncios visuales, pero valdrán la pena.

Instagram es una plataforma rápida y visual. Tendrá que mantenerse comprometido con la producción de contenido diario y el uso de los hashtags correctos si desea crecer. La autenticidad también es clave en Instagram. Intentar ser falso, promocionar en exceso sus productos y hablar con las personas con el único propósito de venderles se notará rápidamente y, como tal, le descontará. En cambio, manténgase genuino, amable y, sobre todo, centrado en proporcionar el mayor valor posible. Crecer un seguimiento de Instagram orgánicamente lleva tiempo, ¡pero vale la pena!

Capítulo 8: Utilizando Twitter para Marketing

Twitter es una plataforma para compartir contenido, tener debates y hacer eco de los sentimientos de otros, a menudo retuiteándolos en su propia página. Como herramienta de marketing, Twitter destaca por su capacidad para llegar a muchas personas a la vez. La naturaleza central del marketing de Twitter se basa en retuitear buen contenido. El contenido que llama la atención de un seguidor será retuiteado, lo que significa que los seguidores del seguidor podrán verlo. Algunos de esos seguidores podrían retuitear y pronto, podría tener una sola publicación distribuida en cientos de cuentas diferentes.

El marketing a través de Twitter es similar a Instagram en cierto sentido. Si bien el medio es visual y de texto, los principios son casi los mismos. Desea acumular seguidores produciendo buen contenido y, a su vez, generar confianza y una relación con esos seguidores. A continuación hay una serie de consejos sobre cómo aprovechar al máximo Twitter para el marketing en redes sociales.

Publicar a Menudo

A diferencia de Facebook, Twitter es una plataforma muy ocupada. Si bien los algoritmos de Facebook permiten publicar una vez al día para obtener visibilidad, el número ideal de tweets por día en Twitter es de alrededor de 5 a 6. Después de eso, la visibilidad comienza a disminuir. Por lo general, querrás publicar durante las horas pico de uso de Twitter, que son alrededor de las tardes, o entre las 5 y las 6 de la tarde. Puede utilizar el software analítico de un tercero, como Buffer, para determinar cuáles son los momentos pico para su audiencia. Al publicar durante estos tiempos, maximiza la posibilidad de que los usuarios vean sus tweets.

Retweetear a otros

Retweetear a otros es una excelente manera de fomentar la buena voluntad con la persona que está retweeteando. Crea una buena conexión entre los dos usuarios y, en el proceso, los alienta a ser recíprocos con su propio contenido. No siempre se requiere que retuitee los tweets de otras personas y exagerarlo puede parecer spam, por lo tanto, tenga cuidado. Busque publicaciones de buena calidad de sus seguidores para retuitear.

También puedes retuitear con tus propios comentarios. Esta es una excelente manera de comenzar un diálogo sobre el contenido que ha retuiteado. No se promocione aquí, por supuesto, sino que haga preguntas, haga un seguimiento y trabaje para fomentar una mayor conexión con el usuario. Cuando las personas se sientan comprometidas, comenzarán a involucrarse también.

Responde a las Menciones

Dado que Twitter se basa en la conversación, su empresa puede mencionarse ocasionalmente. Configurar una búsqueda de palabras clave que le avise cuando se menciona su negocio, o simplemente prestar atención cuando alguien lo menciona formalmente utilizando su identificador de Twitter lo coloca en una buena posición para responder a sus inquietudes rápidamente. Esto puede ser excelente para manejar los problemas de servicio al cliente que han ocurrido. Muchas veces, si un usuario no puede obtener la resolución a través de canales convencionales, como el correo electrónico, lo llevan a las redes sociales. Lo último que quiere cualquier empresa es que alguien hable mal de sus negocios en Twitter, especialmente si su problema es legítimo. Al estar atento a estas quejas, podrá apagar rápidamente cualquier incendio y, en el proceso, proteger su marca de posibles daños.

<u>Crear Contenido de Formato Corto</u>

Twitter sobresale en contenido de formato corto. Con un límite de caracteres de 280, tiene espacio para compartir algunas ideas en una sola declaración. A la gente le gustan los tweets porque las declaraciones breves y contundentes son fáciles de digerir y pueden generar mucho pensamiento. Si quieres hacerlo bien en Twitter, tendrás que aprender a elaborar buenos tweets. Por lo general, desea que su tweet refleje los valores de su empresa y sus pasiones.

Mantener un tono constante es importante, pero trate de evitar ser demasiado formal y corporativo. Las personas que buscan una conexión cercana y una jerga corporativa que sea fría y sin sentido a menudo pueden abrir un muro entre usted y sus seguidores.

En cambio, manténgase cálido, agradable y humilde. Usa el humor tan a menudo como puedas al escribir tweets. Manténgase alejado de las bromas ofensivas o de mal gusto, pero siéntase libre de burlarse de las cosas que son exclusivas de su grupo demográfico objetivo. Cuanto más fáciles de relacionar sean sus palabras, más posibilidades tendrá un seguidor de ver a su empresa como algo más que otro traje que intenta venderlos como basura que no necesitan.

Precaución de Ejercicio

Twitter puede ser una poderosa plataforma de redes sociales, si se usa correctamente. En sus mejores días, Twitter es un gran foro donde todos pueden compartir sus opiniones entre ellos, participar en el discurso y compartir las cosas de su vida que les parecen interesantes. En sus peores días, Twitter puede convertirse rápidamente en una cámara de eco que se convierte en una multitud enojada, convirtiendo su ira o ira colectiva en algo que consideran inmoral o incorrecto.

Es importante tener cuidado al usar Twitter, ya que hay muchas cosas que pueden causar problemas en su cuenta. El más grande es cualquier forma de postura política. Debido a la naturaleza anónima de Internet, no hay consecuencias directas de ser parte de una mafia que amenaza o difama el nombre de una empresa. Si bien puede parecer una buena idea adoptar una postura política sobre un tema u otro, la naturaleza divisiva de Twitter garantizará que al menos un lado se acerque a ti si se dan cuenta de lo que estás diciendo. Como propietario de un negocio, debe trabajar para mantener su cuenta neutral, centrándose en las personas en lugar de la política. Esto te ahorrará un tremendo dolor de cabeza.

Además, debe tener precaución cuando se trata de comunicarse con otros. Evite cualquier tipo de postura negativa o agresiva con los usuarios. No se necesita mucho para que una persona intente comenzar una pelea de rencor, especialmente en línea. Resista el impulso de dejarse llevar por argumentos, desacuerdos o discusiones sin sentido que no llegan a ninguna parte. Recuerde, cualquier cosa que publique en Internet es para siempre. No permita que un intercambio acalorado con algunos trolls en Twitter lo perjudique a usted y a su empresa.

Programar Publicaciones con Anticipación

Como propietario de un negocio, probablemente tenga mucho trabajo por hacer en el día. Es posible que no tenga tiempo para sentarse y escribir cinco tweets de calidad cada día, y mucho menos para todos los días en un solo mes. Afortunadamente, hay sistemas de administración de terceros, como Buffer o HootSuite, que le permiten escribir tweets con anticipación para ser lanzados a una hora específica del día durante la semana. En lugar de tratar de trabajar cada día a la vez, será mucho más beneficioso si se toma un día para preparar todos los tweets de la semana. Entonces, de lo único que debe preocuparse es de responder a los comentarios y preguntas de las personas.

<u>Publicidad</u>

Publicar anuncios en Twitter será diferente a Facebook, principalmente porque las plataformas son propiedad de diferentes compañías. Por lo tanto, si decide que Twitter será la plataforma principal que desea utilizar, tendrá que pasar tiempo aprendiendo cómo funciona su sistema de publicidad. Afortunadamente, si bien la plataforma es diferente, el concepto central es el mismo. Creará una campaña publicitaria, utilizando objetivos específicos y solo se le cobrará cuando se cumplan esos objetivos.

Las campañas pueden ir desde ganar más seguidores hasta promocionar una aplicación específica y dirigir el tráfico a un sitio web.

La diferencia clave entre la publicidad de Twitter y Facebook es el precio. La publicidad en Twitter es un poco más cara, pero al mismo tiempo tiene una tasa de clics más alta que Facebook, lo que significa que más personas hacen clic en los enlaces provistos. Por supuesto, su kilometraje variará según los tipos de anuncios que esté ejecutando, cuáles sean sus objetivos y su presupuesto.

En general, Twitter es una excelente plataforma para ejecutar anuncios pagos, siempre y cuando se centre en Twitter como su plataforma principal. Si está haciendo malabarismos entre Facebook y Twitter, es posible que desee considerar el uso de Facebook para publicidad, ya que son una plataforma significativamente más grande que Twitter.

Capítulo 9: Utilizando YouTube para marketing

YouTube es una de las plataformas de contenido de video más populares del planeta. Todos los días, se ven cinco mil millones de videos mientras cientos de millones navegan y ven sus programas favoritos. YouTube es un dominador del mercado de videos en línea, cualquiera puede subir un video y si obtiene suficientes vistas, ¡incluso puede monetizar su trabajo!

Como vendedor de redes sociales, tiene dos oportunidades diferentes para usar YouTube. El primero sería crear su propio contenido y alojarlo en su propio canal. Esto puede ser una hazaña difícil y que requiere mucho tiempo, pero aumentará el tamaño de su audiencia y le dará un método directo y gratuito para comercializar productos a las personas.

La segunda oportunidad es aprovechar el sistema de anuncios de video de YouTube y pagar al mercado a través de YouTube. Esto le dará una gran audiencia y, dado que la mayoría de los anuncios no se pueden omitir, garantizará que tenga exposición. Exploremos cómo aprovechar al máximo ambas oportunidades.

Conviértete en un creador de contenido

Los creadores de contenido son un gran negocio en YouTube. Aquellos que pueden obtener un seguimiento lo suficientemente grande, incluso pueden trabajar en YouTube a tiempo completo, recibiendo cheques grandes de patrocinadores de anuncios que pagan grandes sumas de dinero. Sin embargo, llegar a ese punto requiere una cantidad significativa de tiempo, un plan de juego serio y, lo que es más importante, una disposición a trabajar largas horas y durante años para acumular tantos seguidores. Lo más probable es que, como propietario de un negocio, su enfoque esté en otra parte. ¡Pero eso no significa que no puedas construir un seguimiento tú mismo!

Al crear un canal que se centre en proporcionar soluciones a los clientes, mostrar demostraciones de productos y ayudar con las preguntas frecuentes, puede tranquilizar a los clientes potenciales sobre su legitimidad y el valor de su producto.

<u>Armar tu canal</u>

Al crear un canal, querrás pensar en el tipo de contenido que producirás. Intenta sentarte y crear un resumen de los diferentes tipos de videos que deseas hacer. Algunas categorías incluyen:

- Instruccional
- Cómo Hacer
- Unboxing
- Pantalla de Productos
- Detrás de Escenas
- Entrevistas
- Bocetos Cómicos
- Guías de Solución de Problemas

De estas categorías, piense en qué quiere que la gente visite su canal. ¿Desea atraer a los miembros de la audiencia con humor, con la esperanza de que luego vean sus videos más orientados a productos? ¿Desea crear un video que aborde una pregunta frecuente sobre cómo armar el producto? Cualquier estrategia está bien, siempre que esté dispuesto a desarrollar un cronograma de video en torno a esa estrategia.

Una vez que haya descubierto qué categorías de video desea ofrecer, deberá comenzar a crear los videos. Si bien la creación de videos está fuera del alcance de este libro, tenemos algunos consejos generales que ofrecemos para ayudarlo a aumentar sus posibilidades de lograr que un espectador siga viendo los primeros segundos.

Consejo 1: Ir al Grano

Resuelva el problema primero, luego póngalos a la venta. La mayoría de las personas que buscan soluciones tienden a sentirse frustradas ya, así que no aumente la frustración hablando de 4 a 5 minutos antes de llegar a la solución real del problema. En cambio, comience su video simplemente saltando directamente al punto que desea resaltar. No se concentre en la acumulación, especialmente si está haciendo un video de preguntas frecuentes o solución de problemas. La gente viene a YouTube en busca de respuestas rápidas y eficientes. Al omitir todos los "hola chicos" o "hoy vamos a hablar sobre ...", en realidad fomentará más buena voluntad de los espectadores y aumentará la posibilidad de obtener suscriptores en su canal.

Consejo 2: Use Artistas si es Necesario

Si no eres bueno frente a la cámara, si te cuesta obtener contornos o te sientes inmensamente incómodo siendo el portavoz, entonces sería una mejor opción contratar a un actor o simplemente usar a alguien más dentro de tu empresa para ser el intérprete para el video. Dado que YouTube es un medio visual, existe una expectativa de cierta apariencia de capacidad de rendimiento decente en el portavoz. Un altavoz pulido y articulado puede recorrer un largo camino para mantener la atención de un espectador. Y muchos videos de YouTube dependen de la personalidad. Un poco de personalidad puede ser muy útil, especialmente si el tema de tus videos no es especialmente glamoroso.

Consejo 3: Escriba un Guión por Adelantado

Para los primeros videos, puede que le resulte mejor escribir un guión por adelantado, de esa manera el intérprete tiene un punto de referencia para recorrer. Después de un tiempo, el portavoz probablemente obtendrá la capacidad de hablar de manera extemporánea, pero si recién están comenzando, tener un guión completamente desarrollado será útil. Además de mejorar el rendimiento, un guión también garantiza que se proporcionen todos los detalles relevantes durante el video. No desea omitir accidentalmente detalle importante y luego solo darse cuenta durante la edición, mucho después de que se haya guardado todo el equipo. Un guión le permite mantener todo bien y ordenado.

Consejo 4: No te Preocupes por la Perfección

Desarrollar videos para una audiencia de YouTube lleva tiempo dominarlo. Si te preocupas demasiado por la perfección, lo más probable es que tengas dificultades para producir algo al principio. A menos que esté trabajando con un presupuesto de video serio y haya contratado un equipo de producción, es probable que sus primeros intentos sean menos que geniales. Pero, como todo, encontrará que cuanto más produzca, mejor será. Cree videos, publíquelos y luego reciba comentarios a medida que los reciba. Recuerda, lo perfecto es enemigo de lo bueno. Es mejor que realmente publiques un video defectuoso que perder cientos de horas en un solo video para hacerlo "perfecto". Porque incluso entonces, una vez que se lanza el video perfecto, alguien, en algún lugar, encontrará algo de qué quejarse.

Consejo 5: Tome los Comentarios con un Grano de Sal

Debe estar dispuesto a escuchar los comentarios, después de todo, los comentarios son cómo las personas comunican elogios, disgustos, frustración y respuestas. Sin embargo, gracias al poder del anonimato en línea, puede tratar con comentaristas que simplemente buscan causar problemas al trollearlo o insultarlo. De hecho, los comentarios de YouTube se han convertido en el blanco de muchas bromas debido al comportamiento tóxico que muestran los comentaristas. Por lo tanto, debe estar dispuesto a mirar todos los comentarios con un grano de sal, sabiendo que aquellos que muestran comentarios especialmente hirientes o crueles son solo personas que buscan meterse con usted y causarle dolor sin más razón que lo encuentran divertido. Estas no son formas válidas de crítica y deben ignorarse.

Con suerte, no tendrá que lidiar con estos trolls durante su búsqueda, pero si lo hace, recuerde un principio fundamental: no alimente a los trolls. Interactuar con ellos, responder a sus comentarios, pelear con ellos no cambiará de opinión, solo los alentará a meterse contigo aún más. Peor aún, es posible que pierda los estribos y escriba algo que realmente no debería escribir en línea. Como dice el viejo refrán, "nunca discutas con un idiota, solo te arrastrará a su nivel y te golpeará con su experiencia".

<u>Crear Videos de Anuncios</u>

YouTube La publicidad de YouTube puede ser bastante prometedora. Con la capacidad de controlar su presupuesto, pagando solo cuando se ven sus videos y la gran audiencia que usa YouTube todos los días, es posible que obtenga una mejor exposición que algunos anuncios de televisión en horario estelar. La advertencia aquí es que tendrá que poner algo de trabajo en el video que está haciendo, tendrá que verse más profesional que si simplemente estuviera haciendo videos regulares para publicar en su canal de YouTube. Esto significa que necesitará tener un presupuesto, una cámara de calidad decente y un buen guion que pueda transmitir su intención de manera rápida y efectiva a los espectadores.

Hacer un buen video publicitario no es una tarea pequeña y lo más probable es que desee contratar profesionales para escribir y producir el video. No tiene que ser una locura cara, pero puede esperar que la publicidad en video cueste significativamente más que la publicidad con imágenes fijas. Por otra parte, la publicidad en video también tiene un alcance mucho más fuerte, ya que, en YouTube, la audiencia es cautiva. Si está ejecutando anuncios de 6 o 15 segundos que no se pueden omitir, el espectador deberá ver el anuncio, especialmente si están en dispositivos móviles. Este tipo de exposición puede valer el precio más alto.

Configurar una cuenta publicitaria de YouTube requiere que tenga una cuenta de Google Ads. Como YouTube es una empresa propiedad de Google, eso significa que trabajará principalmente en la plataforma Google Ads para administrar, revisar y lanzar campañas publicitarias.

Para ejecutar un anuncio de video de YouTube, deberá tener el video ya cargado en su canal de video. Después de subir el video, puede seleccionarlo, el grupo demográfico objetivo y el presupuesto para la ejecución del anuncio. Después de eso, se trata simplemente de ejecutar el anuncio y ver cómo funciona.

<u>Análisis de Youtube</u>

A medida que crea contenido y ejecuta anuncios de video, es de esperar que comience a experimentar un aumento de suscriptores. Desde su panel de video, podrá acceder a la página de análisis, para que pueda examinar en conjunto la cantidad de espectadores que recibe, el alcance de sus vistas y cosas como los mejores videos en el último mes. Presta mucha atención a la edad y el género de tus suscriptores, esto te ayudará a tener una idea general de quién se interesa por tus videos.

Descubrirá que, con el tiempo, cuantos más datos tenga que trabajar, más fácil será pensar en qué tipo de contenido crear. Por ejemplo, si ha estado haciendo un montón de videos de comedia, y un solo video instructivo, y el instructivo es su mejor video en todos los ámbitos, mientras que sus videos de comedia no son vistos, debe cambiar para enfocarse en dicha categoría. Siga a dónde lo llevan los datos. Si ciertos tipos de videos no funcionan bien, simplemente suéltelos. No necesita preocuparse por producir videos de bajo rendimiento, en cambio, concéntrese en producir más de las cosas populares. Dale a la gente lo que quiere, lo suficientemente simple.

En general, ya sea que desee crear contenido para poder aumentar el conocimiento de su marca y promocionar sus productos, o si solo desea hacer anuncios, YouTube es una gran plataforma para cualquier vendedor que tenga el tiempo y el presupuesto para estas más grandes producciones. Si bien el costo puede ser mayor, los rendimientos pueden ser bastante significativos a largo plazo.

Capítulo 10: Utilizando Snapchat para Marketing

Snapchat es quizás la más peculiar de las plataformas de redes sociales que existen. A diferencia de Instagram, Facebook o Twitter, que permiten que los usuarios se miren y se agreguen entre sí, no hay una función de búsqueda para los usuarios en Snapchat. En cambio, a cada perfil de usuario se le asigna un identificador único y un código QR que, cuando se le da a otra persona, se usa para conectar a los usuarios entre sí. Esto hace que Snapchat funcione de manera muy diferente a las otras plataformas. En lugar de generar grandes cantidades de contenido con la esperanza de crecer como seguidor, solo puedes convertir a las personas que ya están interesadas en tu marca para que te sigan en Snapchat.

Además, Snapchat solo deja publicaciones durante 24 horas. Después de ese período de 24 horas, la publicación se elimina y desaparece para siempre. Entre la incapacidad de acumular seguidores sin invitación directa y este límite de publicación, no sorprende que la base de usuarios de Snapchat sea más pequeña que la de Instagram. Sin embargo, esto no significa que Snapchat no tenga ningún valor para los vendedores. En verdad, Snapchat permite un tipo de marketing mucho más específico, para aquellos que ya son fanáticos de su marca.

El hecho de que las personas que te siguen se hayan tomado el tiempo y la energía para obtener tu nombre de usuario y seguirte en Snapchat significa que ya están invertidos en tu empresa en algún nivel. El público más pequeño e íntimo significa que tiene una gran oportunidad para generar interés en nuevos productos, mostrar imágenes y videos detrás de escena y, lo que es más importante, comunicarse con su cliente principal.

Si está buscando otra plataforma de redes sociales con el fin de crear seguidores, Snapchat no es para usted. La única forma de aumentar el número de seguidores es llevar a las personas de otra plataforma y luego dirigirlas allí. En realidad, esto no aumenta su número total de seguidores de marca. Sin embargo, si quieres tener una relación más cercana con tus seguidores, entonces Snapchat podría ser la herramienta que estás buscando.

Pero el hecho de que la gente te siga en Snapchat no significa que llamarás su atención automáticamente. Es probable que, si son usuarios diarios de Snapchat, tengan muchas personas a las que siguen y eso significa que deberá trabajar para mantener su atención. Esto se traduce en crear contenido de video interesante, tomar buenas fotos y trabajar para garantizar que se relacione con sus seguidores.

Snapchat es mucho más un medio activo. Dado que la naturaleza de los Snaps solo dura tanto tiempo, no pasará una cantidad significativa de tiempo planeando su contenido con anticipación. Solo puede compartir videos e imágenes tomadas con la aplicación Snapchat, lo que significa que tendrá que incorporar la creación de contenido durante todo el día. Dado que las instantáneas son de corta duración, tendrás que aprender a capturar eventos inesperados, tomar fotos rápidas que creas que interesarían a tus seguidores y planificar con anticipación lo que quieres tomar. Sin duda, esta es una habilidad que lleva tiempo desarrollar, pero con el tiempo, es posible que disfrutes de la capacidad de compartir momentos con tus seguidores.

Hay opciones de publicidad pagas a través de Snapchat. Sin embargo, en comparación con la pura efectividad de marketing de otras plataformas, como Facebook y Twitter, el sistema de publicidad paga de Snapchat se queda corto. Además, los puntos de precio de Snapchat son significativamente más altos que Facebook o Twitter. Hay algunas opciones de presupuesto para usar el nivel Discover de Snapchat, pero en su mayor parte, la publicidad de Snapchat es costosa y el ROI no es terriblemente aparente, especialmente con la forma en que la compañía cambia continuamente. Sin embargo, si tiene un presupuesto publicitario más grande y está buscando llegar al mercado joven, entonces la publicidad de Snapchat podría valer la pena.

Ganar Seguidores

Como no puede obtener seguidores a través del descubrimiento en Snapchat, tendrá que desarrollar otros métodos para generar seguidores. La forma más fácil sería simplemente compartir con todos en sus otras plataformas de redes sociales que ahora está en Snapchat. Muéstreles imagen de Snap o incluso cargue una imagen de su código QR, para que puedan escanearlo allí mismo.

Si ha establecido una relación de calidad con otra persona influyente en las redes sociales que tiene un fuerte seguimiento de Snap, puede preguntar si estarían dispuestos a promocionarlo en su propio Snapchat. Esta promoción es lo más cercana posible al descubrimiento en la aplicación, ya que si mencionan su manejo a su audiencia, las personas podrán seguirlo directamente sin tener que cambiar las aplicaciones.

Su sitio web también debe tener su identificador Snap junto con otros íconos de redes sociales, de esa manera las personas que navegan por su sitio pueden encontrarlo rápidamente. Si realmente desea que las personas sepan sobre su identificador de Snap, puede considerar incluso hacer una campaña de concientización de Facebook, con su identificador en el anuncio para que los lectores tengan acceso a él. Sin embargo, si hace eso, querrá desarrollar el anuncio para que dé alguna razón detrás de por qué las personas deberían estar interesadas en seguir su ejemplo. Quizás al ofrecer un descuento especial que solo está disponible en Snapchat, como un código de cupón que solo se puede ver durante 24 horas antes de desaparecer.

<u>Suba buen contenido</u>

Una vez que tenga seguidores, necesitará diferentes tipos de contenido para mantenerlos involucrados con usted. Como mínimo, debe tener el hábito de publicar una o dos veces al día, para asegurarse de permanecer en el radar de su audiencia. Estas instantáneas no necesitan ser pulidas, de hecho, muchas personas disfrutan de la naturaleza pura de Snapchat. En su lugar, intente simplemente tomar fotos o videos de lo que cree que los clientes disfrutarían viendo. Si tiene una hermosa vista de camino al trabajo, ajústela. Si alguien hizo un desastre terrible en la cocina, también. Intenta comenzar a pensar como un fotógrafo. Busque oportunidades para capturar en el momento historias que atraigan a su audiencia principal.

Además de las imágenes de la vida, hay otras formas en que puedes entusiasmar a tu audiencia dentro de Snapchat. Un gran ejemplo sería un concurso o sorteo. Haga que los usuarios le envíen instantáneas de algo relevante para su campo y luego, después de un corto período de tiempo, otorgue al ganador algún tipo de premio. Este tipo de concurso puede ser emocionante y aumentará el compromiso con tus seguidores.

Las ofertas por tiempo limitado, los cupones y las ofertas exclusivas pueden hacer maravillas no solo para impulsar las ventas, sino también para expandir sus seguidores, ya que se transmitirá de boca en boca que solo se puede obtener una oferta específica mediante el uso of Snapchat. Tenga cuidado con estos cupones, por supuesto, no desea abrumar a su audiencia con solo Snaps relacionados con acuerdos, ya que eso comenzará a parecer demasiado corporativo y puede causar una caída de seguidores.

Al final del día, Snapchat es una herramienta fantástica para conocer mejor a tu audiencia principal. La naturaleza de ida y vuelta de enviarse fotos entre sí y crear historias fomenta una sensación de conexión y unidad que la mayoría de las otras plataformas de redes sociales no tienen. Pero hay un mayor compromiso de tiempo con Snapchat que los demás. No puede planificar previamente el contenido y debe interactuar activamente con sus seguidores durante todo el día para mantener la relación. Si usted es alguien que prefiere ser práctico con su marketing en redes sociales, entonces esto es perfecto para usted. Sin embargo, si desea planificar el contenido, automatizar sus servicios y responder a los mensajes en su propio tiempo, es posible que Snapchat sea una plataforma demasiado agresiva para usar.

Capítulo 11: Utilizando Pinterest para Marketing

Mientras que otras plataformas de redes sociales a menudo cubren una amplia variedad de temas y temas, Pinterest se destaca principalmente como un vehículo para compartir imágenes de proyectos de bricolaje, comida y bebida y artes y manualidades. Las personas pueden "anclar" publicaciones en sus tableros, creando colecciones que luego comparten con otros. Esto permite que las publicaciones, también conocidas como pines, se compartan rápidamente entre los grupos demográficos interesados.

La base principal de usuarios de Pinterest son las mujeres, que representan más del 80% de la base de usuarios. Con Pinterest como un medio altamente visual, puede recordar bastante a las revistas de un hogar y jardín. Las personas que navegan en Pinterest no buscan conversar con personas de ideas afines, sino que buscan activamente proyectos, recetas e ideas. En otras palabras, están buscando algo para gastar su tiempo o su dinero. Esto hace que Pinterest sea un gran medio de comunicación social si eres alguien que busca promocionar tus artesanías o productos personalizados que se pueden utilizar en la elaboración, la cocina u otros tipos de proyectos en el hogar.

Entonces, ¿quién debería usar Pinterest para el marketing? Principalmente empresas que trabajan con productos que son visualmente atractivos. Los usuarios de Pinterest a menudo navegan y anclan con el proceso de pensamiento de "Agregaré esto a mi lista de deseos". Por lo tanto, idealmente, su producto debería ser algo que un usuario encontraría que vale la pena anclar en su tablero. Una vez clavado en un tablero, permanece allí, recordando constantemente al cliente potencial que el producto se puede comprar en cualquier momento. Además, aquellos que visiten el tablero de ese usuario también se encontrarán con el pin. Si lo desean, lo agregarán a su tablero, con la esperanza de que otros hagan lo mismo.

El potencial para que circule un pin en Pinterest es bastante alto. La cantidad promedio de veces que se repinta un pin es 10, lo que aumenta la cantidad de ventas orgánicas que puede generar con Pinterest. El único inconveniente de Pinterest es que es un medio altamente visual, lo que significa que deberá desarrollar contenido visual como el método principal para generar interés en su marca.

<u>Usando Pinterest</u>

Usar Pinterest es bastante simple de hacer. Deberá crear una cuenta, crear un perfil y luego, en la sección de configuración, convertirlo en una cuenta comercial. Una cuenta comercial le dará acceso a herramientas de análisis y publicidad que podrá usar para aumentar la cantidad de personas a las que llega cada mes.

Una vez que haya configurado su cuenta comercial y haya completado su perfil, ¡puede prepararse para comenzar a crear pines! Lo primero que querrás hacer es hacer un tablero. Su tablero será el área donde almacena los pines. Los usuarios también pueden seguir sus tableros, por lo que si no están interesados en su cuenta comercial completa, pero les gusta un solo tablero, técnicamente aún tiene un seguidor.

Los tableros están diseñados para cubrir ciertos temas, así que asegúrate de que cuando hagas el tablero, le des una buena descripción que cubra lo que publicarás. Las personas se suscriben a tableros específicamente para los temas que cubren, así que no intentes crear un tablero general. En cambio, puede crear varios tableros para diferentes categorías, si no están relacionados. Por ejemplo, si desea tener pines de productos y luego un pin de meme inspirador, podría ser mejor separarlos en sus propios tableros, a menos que estén unidos directamente de alguna manera.

Una vez que haya creado su tablero (o tableros), ¡está listo para comenzar a crear Pines! Crear un pin es bastante fácil. Todo lo que necesita hacer es seleccionar la opción de crear pin, agregar la imagen y luego escribir una descripción. Las palabras clave son extremadamente importantes aquí, ya que las personas encuentran pines generalmente escribiendo frases y palabras específicas en el motor de búsqueda. Cuanto más específica para el objetivo demográfico sea la palabra clave, mejor. Pero como con todas las cosas, evite el relleno de palabras clave e intente incorporar las palabras clave orgánicamente. ¡Entonces todo lo que necesita hacer es agregar su Pin al tablero correspondiente y listo!

Algunos consejos para recordar

Si bien es posible que esté entusiasmado con las perspectivas de tener una mayor tasa de adquisición de clientes a través de Pinterest, es importante recordar que este sigue siendo un sitio de redes sociales. Esto significa que debe estar dispuesto a interactuar con otros, comentar publicaciones, guardar los pines de otras personas en sus tableros y ser un estímulo general para los demás. Pinterest permite la publicidad pagada, conocida como Pines promocionados, que puede colocar los pines de sus productos frente a otras personas, por lo que deberían ser la vía principal a través de la cual se anuncia. Por lo demás, es lo mismo que cualquier otra plataforma de redes sociales. Construya relaciones, establezca seguidores y cree valor para otras personas.

Debes asegurarte de que cada Pin que crees tenga tu logotipo presente en alguna parte. Esto es para evitar que las personas tomen su imagen, la circulen por la web y no reciba el crédito adecuado. Esta marca de agua no debería ser abrumadora, solo en algún lugar que tenga sentido en la imagen. Esto asegurará que incluso si alguien toma su imagen y luego la comparte con otros en diferentes sitios de redes sociales, su marca seguirá siendo promovida.

Pinterest tiene muchos usuarios comerciales convencionales. Si desea aumentar su seguimiento y promover el conocimiento de la marca, es valioso observar negocios que sean similares a usted. Pase un tiempo mirando sus tableros de Pinterest y observe lo que hacen. Mire sus proporciones de promoción, qué tipo de tableros tienen, etc. Y luego, una vez que tenga una buena idea de cómo están promocionando sus propios productos, puede comenzar a imitarlos. Por supuesto, querrá dar su propio giro a las cosas, pero al seguir marcas más grandes y exitosas, podrá avanzar utilizando sus métodos para su propio beneficio.

Publicidad en Pinterest

Pinterest, como todos los otros sitios de redes sociales, ofrece la posibilidad de crear publicidad paga mediante Pines Promocionados. También funcionan de manera bastante similar a la publicidad de Facebook o Twitter, lo que le permite seleccionar entre objetivos específicos para aumentar la conciencia, impulsar el tráfico o obtener conversiones. Sin embargo, la pregunta que puede estar haciendo es si vale la pena pagar por la publicidad de Pinterest.

El principal valor que proporciona Pinterest es que los usuarios son altamente intencionales. Como Pinterest mismo menciona "A diferencia de otras plataformas, Pinterest no se trata de matar el tiempo. Se trata de encontrar algo que hacer o comprar". Esto significa que, de forma predeterminada, tratará con una población de usuarios que son menos resistentes a la conversión que otras plataformas. Facebook y Twitter requieren una cantidad constante de convencimiento para que los usuarios se muevan, ya que no están en esos sitios con el propósito de realizar compras. De hecho, si intentas publicitarte directamente a esos tipos, incluso puedes sentir resentimiento. El hecho de que Pinterest solo tenga una tasa de conversión más alta significa que su dólar publicitario irá un poco más lejos en términos de compromiso y ventas.

Dado que las personas buscan Pinterest para impulsar sus decisiones de consumo, tendrá más oportunidades de realizar ventas difíciles a través de la publicidad de Pinterest. Y además de eso, el precio es bastante competitivo con Facebook. Solo paga por clic o por impresión, según los objetivos de campaña que haya establecido. Entonces, realmente, si ha invertido tiempo y dinero en hacer imágenes de buena calidad para campañas publicitarias y le gusta usar Pinterest, vale la pena usar su publicidad paga.

Pinterest es una bestia diferente de Instagram. Si bien Instagram puede ser muy centrado en sí mismo, Pinterest se trata realmente de pasatiempos, manualidades y creatividad. Las personas no inician sesión en Pinterest para ver qué están haciendo otras personas, sino para ver qué están creando las personas. Si está vendiendo productos o ideas que ayudan en la creación o son creaciones en sí mismas, entonces Pinterest es el medio de comunicación social perfecto para usted.

Capítulo 12: Consejos y Trucos para tener Éxito en el Marketing en Redes Sociales

Independientemente de las plataformas principales que decida usar, ya sea Instagram, Facebook o Pinterest, existen principios universales que deben respetarse a la hora de encontrar el éxito en el marketing en redes sociales. A continuación hay una lista de consejos y trucos que deben recordarse para aumentar sus posibilidades de alcanzar un verdadero éxito a través del marketing en línea.

1: No Puedes Forzar ser Viral

Casi todos los especialistas en marketing sueñan con que su contenido se vuelva viral. Algunas publicaciones, algunas fotos o bromas despegan repentinamente y antes de que tengas la oportunidad de reaccionar, ¡una ola de atención inunda tu producto y has ganado miles de seguidores! ¡Tal vez tu contenido llegue a las noticias de alguna manera! Casi todos los creadores de contenido comparten ese sueño, pero a veces los especialistas en marketing se entrometen demasiado en ese sueño y comienzan a perseguir seriamente convertirse en virales.

No puedes forzar que algo se vuelva viral. No hay nada de malo en esperar que tu contenido despegue, pero simplemente nunca sabes cuál será el resultado. En lugar de perder tiempo y dinero en personas que pueden prometer que algo se volverá viral, solo concéntrate en crear el mejor contenido que puedas. El contenido de calidad habla por sí mismo. Es imposible saber de antemano qué se volverá viral y qué no.

2: Aprende cómo Funcionan los Memes

Un meme es una imágen, a menudo de una persona o un perro, con subtítulos, que describe una idea, a menudo haciendo bromas sobre alguna parte de la cultura. Los memes son una forma de comunicación entre individuos y cuando uno se vuelve popular, puede circular por Internet con bastante rapidez. Algunos especialistas en marketing ven memes y piensan en crear uno propio, pero malinterpretan el propósito del meme y crean un meme que en realidad no funciona. No es divertido o no entiende cómo se usa el meme. Esto lleva a la imagen de que el vendedor está lamentablemente fuera de contacto o, peor aún, tratando de complacer a un público más joven sin perderse el punto.

No es necesario que cree o circule memes, pero muchas redes sociales se basan en el uso de estas imágenes como formas de comunicarse entre sí. Los memes son una gran forma de entretenimiento visual corto que generalmente transmite una idea de manera rápida y efectiva. Si estás tan inclinado a crear el tuyo, asegúrate de entender el punto de un meme popular. Puedes buscar memes con bastante facilidad al buscar sus orígenes y usarlos en sitios web como KnowYourMeme. Estos sitios explican el punto de un meme específico y enseñan el formato de cómo se usan correctamente.

Este es un paso importante si desea ser conectado a la cultura actual de Internet. El mal uso de los memes a menudo es ridiculizado por la generación más joven, por lo que si les está promocionando, asegúrese de estar al día sobre cómo funcionan sus memes.

3: No Desdibuje las Líneas entre la Publicidad Paga y la Orgánica.

Al final del día, si quiere vender su producto, tendrá que gastar dinero en publicidad. Realmente no hay otra forma de evitarlo. Como dice el dicho, tienes que gastar dinero para ganar dinero. Sin embargo, algunos anunciantes consideran las redes sociales como una forma de eludir el pago del espacio publicitario. Esta creencia cambia la forma en que los anunciantes interactúan con sus seguidores. En lugar de querer proporcionar valor, las escalas se vuelven rápidamente y el anunciante usa las redes sociales para comercializar productos.

Por supuesto, los algoritmos castigan este tipo de comportamiento al reducir el alcance y evitar que el vendedor esté cerca de ser efectivo. Y los seguidores se cansarán rápidamente del comportamiento egoísta y dejarán de seguir o simplemente dejarán de prestar atención a los débiles intentos del anunciante para realizar una venta.

Si desea obtener resultados de marketing sólidos y efectivos, deberá pagar por la publicidad. El componente de redes sociales publicitará orgánicamente su producto a lo largo del tiempo y usted puede ganar ventas simplemente por tener presencia, pero sus acciones en esa plataforma están destinadas a reforzar la publicidad dolorosa. Los dos trabajan juntos en tándem. La presencia en las redes sociales le permite conectarse, encontrar un mercado objetivo y responder preguntas e inquietudes. El marketing pagado le permite poner directamente sus anuncios frente a ellos, con suerte convirtiéndolos.

4: La Autenticidad es Clave

No importa lo que esté haciendo en su comercialización, la clave es centrarse en ser lo más honesto y auténtico posible. Si realmente no te importan los memes, no los uses. Si detestas usar Twitter todos los días, no desperdicies tu energía en él. No tiene que hacerlo todo cuando hace marketing en línea, porque si viene de un lugar no auténtico, las personas podrán detectarlo. En lugar de ir en contra de sus pasiones, siguiendo tendencias únicamente por el bien de ganar dinero, manténgase fiel a su corazón y a su misión.

Las redes sociales no se trata de convencer a la gente de que compre tu producto, en realidad, se trata de convencer a la gente de que te compre y lo que estás haciendo. Si está cambiando su imagen, solo para que las personas estén interesadas en su producto, entonces están comprando un fraude. No habrá mucha conexión honesta entre usted y sus seguidores. Comparte tus pasiones y busca a las personas que también las comparten. Esto creará relaciones más fuertes y los convertirá.

5: Recuerda la Regla 80/20 de las Redes Sociales.

Para evitar desdibujar accidentalmente las líneas entre el marketing orgánico y el pago, es útil cumplir con la regla 80/20. En pocas palabras, el 80% de las publicaciones que hagas deben ser para proporcionar valor a otras personas. Esto significa que la mayoría de tus publicaciones que haces en las redes sociales deben ser contenido para mejorar, elevar y ayudar a otros. Y el 20% de sus publicaciones deben ser sobre usted, su negocio o sus productos. Esto le permite un buen equilibrio entre ayudar a los demás y ayudarse a sí mismo. Si esa proporción es demasiado sesgada, podría terminar pareciendo un farsante.

Entonces, por cada 10 publicaciones que hagas, 8 deben ser contenido valioso para los seguidores y 2 deben ser contenido valioso para ti. Por supuesto, querrá difundir esto para que las publicaciones de autopromoción estén salpicadas aquí y allá, intercaladas entre otras publicaciones de excelente valor.

6: Crea un Calendario de Contenido

Es muy probable que sea una persona muy ocupada. Administrar una empresa requiere mucho trabajo y administrar las redes sociales requiere mucha consideración para funcionar de manera efectiva. En lugar de tratar de planificar su contenido de redes sociales día a día, lo que sin duda puede ser agotador, debe trabajar para desarrollar un calendario de contenido.

Un calendario de contenido es donde planifica con anticipación todos los tipos de contenido que publicará, qué plataformas y cuándo. La mayoría de las veces, será útil planificar todo el contenido que tiene la intención de publicar en un documento visual. Hay muchos calendarios de contenido en línea que pueden ayudar con este proceso de planificación. Planear con anticipación es muy importante porque le permite crear semanas temáticas. Si sabe que tendrá un lanzamiento de producto en seis semanas, su calendario puede estar lleno de pequeños adelantos e insinúa que algo bueno vendrá en el futuro.

7: Use un Agregador de Plataforma

El uso de múltiples plataformas puede ser excepcionalmente agotador si está trabajando por su cuenta. Pasar tiempo yendo de Twitter, Pinterest y Facebook para hacer tus publicaciones diarias no solo consume mucho tiempo, sino que también desperdicia mucha energía. Afortunadamente, hay empresas que trabajan como agregadores de plataformas, lo que le permite hacer publicaciones para seleccionar medios de comunicación social desde un solo sitio web. Algunos de estos agregadores ofrecen servicios gratuitos, con funciones pagas que pueden ahorrarle un tiempo valioso. Los sitios web como Hootsuite o Buffer le permiten no solo hacer publicaciones a través de un sitio web, sino también planificar publicaciones con anticipación. Eso significa que puede tomar el calendario de contenido que ha desarrollado y luego prepararlos para su publicación, a menudo con días o semanas de anticipación.

Esto puede reducir significativamente la cantidad de tiempo que pasas en las redes sociales haciendo publicaciones. Eso te libera para concentrarte en responder, comentar y volver a tu trabajo habitual. Todavía puede interactuar con otros en cada plataforma, pero no se le pedirá que salte constantemente de una plataforma a otra para hacer las cosas.

8: Crear Contenido Perenne

Perenne es un término que significa que el contenido en sí mismo no envejece. Esto le permite reutilizar ese contenido más adelante, incluso dentro de unos años. El contenido perenne es útil por múltiples razones, la primera es que no importa cuándo una persona acceda a ese contenido, no estará desactualizado. Por ejemplo, si escribiera un artículo sobre el control de plagas, sin mencionar el año actual o cualquier referencia que solo tuviera sentido para una persona durante el período actual, podría reutilizar ese artículo cada año.

Es importante que a medida que trabaje para crear contenido que permanezca siempre, como una forma de reducir costos en el futuro. Mientras más contenido perenne desarrolle, menos tendrá que gastar cada año, ya que simplemente puede recircular lo que ya tiene. Ahora, hay que admitir que no todas las piezas de contenido que hagas serán perenne, a medida que finalicen las promociones, los gustos cambien y las culturas cambien, pero al menos debes esforzarte por hacer la mayor cantidad de contenidos perennes que puedas durante los primeros años de creación de contenido.

9: Mantente al Tanto de las Novedades

Las redes sociales son una plataforma que cambia rápidamente. Las cosas pueden suceder en un abrir y cerrar de ojos que cambia radicalmente la forma en que los anunciantes ven ciertas plataformas. Una mala actualización, una mala decisión del CEO o una demanda repentina pueden alterar drásticamente las perspectivas de un medio de comunicación social. Realmente no hay forma de prepararse para el futuro de las redes sociales, pero si se mantiene al día con las noticias, debería poder reaccionar adecuadamente. Las políticas pueden cambiar y, a veces, esas políticas pueden destruir una empresa que no está prestando atención a las noticias. Debe ser, en el mundo de las redes sociales, como un tiburón, siempre en movimiento para sobrevivir. Así que asegúrese de estar siempre revisando las noticias, leyendo informes y prestando atención a los cambios en la mentalidad del consumidor. Las personas pueden acudir rápidamente de una plataforma a otra y si no estás en la cima de tu juego, podrían terminar dejándote atrás.

10: No Dejes de Publicar

Independientemente de la plataforma que haya elegido, debe recordar seguir publicando tanto como se recomienda. Hay tantas cosas por ahí que constantemente compiten por la atención de una persona y las brechas largas pueden matar el interés de una persona en su marca. Las publicaciones no siempre tienen que ser de primera categoría o publicaciones de alta calidad, pueden ser tan simples como publicaciones, citas inspiradoras o imágenes divertidas, pero lo importante es que no tengas vacíos considerables en tu agenda de publicaciones. ¡Podría estar perdiendo el alcance, nuevos me gusta o incluso clics en el sitio web!

11: Apuntar hacia el Producto

Como comercializador de redes sociales, puede ser emocionante ver un mayor número de seguidores y me gusta en la página. Ver un tuit despegar de repente y obtener miles de Me gusta realmente puede hacerte feliz y, a su vez, puede apuntar a concentrarte cada vez más en conseguir esos dulces Me gusta. Sin embargo, los me gusta, los seguidores o los retuits no tienen valor en efectivo. Al final del día, debe mantenerse en el punto. Su objetivo es mover a las personas de su Facebook, Twitter o Instagram al lugar donde está vendiendo sus productos o servicios. Los me gusta y los seguidores son simplemente un medio para llegar a lo que realmente importa.

Por lo tanto, es de suma importancia no perder el tiempo tratando de mover a las personas de una plataforma de redes sociales a otra. Es posible que tenga un gran número de seguidores en Twitter, pero una pequeña cantidad de me gusta en la página de Facebook. En lugar de gastar su tiempo, esfuerzo y energía tratando de hacer que sus seguidores de Twitter le den me gusta en Facebook, concéntrese en atraerles más interés en lo que tiene para ofrecer. No hay nada de malo en mencionar otras plataformas, pero cuando comienzas a hacer una campaña activa para mover a las personas de una plataforma a otra, las cosas comienzan a complicarse un poco. Pregúntese, ¿preferiría que un seguidor visite su sitio web o lo siga en otra plataforma? ¿Cuál tiene más posibilidades de conseguir una venta?

12: Ten un Buen Diseño Web

En general, su sitio web es, en última instancia, donde querrá que su audiencia termine. El sitio web será donde vendas tus productos o servicios y, como tal, debe verse bien. Tampoco tiene que gastar una fortuna en diseño web, ya que hay muchos sitios web que ofrecen plantillas elegantes o diseño de arrastrar y soltar para ahorrar dinero a largo plazo.

Las personas tampoco buscan mucho cuando se trata de diseño web. La navegación clara, una cantidad mínima de ventanas emergentes y la capacidad de ver lo que es más importante rápidamente son todo lo que los clientes desean. Los esquemas de color ofensivos, el desorden y los menús difíciles de navegar pueden volver a un cliente en su contra. Algunos incluso podrían simplemente salir del sitio web, en lugar de trabajar para descubrir cómo moverse. Esto puede parecer duro, pero debes recordar que estás compitiendo contra cualquier otro sitio web bien diseñado. La gente no quiere perder el tiempo en un sitio web malo cuando hay miles de otros más funcionales para usar.

Una nota más sobre el diseño web: sobre todo, debe asegurarse de que su sitio web se cargue rápidamente. Independientemente de si el tráfico proviene de anuncios pagados o de enlaces en los que se hace clic en sus publicaciones en redes sociales, las personas no pueden cumplir con los sitios web de carga lenta. De hecho, se estima que casi el 40% abandona un sitio web si tarda más de tres segundos en cargarse. Esta tasa de abandono es simplemente brutal. ¡Asegúrese de tener un sitio web de carga rápida, o puede terminar perdiendo el 40% del tráfico que pagó!

13: Blog Invitado

Una excelente manera de difundir su nombre, identidad de redes sociales y marca es participar en los blogs invitados. Los blogs invitados implican invitar a alguien bien establecido para escribir una publicación de blog en su sitio web, o pedirle a un blog bien establecido si puede escribir una publicación para ellos. Los beneficios de los blogs invitados son enormes y pueden ser mutuamente beneficiosos para ambas partes.

Cuando un blogger escribe en su blog, transferirá una parte de su audiencia a su sitio web, lo que los hará conocer su marca y puede llevarlos a leer más de su contenido. Del mismo modo, si puede escribir en su blog, ahora habrá un enlace que conduce a su sitio web al que los lectores podrán acceder. Lo que hace que esto sea mutuamente beneficioso es que ambos están compartiendo sus audiencias entre sí.

Por supuesto, no hay garantía de que pueda encontrar un blogger invitado que esté interesado. Pero al mismo tiempo, realmente no hay ningún riesgo al tratar de localizar un blogger y luego enviarles un correo electrónico, haciendo una solicitud humildemente.

14: Las imágenes son valiosas

Dicen que una imagen vale más que mil palabras, y en el caso de las redes sociales, las imágenes pueden valer mucho más que eso. Los lectores suelen cubrir grandes paredes de texto, pero una imagen interesante o divertida con algunos subtítulos les llamará la atención rápidamente. Si desea obtener más participación y hacer circular su contenido aún más, pero no encuentra resultados actuales, intente publicar más imágenes.

15: Use Asistentes Virtuales

Si encuentra que tiene problemas para hacer malabares con su carga de trabajo habitual y las redes sociales, pero no quiere contratar a un coordinador de redes sociales a tiempo completo, ¡no se preocupe! Siempre puede contratar a un asistente virtual para que haga la mayor parte del trabajo por usted. Al usar un sitio independiente, puede contratar a alguien para que trabaje a tiempo parcial o incluso tarea por tarea para aligerar su carga de trabajo. La mayoría de los asistentes virtuales están familiarizados con las redes sociales y no requerirán mucha capacitación. Luego, puede darles instrucciones sobre qué contenido desea crear o qué tipo de publicaciones desea que planifiquen con anticipación. Al subcontratar parte del trabajo ocupado, se le libera para concentrarse en otras tareas más exigentes.

Conclusión

El marketing en redes sociales ha abierto las compuertas para que miles de pequeñas empresas, artistas y operadores independientes compartan sus productos con el mundo. Con paciencia y disciplina, es posible utilizar el poder del colectivo para aumentar la cuota de mercado y la popularidad de lo que crea. Pero como todas las cosas, el marketing es un viaje y existen peligros y dificultades. Puede que no termines viendo resultados de inmediato, ¡pero no te desanimes! Aprender a comercializar a través de las redes sociales es fácil, pero dominarlo requiere mucho tiempo y esfuerzo. Cuanto más aprenda cada día, a través de pasos en falso y errores, le enseñará cómo mejorar.

Puede haber una tentación de mirar a sus competidores y pensar "Nunca tendré tanto éxito como ellos", pero no ceda ante esos pensamientos. Este viaje no se trata de otras personas o productos, sino de usted y su visión única. Las redes sociales, por encima de todo, nos permiten conectar personas de ideas afines. Alguien, en algún lugar, está buscando exactamente lo que tienes. Todo lo que necesitas hacer es estar dispuesto a seguir tratando de encontrarlos. Mientras te mantengas enfocado, estudies los datos y sigas publicando, ¡no puedes fallar! ¡Todo lo que se necesita es tiempo y disciplina para construir su negocio para que sea exactamente lo que imagina! ¡Mucha suerte!

www.ingramcontent.com/pod-product-compliance
Lightning Source LLC
LaVergne TN
LVHW051917060526
838200LV00020B/387/J